Colonel Grandin
Le
Dernier Maréchal France
CANROBERT
Colra — Paris
112 RUE DE Rennes

1895

LE DERNIER MARÉCHAL DE FRANCE

CANROBERT

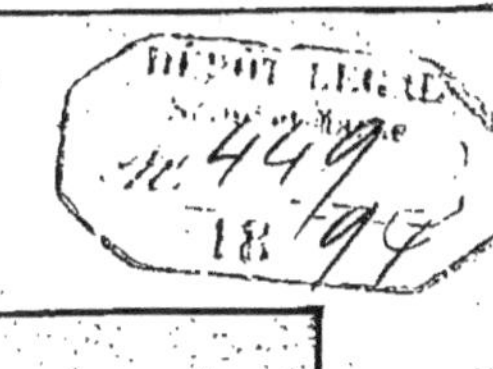

Comdt GRANDIN.
Le
DERNIER MARECHAL DE FRANCE
CANROBERT
Tolra éditeur - PARIS
112bis RUE DE Rennes
MAITREJEAN SC.

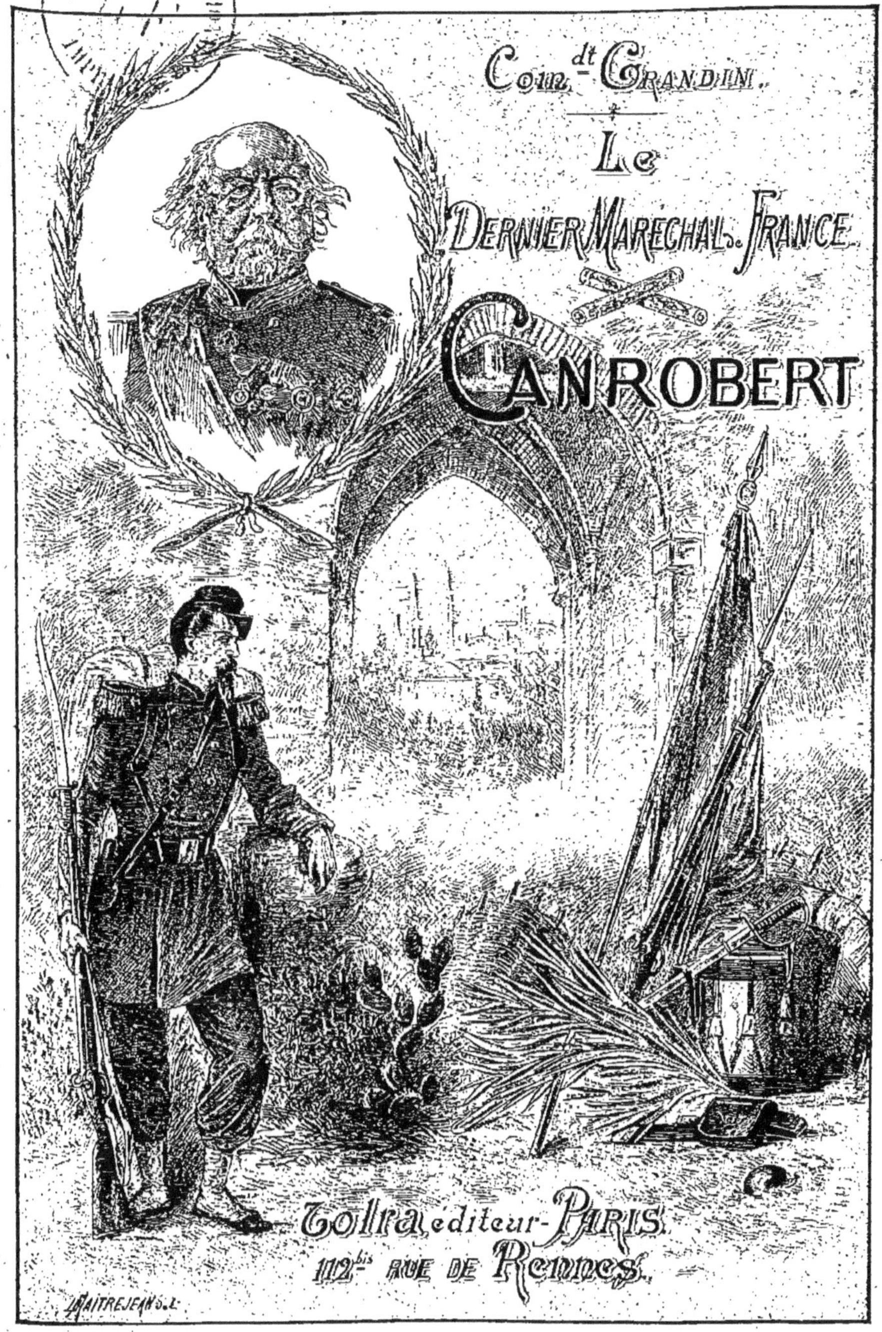

A L'ARMÉE FRANÇAISE

Mes camarades,

Ce livre s'adresse à vous. Ce sont des papiers de famille qui vous diront ce qu'ont fait vos aînés en Afrique, en Crimée, en Italie, à l'armée du Rhin.

Vous y trouverez beaucoup de gloire et quelques revers.

En les lisant, vous vous souviendrez que, pendant plus d'un demi-siècle, le maréchal Canrobert a été le plus admirable soldat du monde entier, et le plus bienfaisant des chefs.

Vous vous souviendrez que c'est en cravachant la Fortune qu'un soldat heureux, et brave entre tous, l'a rangée sous ses ordres à Constantine, à Zaatcha, à Magenta, à Inkermann et... Saint-Privat.

Vienne la guerre, faites plus grand que vos aînés, s'il est possible. Malgré les progrès de l'armement, la même physionomie brutale la mènera toujours, car, ne l'oubliez pas, si l'homme évolue, la race gauloise ne saurait s'amoindrir et encore moins disparaître.

COMMANDANT GRANDIN.

INTRODUCTION

———

L E 10 novembre 1860, un jeune officier de zouaves, Richard d'Harcourt, tombé glorieusement à la tête de sa compagnie, à l'entrée de la gorge de Caroubet-el-Ouzeri, près de la Mitidja, confiait au capitaine Paul de Castellane, officier d'ordonnance de Lamoricière, le journal des opérations auxquelles il avait pris part pendant une saison d'hiver passée à Médéah. Pas un sentier qui n'ait été balayé de coups de fusil ; pas un buisson qui n'ait été le témoin d'actions d'éclat. Confidence de la solitude, très émouvant chapitre des souffrances de l'armée d'Afrique à cette époque, le journal de cet officier avait pour épigraphe ces paroles de Blaise de Montluc : « *Plust* à Dieu que nous qui portons des armes, *prinsions* cette coutume *d'escrire* ce que nous voyons et faisons ; car il me semble que cela serait mieux accommodé de notre main, j'entends du fait de la guerre que non pas des gens de lettres, car ils déguisent trop les choses et cela sent trop son clerc. » Cet officier avait raison. Si tous les militaires, qui ont pris part à de grands faits d'armes, prenaient l'habitude de raconter eux-mêmes les événements auxquels ils ont été mêlés, la vérité historique y gagnerait.

Contrairement à ce que pensent beaucoup d'officiers généraux, qui, eux, ont livré à la postérité d'utiles mémoires à consulter, le maréchal Canrobert ne laissera après lui aucun écrit, aucun récit des nombreuses campagnes auxquelles il a pris part pendant une période de soixante et quelques années ; peut-être est-il de l'avis du prince de Ligne quand il écrit en tête de ses *Fantaisies militaires* :

« Il y a trop de livres sur l'art de la guerre ; si je dis ce que les autres ont dit, je passerai pour un sot ; si je dis, au contraire, ce qu'on n'a jamais dit, je passerai pour un fou. Il est un fait constant : ceux qui écrivent ne vont pas aux casernes ; ceux qui vont aux casernes ne savent pas écrire. Il y en a qui aiment mieux aligner des phrases sur l'art de la guerre que de la faire ; d'autres qui connaissent la composition de l'armée macédonienne et ignorent la leur. Je ne suis ni de ceux-ci, ni de ceux-là. »

Néanmoins, et quel que soit le point de vue sous lequel on se place, le dernier représentant de nos maréchaux de France, celui qui clôt la liste de cette longue lignée de guerriers remarquables qui constellent notre histoire militaire, depuis plus de sept siècles, ne saurait s'offusquer de ce qu'un obscur soldat, ayant servi sous ses ordres, prenne la plume à sa place, et fasse connaître les services rendus par lui, à la patrie française, pendant plus d'un demi-siècle.

Étrange coïncidence de l'histoire ! Le premier maréchal de France a été Albéric Clément, seigneur de Metz, élevé à cette dignité en 1684, et c'est sous Metz que se brise, en 1870, le bâton à abeilles d'or qu'avaient illustré en leur temps Turenne, Villars et Vauban.

Nos rois se sont toujours fait un devoir de commander leurs armées en personne ; on ne voit, sous la troisième race, que Philippe V, Charles-le-Bel, Charles V et François II, qui n'aient pas rempli cette royale fonction. Quand, pour des motifs quelconques, ils ne pouvaient se rendre à l'armée, ils désignaient pour les remplacer ceux de leurs vassaux dont le rang et la puissance les rapprochaient du trône.

Au commencement de la troisième race, la direction de la milice était confiée au grand-sénéchal, ainsi que l'atteste l'expression *principes militiæ*, dont se sert Rigord, en parlant de Thibaut,

comte de Blois, tué au siège d'Arc, et que les historiens consi-
dèrent comme le dernier sénéchal.

A la mort de Thibaut, Philippe-Auguste nomme connétable
Mathieu de Montmorency, son grand-écuyer (*comes stabuli*), et
dès lors, jusqu'au règne de Louis XIII, la première charge de la
milice est celle de connétable, qui fut supprimée à la mort de
Lesdiguières (1627).

Le maréchalat, d'abord simple intendance, date aussi de Philippe-Auguste et ne devient une dignité militaire qu'au commencement du treizième siècle. Parmi les diverses étymologies qui se
rapportent à ce nom, dit Daniel, la plus naturelle est celle qui le
fait venir de deux mots germaniques : *march* ou *marach* (cheval) et
scalch (maître, ou qui a autorité). A l'origine, l'office du maréchal
était donc une intendance sur les chevaux du prince et du connétable, mais subordonné et inférieur à celui-ci.

Dès l'origine et pendant tout le moyen âge, le maréchal a le
commandement de l'avant-garde, parce que là il se trouvait plus
à portée que partout ailleurs pour recueillir les divers renseignements qu'exigeaient les opérations de guerre.

Sous l'ancienne monarchie, la nomination au maréchalat était
pour ainsi dire laissée au libre arbitre du roi. Philippe-Auguste
nomme maréchal un enfant, parce qu'il était le fils d'un autre
maréchal. Boucicault obtient ce titre à l'âge de vingt-cinq ans.
Il n'y eut qu'un seul maréchal pendant les croisades ; mais on
en voit constamment deux de Saint-Louis à François Ier. Ce
dernier en porte le nombre à trois et son successeur à quatre. Les
changements survenus dans l'organisation des armées et dans la
manière de faire la guerre au seizième siècle nécessitent l'inter-
calation de nouveaux grades dans la hiérarchie militaire, et par
suite une augmentation dans le nombre des maréchaux. D'un autre
côté, les rois, n'ayant plus, comme auparavant, la ressource des
compagnies de gendarmerie dont le commandement avait suffi à
l'entretien de l'émulation dans l'armée, sont contraints d'étendre
les cadres, de multiplier les emplois, afin de pouvoir accorder des
récompenses. C'est ainsi que Louis XIII envoie le bâton de maréchal à Concini qui n'avait jamais tiré l'épée, et plus tard à Vitry,
son capitaine des gardes, pour avoir assassiné Concini par ordre
d'Albert de Luynes, en 1617.

Il est permis de penser toutefois que Louis XIV prodigua outre mesure cette dignité, car on trouve seize maréchaux en 1651, et vingt en 1703. Depuis cette époque, la liste n'en a jamais été aussi considérable. Une foule d'entre eux ont été célèbres, et particulièrement à partir de Louis XIII.

Boucicault (1364-1421), formé à l'école de l'immortel Duguesclin, a laissé une vie militaire intacte, pleine de curieux enseignements sur l'époque de la chevalerie.

Le seigneur Robert de la Marck de Fleurange (1490-1537), une des illustrations militaires les plus en vue sous François Ier, se couvre de gloire à Marignan et meurt à quarante-sept ans, le corps couvert de quarante-deux blessures.

Blaise de Montluc (1502-1557), qui, de soldat, parvient à la dignité de maréchal de France, sous Henri III, mène une vie des plus actives et des plus aventureuses. Formé à l'école de Bayard, il devient chef de bande dans toutes les guerres soutenues contre l'Italie. Sa devise était : *Deo duce et ferro comite.* Nos guerres modernes n'offrent pas de partisan plus intrépide, plus ingénieux et plus rusé que ce champion de nos luttes au seizième siècle.

Le vicomte de Turenne (1611-1665) est le plus grand capitaine des temps modernes, après Napoléon Ier. Voltaire a dit de lui qu'il n'était ni un Xénophon, ni un César. Il n'en a pas moins laissé des mémoires très instructifs ; on n'a rien écrit de mieux depuis les Grecs et les Romains, déclare Puységur.

Le duc de Luxembourg (1628-1694), contemporain et successeur des maréchaux de Turenne et de Condé, est le vainqueur de Fleurus et de Nerwinden.

Le Prestre de Vauban (1633-1707) est le plus grand ingénieur des temps modernes ; il honore le siècle où il a vécu par ses qualités et ses vertus. Turenne et Vauban, voilà les deux colonnes de la puissance de Louis XIV ; et, plus tard, Napoléon Ier confirmait cette opinion quand il faisait placer aux Invalides le cœur de l'un vis-à-vis le tombeau de l'autre.

Catinat (1637-1712), qui se rapproche le plus de Canrobert, laisse la réputation d'un citoyen généreux autant qu'habile général, aussi désintéressé que simple et modeste. Toujours gai, calme et réfléchi, après une défaite comme après une victoire, qu'il soit à Versailles ou à Saint-Gratien ; ses soldats l'appelaient *le père de la pensée*.

Le marquis de Puységur (1651-1743), le *Berthier* des armées de Louis XIV ; un des hommes de guerre les plus estimables et les plus expérimentés de son siècle.

Nous bornerons là cette nomenclature que nous n'avons intercalée à cette place que pour rappeler quelques-unes de nos illustrations militaires.

Le maréchalat disparaît sous la première république ; Napoléon Ier rétablit la charge en créant l'empire ; mais alors, pour être maréchal, il fallait, selon la loi, avoir gagné une bataille, ou avoir assiégé et pris deux places fortes. Le Premier Empire était assuré de toujours trouver dans sa grande armée plus de généraux qu'il ne lui en fallait pour cette dignité ; mais un gouvernement moins guerroyant pouvait craindre de manquer de sujets. C'est pour obvier à cet inconvénient que la Restauration, par la loi du 2 août 1818, fit admettre que les maréchaux seraient tirés dorénavant des lieutenants-généraux « ayant exercé un commandement en chef à la tête de plusieurs divisions, ou ayant commandé en chef une armée spéciale dans une armée composée de plusieurs corps. »

En 1839, la loi sur l'état-major général étendit cette faveur aux majors-généraux de l'armée.

C'est cette loi qui régit encore la matière aujourd'hui. Dans les superbes luttes du Premier Empire, les généraux sont chefs autant que soldats. Ney et Lannes saisissent des échelles pour monter à l'assaut d'Elchingen et de Ratisbonne. Mortier et Lefebvre se battent l'épée à la main, comme de simples grenadiers, à Diernstein et Dantzig. Bonaparte conduit la charge de son infanterie à Arcole.

Sous le second Empire, Baraguay-d'Hilliers a prouvé qu'il avait dans toute sa personne du Villars, du Souwaroff et du Radesky ; Canrobert est l'homme des chevauchées à toutes brides, sous le ciel bleu de l'Afrique comme sous celui de l'Italie. Des six maréchaux de France de cette époque, ce dernier seul nous reste. Après lui la liste en sera close, jusqu'au jour où un soldat de notre jeune armée sera assez heureux pour nous aller chercher le bâton de Turenne en Alsace, et nous rapporter les clefs de nos cités captives... Metz et Strasbourg.

Au commencement du dix-huitième siècle, la France était bien plus malade qu'en 1870. Louis XIV n'avait plus d'armée à opposer à la grande ligue de la Haye dans laquelle étaient entrés l'Angleterre, l'Autriche, le Portugal ; plus de grands capitaines à opposer aux ennemis de la France. Le Roi-Soleil avait usé ceux de la génération précédente, et dans l'atmosphère alourdie de Versailles, aucun n'était né pour les remplacer.

Le désastre d'Hochstedt nous avait coûté presque tous nos étendards et cent lieues de pays ; la défaite de Ramillies, la perte de la plus grande partie des Pays-Bas ; celle de Turin nous avait chassés du Piémont, du Milanais et du royaume de Naples. La défaite d'Oudenarde avait été suivie d'une retraite désastreuse : Gand, Bruges, s'étaient rendues aux coalisés ; Lille même avait capitulé, malgré une défense héroïque de Boufflers.

La France semblait morte à cette époque. Tout le monde le pensait en Europe.

Eh bien, tout le monde se trompait, et comptait sans la victoire de Denain (25 juillet 1712) qui détruisait dix-sept bataillons au comte d'Albemarle, refoulait le prince Eugène, délivrait Landrecies, reprenait Denain, Marchiennes, Bouchain, Le Quesnoye, mettait en sûreté les frontières de la France, et préparait la gloire du grand roi qui, par un traité de paix avantageux, conservait l'Alsace, l'Artois, le Roussillon, la Flandre, la Franche-Comté.

Depuis, la France a traversé de terribles épreuves et a savouré bien des gloires. Les catastrophes qui l'ont frappée ne l'atteindront jamais complètement, tant que, comme Louis XIV avant Denain, elle aura un maréchal de Villars à son service, comptera sur ses ressources inépuisables et ne désespérera pas de son avenir.

Ce maréchal de Villars, quel sera-t-il ?

L'avenir seul le dira.

En attendant, il faudrait la plume d'un de nos maîtres en littérature pour présenter dignement le maréchal Canrobert à la jeunesse de notre époque. Nous l'essaierons cependant, car personne pendant plus d'un demi-siècle n'eut dans l'armée une plus belle réputation de bravoure, de modestie, de probité et de désintéressement que ce vaillant soldat. Nous montrerons comme il l'obtint, et nos lecteurs verront que dans la vie que nous allons retracer, on ne trouve pas une seule tache pour en ternir l'éclat, et que le dernier représentant de nos maréchaux, est bien de ceux dont Brantôme aurait dit : « Voylà pourquoi j'estime ces bons chevaliers qui sont sans peur et sans reproche, très heureux et dignes de grandes gloires, s'ils peuvent franchir la carrière sans *y bruncher* ; mais ils sont rares (1). »

L'AUTEUR.

Rennes, octobre 1894.

(1) Brantôme. *Vie des hommes illustres*, tome Ier, p. 27.

LE DERNIER MARÉCHAL DE FRANCE

CANROBERT

CHAPITRE PREMIER

1809-1828

*Usquè ad mortem pro legibus, templo, civitate,
patriâ, civilibus.*

JUDAS MACCHABÉE, à ses soldats; XIII, 16.

E maréchal Canrobert est
originaire du département
du Lot, comme Murat,
comme Bessières, comme
vingt autres généraux que
nous pourrions citer. Il
est de noblesse d'épée et
non de robe.

Presqu'à l'entrée du
village de Saint-Céré (ar-
rondissement de Figeac),
et adossée à un bouquet
d'arbres, décoré du nom
pompeux de bois, on pou-
vait voir à la fin du siècle
dernier une jolie petite maison dont la façade ornée de pierres

2

de taille ne manquait pas d'élégance. C'était le château de
Laval de Saint-Céré. Le contour des fenêtres surmonté d'une
sculpture de granit rongée par le temps, la forme de la toi-
ture, le cachet original des hautes cheminées de pierre : tout
disait que cette demeure avait un âge respectable et une
origine aristocratique. Un parterre fermé par une grille en
fer la séparait de la route ; quelques branches de lierre ser-
pentaient autour de la grille ; d'autres retombaient au travers
des barreaux, obéissant sans résistance aux caprices du vent.

Là habitait une honorable famille, vivant du produit de ses
terres, jouissant d'une fortune médiocre, mais dont la charité
était bien connue dans tout le pays : la famille *de Certain*.
Les armoiries de la maison sont des plus simples : un chevron
brisé sur champ de gueules, et pour devise : *Nul n'a forfait*.
Le chef de famille, d'un tempérament goutteux et maladif,
s'occupait peu de ses propriétés, dont il laissait volontiers
l'administration et la gérance à sa femme, une demoiselle
Louise-Marguerite de Verdal, aussi active qu'aimable et intelligente pour tout ce qui regardait les intérêts de « *ses chers
enfants* », comme elle appelait les quatre rejetons issus de
son mariage : trois garçons et une fille.

Suivant l'usage de cette époque, chacun d'eux avait ajouté
à son nom patronymique celui de quelque propriété ou du
domaine qui devait lui échoir à la mort des parents.

C'est ainsi que le fils aîné reçut le surnom *de Canrobert*,
que le second fils s'appela *de Certain de l'Isle*, le troisième
de Certain de la Côte, et la fille *de Certain du Puy*.

Sous l'ancienne monarchie, le service militaire était un
devoir de naissance autant qu'une obligation patriotique.

Les ancêtres du maréchal Canrobert vont nous en fournir
une preuve éclatante.

Le château de Grugnac et le fief de Verdal appartenaient
à la famille de madame de Certain, depuis 1590, et dès l'année

1660 on trouve, parmi les vingt-quatre enfants mâles issus des seigneurs de Grugnac, vingt-trois militaires : un colonel, trois lieutenants-colonels, trois majors ou chefs de bataillon, onze capitaines et trois lieutenants ; de sorte que pendant plus de cent ans, la famille de Verdal était représentée par un de ses membres, soit dans le régiment de Toulouse-infanterie, créé en 1684 en faveur de Louis-Alexandre de Bourbon, comte de Toulouse, fils naturel de Louis XIV et de madame de Montespan ; soit dans le régiment de Penthièvre-infanterie, qui le remplace en 1737 et devient, jusqu'à la Révolution, la propriété de Louis-Jean-Marie de Bourbon, duc de Penthièvre (aujourd'hui le 78e régiment d'infanterie).

Ainsi le sire de Combal de Verdal a sept fils qui servent tous dans le régiment de Toulouse-infanterie.

I. — François de Verdal, cadet gentilhomme (1684), lieutenant (1690), blessé à Steinkerque (1691), au siège de Mons (1691), devient capitaine à Nerwinden (1693), a le bras emporté par un boulet au siège de Landau (27 septembre 1704) dans une sortie commandée par de Lanbanie, et se retire en 1714.

    I. — Son fils aîné, Louis de Verdal, sert sous ses ordres (1710), arrive lieutenant et meurt fort jeune étant au service.

    II. — Son second fils, Jean-Baptiste de Verdal, remplace ce dernier et se retire en 1728, avec le grade de lieutenant et la croix de Saint-Louis.

II. — De Verdal de Grugnac, lieutenant, se fait tuer au siège de Landau.

III. — Sainte-Foye de Verdal, cadet gentilhomme (1692), devient capitaine aide-major et meurt des suites de blessures reçues au siège de Landau.

IV. — L'Estang de Verdal, lieutenant, se fait tuer à l'attaque des retranchements de Sonauverth (1704).

V. — Lombard de Verdal, capitaine, meurt des suites de blessures reçues à l'attaque des retranchements de Stolhofen (1707).

VI. — Mortosac de Verdal, capitaine de grenadiers et chevalier

de Saint-Louis, meurt d'un coup de baïonnette reçu au glorieux combat de Remersheim (26 août 1709).

VII. — Delbos de Verdal, se retire après le siège de Prague (1743),
ayant plus de trente ans de service à son actif.

L'aîné de ces sept officiers, François de Verdal, a sept
garçons et une fille. Nous avons donné ci-dessus la situation
militaire des deux fils aînés, dans le régiment de Toulouse;
les cinq autres servent au régiment de Penthièvre-infanterie,
dans l'ordre suivant :

> III. — De Verdal de l'Estang, capitaine et chevalier de
> Saint-Louis, meurt en 1758, comme commandant des
> gardes-côtes du pays d'Annis.
>
> IV. — *Jean-Pierre de Verdal de Grugnac, né le 23 février
> 1723 au château de Grugnac (province de Quercy), devient
> major au régiment de Penthièvre-infanterie (rang de lieu-
> tenant-colonel), prend sa retraite le 12 avril 1787, après
> quarante-quatre années de service effectif et dix campagnes,
> étant chevalier de Saint-Louis, et meurt à Rennes le 27 no-
> vembre 1813. C'est le grand-oncle du maréchal Canrobert.*
>
> V. — Sainte-Foy de Verdal, capitaine, se retire après
> vingt-huit ans de services pour cause de blessures ou
> infirmités.
>
> VI. — Jean-Louis de Verdal, meurt capitaine au régiment
> de Périgord, à la Martinique (1770).
>
> VII. — Lombard de Verdal, se fait tuer comme lieutenant
> à Fontenoy (1745).

Enfin, *la fille, Louise-Marguerite de Verdal, née en 1745,
épouse en 1765 le sieur Certain de Laval de Saint-Céré, et
meurt en 1802. C'est la grand'mère du maréchal Canrobert
et des généraux de Marbot.*

A cette époque, — comme on le voit, — c'est-à-dire avant
la Révolution française, l'état militaire n'était pas une carrière d'ambition, comme aujourd'hui. On avançait si on pouvait, quand la chance vous favorisait. Peu importait alors

Brevet au S. Jean Pierre Verdal de Grusiac
pour tenir rang de Major d'Inf.

Aujourd'hui Vingt-deuxième —————— du mois de Mars 1782. le Roy étant à Versailles —— désirant reconnoître les bons et fidelles services qui lui ont été rendus par le S. Jean Pierre Verdal de Grusiac, Capitaine Command.t dans le Régim.t D'Infanterie de Penthièvre —— où il a donné, ainsi que dans toutes les occasions qui s'en sont présentées, des preuves de valeur, courage, expérience en la guerre, vigilance et bonne conduite, et de sa fidélité et affection à son service, Sa Majesté lui a donné le rang de Major dans les troupes D'Infanterie —— du jour en date du présent Brevet; Son intention étant qu'il jouisse en ladite qualité des honneurs et avantages qui y appartiennent. M'ayant (1) pour témoignage de sa volonté; commandé de lui en expédier les présent Brevet qu'Elle a signé de sa main, et fait contre-signer par moi son Conseiller-Secrétaire d'Etat et de ses Commandemens et Finances.

(2)

——————

(1) Ce mot ainsi que la signature du Roi (2) ont été grattés pendant la Révolution, le parchemin devenant alors compromettant pour le détenteur. Cette pièce nous a été gracieusement communiquée par M. de Verdal, arrière-petit-neveu de J.-P. de Verdal.

l'avancement ; on payait sa dette à la patrie, de son rang, de sa naissance ; cela suffisait. A ce métier-là, quand le cœur est bien placé, l'homme s'élève, grandit dans l'estime de ses concitoyens, et l'honneur devient bien vite du patriotisme.

Depuis son berceau jusqu'à sa tombe, depuis Clovis (Clodo-Wig, le guerrier fameux) jusqu'à l'échafaud de Louis XVI, la monarchie a donc été essentiellement militaire. Il était bon de le rappeler, en un temps où un spirituel journaliste a pu dire, sans être démenti, que « les plus belles actions sont celles qui rapportent les plus gros dividendes ».

Le tableau suivant fait connaître quelle est, à partir de 1776, la situation du régiment de Penthièvre en ce qui concerne les familles de Verdal et de Certain.

Années	LIEUX DE GARNISON	MEMBRES DE LA FAMILLE TITULAIRES D'UN EMPLOI DANS LE RÉGIMENT
1776 1777 1778 1779	Rouen. Dunkerque. Sedan. Mézières.	Capitaine-commandant ayant rang de Major : Jean-Pierre DE VERDAL, chevalier de Saint-Louis, *frère de madame de Certain.* Lieutenant en second : Antoine DE CANROBERT, *fils aîné de madame de Certain.*
1781 — 1782	Givet. — Metz.	Capitaine-commandant ayant rang de Major : DE VERDAL. Lieutenant en premier : DE CANROBERT. Sous-lieutenant : DE CERTAIN, *frère cadet du précédent.*
1783 — 1784	Metz. — Saint-Brieuc.	Capitaine-commandant ayant rang de Major : DE VERDAL. Capitaine en second (grenadiers) : DE CANROBERT. Sous-lieutenant (chasseurs) : DE CERTAIN.
1785 — 1787	Rennes. — Saint-Servan.	Capitaine-commandant ayant rang de Major : DE VERDAL. Capitaine de grenadiers : DE CANROBERT. Lieutenant en second : DE CERTAIN.

Quant au second fils de madame de Certain, celui qui portait le nom de : *de l'Isle*, il servait depuis 1775 avec le brevet de sous-lieutenant dans les gardes du corps de la maison de Louis XVI, 3ᵉ compagnie, dite de Noailles, dont le lieu de garnison était à Versailles.

Le nom est quelque chose dans l'homme, car, comme le dit Lamartine, « il y a du passé dans le présent ». La famille de Verdal est celle qui a compté le plus de chevaliers de Saint-Louis : dix-huit dans un espace de cent ans, y compris le père du maréchal Canrobert.

***

Non loin du château de Laval de Saint-Céré, à une lieue environ, se trouve le bourg de Larivière (Corrèze), sur les bords de la Dordogne, aux confins du Limousin et du Quercy.

Un vaste bâtiment sur le sommet d'une colline, des sentes sinueuses serpentant capricieusement à travers des massifs de feuillage et conduisant à une grille en fer forgé : tel est d'abord le premier point qui frappe le regard du voyageur. Mais bientôt les toits de tuiles mêlés d'ardoises des maisons qui forment groupe autour de cette demeure, donnent l'idée d'une population active, laborieuse, vouée à la culture, tant les champs voisins sont entretenus avec soin, les prairies plantureuses, les cours d'eau clairs et riants.

Un châtelain intelligent est la fortune d'un village, et le propriétaire du château de Larivière, le sieur de Marbot, fils unique, comme son père et son grand-père, possesseur, par conséquent, d'une fortune territoriale considérable, faisait assez de bien autour de lui pour jouir de la considération publique à plusieurs lieues aux environs de son domaine. Les relations s'établissent vite à la campagne, surtout entre gens du même monde, d'autant que Marbot et Certain *de la*

Côte étaient tous les deux gardes du corps de la maison du roi, avec le brevet de sous-lieutenant (compagnie de Noailles). Le service à Versailles était des plus restreints : les quatre compagnies des gardes du corps n'étaient tenues, chaque année, qu'à un service de quartier qui durait trois mois, et était fait à tour de rôle par une des quatre compagnies, à Versailles ou à Paris. En dehors de ce temps de service, les gardes du corps rentraient dans leurs domaines. *De la Côte* et Marbot mettaient quinze jours, pour faire le trajet à cheval, entre Versailles, Larivière et Laval de Saint-Céré. Une intimité fraternelle s'était établie entre les deux compagnons d'armes, et c'est ainsi que Marbot connut mademoiselle de *Certain du Puy*, avec laquelle il se maria, en 1776, et qui devint plus tard la mère d'un des hommes les plus remarquables du commencement de ce siècle : Jean-Baptiste-Antoine-Marcelin, baron de Marbot, né au château de Larivière le 18 août 1782.

A cette date, Antoine de Marbot, son père, qui avait de grandes relations dans le monde, en raison de sa fortune personnelle, voyait souvent le lieutenant-général de Schomberg, propriétaire du régiment de dragons qui portait son nom ; il se fait nommer capitaine dans le régiment (1781), puis devient son aide de camp l'année suivante (1782).

Ces événements ne sont pas les seuls qui s'accomplissent dans la famille *de Certain*. Peu après, le régiment de Penthièvre-infanterie vient tenir garnison en Bretagne, dont le duc de Penthièvre est le gouverneur ; il est à Rennes en 1785 ; le major Jean-Pierre de Verdal de Grugnac s'y marie le 12 juin 1787, avec dame Louise-Anne-Marie Lamy, veuve d'un conseiller au Parlement de Bretagne, mort en 1782, Réné-François Millaud, seigneur de Boislouveaux. Deux ans après, le régiment étant à Saint-Servan, le capitaine de Canrobert y fait la connaissance d'un ancien lieutenant de vaisseau,

Portrait de J.-P. de Verdal, major au régiment de Penthièvre infanterie, chevalier de Saint-Louis, grand-oncle du maréchal Canrobert, d'après un portrait gracieusement prêté par M. Guyon, avoué à Rennes.

PREFACE

[illegible]

Jean-Vincent de Sanguinet, originaire de Saint-Brieuc, et qui avait donné sa démission d'officier de marine pour se faire attacher au *port Malo*, comme on disait à l'époque, en qualité de sous-chef des mouvements maritimes. Sa fille aînée, Jeanne-Céleste-Pélagie de Sanguinet, est une femme accomplie sous tous les rapports : un teint éclatant, grande, élancée ; de l'esprit, de la distinction, et par-dessus tout un nom très considéré dans le pays, car sa mère, une demoiselle Dubois-Monval de la Villezabet, compte parmi ses ancêtres un des héros du combat des Trente. Il n'en fallut pas davantage pour séduire le capitaine de Certain de Canrobert, qui épouse le 25 mars 1788 mademoiselle Jeanne de Sanguinet.

Nul ne peut nier que dans cette vie décolorée parfois, si triste toujours, il se trouve néanmoins des jours d'espérance et de joie. Au nombre de ces joies qui éclairent d'un rayon fugitif les ténèbres d'ici-bas, se placent les jours qui précèdent le mariage pour la jeune fille. Le présent resplendit à ses yeux. Elle jouit du bonheur qui l'environne, de l'affection respectueuse de son fiancé, des prévenances de la famille qui va devenir la sienne ; elle joue avec les présents dont elle est comblée, avec les chiffons qui remplissent sa corbeille, elle sourit à l'avenir sans nuages qui l'attend.

Dans ces conditions, et sous l'impression de ces heureux pressentiments, Antoine de Canrobert donna sa démission de capitaine de grenadiers du régiment de Penthièvre-infanterie, retourna dans le Lot après son mariage et se retira dans une de ses terres, au hameau de Cahu, près de Saint-Céré. Deux enfants naissent de ce mariage, et viennent augmenter encore les joies du jeune ménage : l'aîné est un garçon, Antoine-Marcellin ; le second est une fille, Marie-Jeanne-Pélagie-Antoinette, qui vient au monde le 7 juillet 1790.

Dans la vie si précaire qui nous est faite sur cette terre, une des choses les plus pénibles pour le cœur, ce sont ces coups de foudre imprévus qui éclatent dans un ciel serein, ruinent en un clin d'œil un bonheur que l'on croyait assuré pour toujours ; parfois nous avançons le front joyeux et sans nous en douter, avec le malheur qui nous guette. Madame de Certain de Canrobert nous en offre un exemple frappant.

C'est à Cahu que la Révolution française surprend les deux jeunes époux, qui ne savent quelle contenance tenir dans les graves circonstances traversées par la nation.

Le mouvement populaire qui en est la conséquence s'étend non seulement aux institutions politiques du pays qu'il bouleverse de fond en comble ; mais aussi aux coutumes, au langage même qui tend à exprimer une égalité chimérique entre les individus. Tout est dénaturé dans l'ordre des idées, comme dans l'ordre des choses. Craignant pour leur personne, les trois frères de la famille de Certain : *de Canrobert, de l'Isle* et *de la Côte*, croient bien faire d'émigrer, et de suivre sur la terre d'exil le prince de Condé, le comte d'Artois et le duc de Berry, qui donnent à la noblesse française l'exemple d'une désertion en masse, pour échapper aux vexations et aux menaces de mort dont sont l'objet tous ceux qui portent un nom en France. Mais aucun d'eux ne sert dans l'armée des émigrés, ne prend les armes contre sa patrie. Un témoin oculaire raconte ainsi l'odyssée de Certain *de l'Isle* et Certain *de la Côte*, qui ne se quittèrent plus, dès leur sortie du territoire français. « Ils se retirèrent d'abord dans le pays de Bade ; mais peu après, les armées françaises ayant passé le Rhin, leur tranquillité y fut bientôt troublée ; tout émigré qui tombait en leur pouvoir était fusillé sans jugement, en vertu des décrets de la Convention. Les deux frères s'enfoncèrent donc à la hâte dans l'intérieur de l'Allemagne, voyageant à pied, faute d'argent, tantôt logeant comme ils pouvaient dans les hangars ouverts à tous les vents, tantôt couchant à la belle étoile, car partout ils rencontraient l'armée autrichienne, dont les soldats occupaient tous les locaux disponibles.

« A ce régime-là, le pauvre *la Côte*, beaucoup moins bien charpenté que son frère qui était, sans contredit, le plus bel homme de France, tomba sérieusement malade, et serait certainement mort en route, sans l'assistance de *de l'Isle*. Les deux frères gagnèrent ainsi une petite ville du Wurtemberg, où un cabinet et un lit leur furent offerts dans une mauvaise auberge trouvée sur leur chemin. Le lendemain, au point du jour, les Autrichiens s'éloignaient pour céder la place aux troupes françaises. *La Coste*, incapable de se mouvoir, miné par les fièvres, engageait *de l'Isle* à l'abandonner et de pourvoir à sa sécurité personnelle.

« — Jamais, répondit ce dernier, je n'abandonnerai mon frère mourant sur la terre étrangère. »

« Deux volontaires appartenant à un bataillon de la Gironde se présentèrent au cabaret, dans la matinée, avec un billet de logement. L'hôte les conduisit au cabinet occupé par les deux frères de Certain, leur signifiant qu'ils eussent à s'éloigner pour faire place aux nouveaux venus. Les deux soldats voyant *la Coste* mourant, étendu sans mouvement sur un lit qui ressemblait à un véritable grabat, eurent pitié de cette victime du devoir, et déclarèrent à l'aubergiste qu'ils ne voulaient chasser personne, exigeant au contraire une grande chambre au premier étage, qu'ils savaient inoccupée, et où se trouvaient plusieurs lits. En pays ennemi, le vainqueur étant le maître, l'aubergiste obéit aux deux volontaires français qui, pendant quinze jours, prirent soin de *la Coste* et de *de l'Isle*, les faisant participer aux bons repas que l'hôte était obligé de fournir : et ce régime confortable, joint au repos, rétablit la santé de *la Coste*.

» Ce n'est pas tout. A leur départ, les volontaires français voulant donner aux deux frères, devenus leurs nouveaux amis,

le moyen de passer au milieu des colonnes françaises sans
être arrêtés, enlevèrent de leurs uniformes les boutons de
métal qui portaient le numéro de leur bataillon, et les attachè-
rent aux habits bourgeois des deux infortunés frères qui purent
ainsi se faire passer pour des cantiniers allant à la recherche
des provisions. Ce passeport d'un nouveau genre leur permit
de traverser les lignes françaises sans éveiller aucun soupçon,
de se rendre en Prusse et de s'établir dans la ville de Halle,
où de l'Isle trouva à donner des leçons nombreuses de latin
et de français. Les deux frères y vécurent paisiblement jusqu'en 1803, époque à laquelle ils apprirent leur radiation de la
liste des émigrés (1). »

L'ambition a pu certes avoir de l'influence sur le départ
de l'homme de cour ; de celui qui, comblé de faveurs par le
roi, s'imaginait trouver à Coblentz ou à Worms les éléments de luxe et de plaisir qu'il laissait à Versailles et aux
Tuileries.

Mais que dire et penser de ces gentilshommes de province
qui sont inconnus de Louis XVI, sont étrangers à tout ce qui
émane de leurs bontés particulières ; qui, après avoir vendu
leur récolte, quittent le pays qui les a vus naître, abandonnent leurs femmes et leurs enfants, laissant en souffrance
leurs plus chers intérêts, sans songer à d'autres récompenses
que celles que rapporte à la conscience le devoir accompli ?...
N'est-ce pas là le sublime du dévouement et du désintéressement ?

Mieux inspiré avait été cependant le cousin germain des
trois frères de Certain, Antoine Marbot ; il n'émigra pas,
donna sa démission de capitaine au régiment de Schomberg
(aujourd'hui 14ᵉ dragons), accepta d'être député à l'Assemblée
législative, pour la noblesse du Quercy ; son mandat ter-

(1) *Mémoires du baron de Marbot.*

miné, il reprit du service dans l'armée des Pyrénées-Orientales, en qualité de capitaine des chasseurs de montagne, et mit quatre ans à arriver général de division. Député au Conseil des anciens, le 15 vendémiaire an IV (7 octobre 1795); puis président de ce même conseil, le 18 fructidor an VIII (4 septembre 1799), il en sort le 30 prairial suivant (18 juin), se fait attacher à l'armée d'Italie et meurt subitement à Gênes, en 1800.

*
* *

Mais revenons à l'année 1790.

Le château de Laval de Saint-Céré a été mis aux enchères et acheté par le président du district qui a provoqué la confiscation. Il en est de même des propriétés qui appartiennent aux trois frères de Certain. La famille ruinée, dépossédée de ses biens, se disperse un peu partout. Les trois fils de Certain qui, dans quelques années, seront l'un le père, les deux autres, les oncles du maréchal Canrobert, sont à l'étranger, cherchant à y gagner le pain de chaque jour; leur mère qui, dans quelques années aussi, sera la grand-mère du maréchal, se réfugie à Rennes, chez son frère, le commandant Jean-Pierre de Verdal (1), qui a pris sa retraite dans cette ville, et y a épousé, comme nous l'avons dit ci-dessus, madame veuve Millaud de Boislouveaux. Enfin, madame de Canrobert, née de Sanguinet, expulsée des biens de son mari, se retire dans sa famille, à Saint-Servan.

La loi des suspects vint l'y trouver, en 1792. Elle et ses deux jeunes enfants sont incarcérés dans un des cachots du château de Saint-Malo, là même où avaient été enfermés,

_____

(1) Jean-Pierre de Verdal est décédé, sans enfants, à Rennes, le 27 novembre 1813.

en 1765, Karadeuc de la Chalotais père et fils, et cinquante membres du Parlement de Bretagne, poursuivis pour prévarication, sur la requête du duc d'Aiguillon.

Ce cachot froid et humide n'est éclairé que par une faible lucarne donnant sur la mer. La jeune femme y reste enfermée près de deux ans, exposée aux intempéries, minée par la fièvre, n'ayant pour se chauffer, en hiver, qu'un peu de braise que le geôlier lui fait passer le matin, et pour se promener, dans les beaux jours, ou faire jouer ses deux enfants, que l'espace restreint qui lui est assigné sur le terre-plein du rempart, attenant à sa prison. Tour à tour, les émotions les plus contradictoires la dominent : tantôt la colère et le ressentiment contre l'injustice du sort ; tantôt un souffle rafraîchissant, une lumineuse espérance, passe dans son âme troublée. Tout bruit du dehors la fait tressaillir. Le roulement d'une voiture, sur le pavé de la cour du château, accélère les battements de son cœur. Son sommeil lui-même, hanté par des songes désolants, n'est plus qu'un éternel supplice.

Les yeux de la jeune femme, à l'expression si douce autrefois, maintenant agrandis par la fièvre, ont quelque chose de fixe et de sombre qui indique la profondeur du mal qui la ronge. Sa nature délicate et impressionnable pourra-t-elle supporter longtemps le fardeau écrasant de son isolement et de ses douleurs ? Dans une telle lutte, la vie s'épuise en elle.

Les journées s'écoulent lentes et lourdes pour les prisonniers. Sur ces entrefaites, l'hiver était venu avec son triste cortège. Aux beaux jours avaient succédé les pluies, les giboulées, les frimas. La pluie ruisselle sur les vitres de l'unique lucarne qui fait arriver dans le cachot la lumière du jour.

Toutes les humiliations, toutes les douleurs sont le partage de cette jeune femme de vingt-six ans, qui voit mourir sa

L'hôte les conduisit au cabinet occupé par les deux frères de Certain...
(Page 29.)

3

[illegible]

petite fille sous ses yeux, de misère et de privations, le 4 ventôse an IV (22 février 1796).

Sur ces entrefaites, Antoine de Marbot est devenu président du conseil des anciens ; sa femme en profite pour faire des démarches pressantes auprès des personnes influentes de l'époque, et est assez heureuse pour faire mettre en liberté sa belle-sœur. Mais le régime de la prison a ruiné à tout jamais une santé délabrée depuis bien des années déjà ; la jeune femme meurt quelques jours après, laissant orphelin son fils Antoine, dont madame de Marbot se charge, et qui, dans quelques années, sera le demi-frère du maréchal Canrobert.

Voilà donc l'ex-capitaine Certain-Canrobert veuf à un âge où il peut encore espérer fournir une longue existence. Fatigué des vicissitudes dont il est abreuvé à l'étranger, gagné par la nostalgie, désireux de revoir les siens, il se décide, enfin, à braver la peine de mort prononcée contre les émigrés, et rentre à Paris, où il retrouve sa sœur et son fils, dans les premiers jours du mois de mars 1797.

Son odyssée n'était pas finié cependant. La conspiration de Pichegru venait d'être découverte ; le Directoire exécutif traquait partout les émigrés. Il fallait fuir Paris, si on ne voulait pas porter sa tête sur l'échafaud, ou tout au moins subir une détention qui pouvait être longue. Madame de Marbot intervient encore, et procure à son frère un passe-port sous le nom de *Curten*, avec lequel il gagne de nouveau l'Allemagne, par la Suisse.

(1) Le registre de l'état-civil de la ville de Saint-Servan en fait ainsi mention : « Aujourd'hui, quatrième jour du mois de ventôse, an quatre de la République, est décédée Marie-Jeanne-Pélagie-Antoinette *Certin* Canrobert (*sic*), née le sept juillet mil sept cent quatre-vingt-dix, dans la commune de Cahu, près de Saint-Céré (Lot) ; fille d'Antoine *Certin* Canrobert et de Jeanne-Pélagie Sanguinet, son épouse.

Enfin, le Consulat ayant mis fin à cet ordre de choses, les trois frères de Certain sont rayés sur la liste des émigrés, en 1803, et peuvent rentrer en France. Leur exil avait duré douze ans. Mais leur mère est morte depuis un an, et c'est le cœur navré qu'ils rentrent dans ce qui constitue les débris de leur ancien domaine.

**

Rentré à Paris, de Certain de Canrobert reste deux mois chez sa sœur, puis se rend à Saint-Céré, où il épouse en 1807 une demoiselle de Niocel qui devient la mère du maréchal Canrobert né à Saint-Céré le 27 juin 1809, et dont le vrai nom est en réalité de Certain de Canrobert.

Il est curieux de rechercher sur les *Etats militaires de la France*, depuis 1789, comment ont pu ainsi se transformer dans l'armée les noms des plus puissantes familles de la noblesse française.

La gentilhommerie se divise en trois classes.

1º *Titrés* : ducs et princes.

2º *Nobles de distinction* : marquis, comtes, vicomtes, barons.

3º *Nobles de qualité* : simples gentilshommes, chevaliers, écuyers, cadets de familles nobles pouvant être désignés avec la simple particule. Le 4 août 1789, la Constituante avait aboli tous les titres de noblesse ainsi que tous les privilèges qui s'attachaient à ces distinctions sociales et aux terres féodales.

Sur l'*État militaire de 1790*, on voit encore figurer les *titrés*. Ex : les maréchaux de camp, duc de Clermont-Tonnerre ; duc de Montmorency, prince de Beaufremont.

Sur l'*État militaire de 1791*, on ne mentionne plus que la particule. Ainsi les maréchaux de camp sont dénommés de Clermont-Tonnerre, de Montmorency, de Beaufremont.

Mais dès l'année 1792, année de la proclamation de la République, tout le monde étant devenu obligatoirement citoyen,
les mêmes maréchaux de camp sont simplement désignés
comme il suit : Clermont-Tonnerre, Montmorency, Beaufremont.

En 1804, des noms patronymiques sont modifiés ou disparaissent.

Jannot de Moncey, devient Moncey.

Champion de Nansouty, devient Nansouty.

Le comte d'Haupoul, devient Dhaupoul.

Ainsi s'explique la transformation du nom du maréchal de
Certain de Canrobert qui, avec le temps, est devenu Certain-
Canrobert.

Son extrait de baptême est enregistré comme il suit sur le
registre paroissial des actes de l'état civil de la commune de
Saint-Céré (acte dressé pour la première communion de l'enfant, treize ans après sa naissance).

« L'an mil huit cent vingt-deux et le vingt-et-unième jour
du mois d'avril a été inscrit sur le présent registre, par moi,
Jean-Baptiste-Victor Pezet, vicaire soussigné, le baptême de
M. François-Antoine Canrobert, né à Saint-Céré le 27 juin 1809
et baptisé le même jour dans l'église de notre ville, par feu
M. Gaillard ancien curé, en présence de M. François Soulhac
son parrain et de mademoiselle Caroline Niocel, sa marraine,
de M. Charles de Lavaux, chevalier de Saint-Louis, oncle
maternel, et de dame de Lavaux, née de Niocel, tante mater-
nelle, qui ont signé avec moi sur le présent registre et sur le
témoignage desquels nous avons dressé le présent acte,
pour lui servir en cas de besoin, attendu qu'il n'en existe pas
d'autres. »

Mademoiselle de Niocel était une de ces jeunes personnes à
qui le hasard et la nature ont tout prodigué, et auxquelles
par conséquent on accorde tout. C'est comme un droit attaché

à leur bonheur. Elle était née heureuse et jolie. Certains êtres
naissent privilégiés, comme si les fées de la légende s'étaient
réunies autour de leur berceau pour leur aplanir la vie ; ils ne
connaissent point les larmes, et ne se déchirent pas aux
épines. Destinée à n'avoir qu'une mince dot engagée dans une
terre qui avait perdu beaucoup de sa valeur; fiancée à un ancien serviteur de la monarchie, qui n'avait recouvré qu'en partie les biens que lui avait soustraits la Révolution, elle devait
un jour ou l'autre se trouver riche de par la grâce d'un parrain opulent, le sieur François Soulhac, qui l'avait instituée sa
légataire universelle. Un homme élégant, encore jeune, qui
avait passé par l'armée, avait souffert pour la cause de nos
rois, se présentait donc à point nommé pour associer sa modeste fortune à la sienne et la tirer de l'isolement. Rien donc
d'étonnant à ce qu'elle prenne sa volée vers un monde qu'elle
ne connaissait pas encore, nullement surprise du coup du sort
qui lui ouvrait à deux battants les portes de l'hyménée. Ce
mariage est en tous points des mieux assortis.

Antoine Certain-Canrobert n'est pas un courtisan dans l'acception exacte du mot ; — un homme de cour, ainsi qu'on
appelait au dix-huitième siècle les familiers de nos rois, gentilshommes de race qui vont de pair avec le roi de France,
dînent à sa table, montent dans son carrosse, s'asseoient sur
ses fauteuils; mais il est de ceux qui, pour le salut de la France,
ont le mépris du danger, vont camper dans les boues de la
Flandre, restent dix heures de suite immobiles sous les boulets, comme un de ses ancêtres, de Verdal, à Nerwinden. Il
était encore jeune — quarante ans à peine — d'une physionomie
avenante avec des yeux qui riaient, malgré un certain air des
souffrances passées qui se peignait sur ses traits ; grand, bien
pris dans sa taille. En assurant que c'était un aimable homme
doué de beaucoup d'esprit, nous aurons signalé le moindre
de ses mérites. Il n'était point coulé dans un moule com-

mun ; ses allures tranchées, son parler bref et son air impé-
rieux indiquaient en lui une personnalité qu'on aime à connaître et qu'on est heureux de louer, car son caractère est
celui d'un homme qui sait ce qu'il vaut, ce qu'il peut exiger
d'autrui, et assez fort pour soutenir les luttes de la vie.

*
* *

Né soldat, comme d'autres naissent peintres, poètes ou musiciens, mais venu trop tard au monde pour prendre part aux
combats de géants dont l'Europe a été le théâtre au commencement de ce siècle, François Certain-Canrobert entrait dans
la vie comme Napoléon Iᵉʳ, ce Charlemagne moderne, était à
l'apogée de sa gloire. Le royaume d'Etrurie avait disparu ; la
Toscane et Rome, qui tenaient leur munificence des rois carlo-
vingiens, appartenaient désormais à la France ; la Hollande
échue au prince Louis, mais toujours frissonnante des confis-
cations violentes et des exactions ruineuses qu'elle avait subies, venait d'être réunie à l'Empire, pour contribuer à l'effica-
cité du blocus continental.

A cette date, Jean-Baptiste-Antoine-Marcellin de Marbot,
son cousin, âgé de vingt-sept ans, décoré de la Légion d'honneur depuis le 18 octobre 1808, est chef d'escadron adjoint
à l'état-major de Masséna. Antoine Certain-Canrobert, son
demi-frère, qui a vingt-et-un ans, sort de l'école de Saint-Cyr
dans un rang très brillant, et est sous-lieutenant au 42ᵉ régiment d'infanterie, avec lequel il fait la campagne d'Autriche.

Nous n'avons presque rien à dire des jeunes années du maréchal Canrobert, sur lesquelles nous passerons rapidement.
Elles s'écoulent tranquilles et joyeuses, au sein d'une famille
patriarcale qui a conservé intactes les vieilles traditions
d'honneur et de probité d'autrefois, à l'ombre de grands bois
odoriférants, sous un soleil chaud et ardent qui dore tous les

objets sur lesquels il s'accroche. C'est par Saint-Céré que passent tous les heureux de la terre qui cherchent les stations enchantées des Pyrénées et des côtes de la Méditerranée, pour y vivre au grand air et à l'abri des querelles qui agitent l'Europe. C'est le chemin de la jeunesse, de toutes les oisivetés de la vie élégante.

Mais que cette Thébaïde éclairée par ce grand soleil brillant insolemment au plus haut du ciel, un jour d'été, ressemble peu aux villages et aux cottages des environs de Paris ; surtout la maison où Canrobert passe ses jeunes années ! Qu'on se figure une vieille habitation couverte de plantes grimpantes, et en si grande profusion que feuilles et fleurs semblent monter à l'assaut du toit. Dans un coin, à l'angle de la cour, une ferme tapissée de mousse, où vont et viennent avec toute l'effronterie d'une liberté qui ne connaît ni règle ni discipline, des bandes de canards et de poules entre lesquelles se promènent majestueusement des oies hautaines et paresseuses. Le perron de la maison franchi, on a devant soi un large escalier de pierres mal dégrossies qui monte à un corridor où flotte une vague odeur de feuilles de roses, et sur lequel s'ouvrent un grand et un petit salon, comme un père et un fils se tenant par la main. Sur ses murs s'étale une collection nombreuse de portraits de famille peints au hasard, par des artistes inconnus. Quelques vieux meubles en bois doré garnissent ces deux pièces qui sont séparées par des portières en lampas cramoisi, en style de l'époque. Des glaces coupées, à cadres fleuris avec panneaux, achèvent de donner un air d'élégance à ces salons où tout parle de choses qui ne sont plus.

Si la lumière qui tombe d'un ciel éclatant a sa splendeur, la transparente obscurité des voiles que le brouillard étend sur la campagne a bien aussi sa poésie. Elle mêle on ne sait quelle grâce à l'incertitude des lignes, et c'est peut-être en étudiant les perspectives de l'horizon, lorsqu'un brouillard

Portrait de Madame J.-P. de Verdal,
grand'tante du maréchal Canrobert, d'après un portrait appartenant à
M. le colonel Claret de la Touche.

léger flotte à la surface du sol, que le futur maréchal Canrobert a appris à juger de bonne heure le terrain et le parti à en tirer, dans ses jeux d'enfant. De la terrasse de la propriété qu'il habite, il peut voir que les arbres font des taches noires dans la masse flottante des vapeurs du matin, dont les draperies balayent le tapis rouge des bruyères ; que la chaussée qui côtoie la maison forme une rainure épaisse, esquissant une ombre dans cette brume.

Lamartine, retraçant les souvenirs de ses jeunes années, s'exprime ainsi : « Quand le fleuve est troublé et ne roule plus que des ondes tumultueuses, qui n'aimerait à remonter flot à flot, vallée par vallée, les longues sinuosités de son cours, et puiser dans le creux de sa main ses premières ondes sortant du rocher, cachées sous les feuilles, fraîches comme la neige, bleues et profondes comme le ciel de la montagne qui s'y réfléchit. »

Les traditions de famille sont les influences les plus propres à développer dans les âmes de la jeunesse cette rectitude d'où résultent l'élévation des sentiments, la noblesse du caractère, et finalement, la dignité de la vie. Sans doute, l'atavisme est loin de tout expliquer. Il n'y a pas de fatalisme héréditaire qui incline nécessairement une âme libre vers le bien ou vers le mal. Mais nous pouvons dire, sans crainte d'être démenti, que François Certain-Canrobert aura été du nombre de ceux qui, après avoir reçu de leurs devanciers le trésor inappréciable des plus nobles qualités, l'auront transformé, augmenté de leurs propres mérites, à ceux qui hériteront de son nom.

En attendant, les armées de Napoléon Ier poursuivent le cours de leurs glorieux exploits. C'est sur une mappemonde que se burine notre histoire de France. Un milliard soixante-douze millions d'habitants, presque la moitié de la chrétienté, obéissent à la voix d'un seul homme, qui d'un bras atteint aux colonnes d'Hercule, tandis que de l'autre il secoue l'étendard de la nation sur le golfe de Finlande.

Les choses en sont là, lorsque la désastreuse campagne de Russie sonne le glas de l'agonie de la France qui assiste, la rage dans le cœur, à la destruction de la fortune guerrière de celui qui, pendant plus de vingt ans, tint haut et ferme le drapeau de la nation. Mais ce n'est pas sans un dernier et généreux effort, et lorsque, le 16 juin 1815, le jour se lève sur les tentes françaises dressées autour de la forêt de Soynes, la plaine de Ligny se couvre de sang. Cavalerie et infanterie pointent l'ennemi avec un acharnement indescriptible ; pas un pouce de terrain n'est perdu ; nos troupes marchent en conversion et se rallient en bataille. Nos bataillons se pavoisent ce jour-là d'une conquête de plus, près des vieux murs de Fleurus, laissant sur le champ de bataille le duc de Brunswick-Oels et les corps de huit mille étrangers abattus.

Antoine Certain-Canrobert, devenu capitaine, se fait bravement tuer en entraînant ses tirailleurs et les encourageant de la voix et du geste. Un boulet le frappe au milieu de la poitrine, le renverse ; il meurt sur le champ de bataille, sans avoir eu le temps de souffrir.

Napoléon Ier, qui portait un intérêt immense à de Marbot, fut accablé par cette mort.

« — C'est une mort que j'envie, dit-il en baissant la tête, passant la main sur ses yeux et étouffant un soupir. — Duroc, vous direz au colonel du 7e hussards que son cousin est mort de la mort de Turenne. »

Le lendemain s'engageait l'action finale : Waterloo ! L'armée française reste couchée sur le sol où elle a combattu ; les compagnons d'armes à qui l'empereur a serré la main la veille ne sont plus ! — Le parvenu de la gloire qui capturait des royaumes, commandait à un million de soldats, tombe pour ne plus se relever. Les troubles, l'invasion, la décomposition de la France en sont la conséquence : tout menace, tout fait débris... L'honneur du pays seul survit et n'est pas au niveau des ruines. Mis à l'index par le gouvernement des Bourbons, le colonel de Marbot, qui commandait le 7e hussards (1) à Waterloo, est compris sur la liste de proscription du 15 juillet 1815 ; il quitte la France atteint par la loi du 12 janvier 1816, et se retire à Offenbach, dans le duché de Hesse-Darmstadt, où il passe deux années, attendant son rappel en France.

*
* *

A cette époque, le jeune François-Certain Canrobert entre dans sa septième année. C'est l'âge où les travaux ardus du collège vont succéder aux joies de la famille et aux jeux de l'enfance. Le collège de Vaugirard lui ouvre ses portes, comme fils de chevalier de Saint-Louis.

Donnons ici quelques détails rétrospectifs ignorés, ou peu connus, sur l'installation de nos écoles militaires en France. Louis XV avait créé dans les bâtiments du Champ-de-Mars une école militaire destinée à donner gratuitement l'éducation à cinq cents jeunes gentilshommes *jouissant de quatre quartiers de noblesse paternelle, mais pauvres et qui avaient des titres à ce secours.* En réalité, le nombre des élèves ne dépassa jamais deux cent trente, faute de ressources suffisantes pour les y entretenir.

Ce n'est pas ici le lieu de suivre les détails d'organisation, de modification et de licenciement des diverses écoles ou collèges militaires de l'ancien régime. Ce serait un très long travail ; quelques observations générales suffiront.

Le comte de Saint-Germain, en arrivant au ministère de la Guerre, constate que c'est une faute d'éloigner les enfants de

(1) 7e hussards, dit *d'Orléans,* qui plus tard aura une grande influence sur la destinée du colonel de Marbot.

leurs parents, de les priver de la surveillance, des conseils et des réprimandes des familles, pour les confiner dans un dur et long internat, sous l'influence de leçons toujours froides et rigides, et d'abdiquer les droits du père en faveur d'étrangers. Il fait donc décider, le 1er février 1776, que l'école du Champ-de-Mars sera fermée et les élèves répartis dans les douze écoles qui suivent, et qui, de ce fait, sont appelées *Collèges royaux* : La Flèche (Sarthe), réservé aux fils d'officiers sans fortune morts au champ d'honneur ; Solesmes (Sarthe) ; Brienne (Aube) ; Pont-le-Voy, Vendôme (Loir-et-Cher) ; Pont-à-Mousson (Meurthe-et-Moselle) ; Tournon (Ardèche) ; Auxerre (Yonne) ; Rebais (Seine-et-Marne) ; Effiat (Puy-de-Dôme) ; Beaumont.

Quand les jeunes gens avaient fini leurs études dans les collèges royaux, ils venaient recevoir l'instruction militaire à l'école des cadets que le comte de Saint-Germain avait créée à l'hôtel du Champ-de-Mars et qui devenait ainsi une école militaire, en même temps que l'hôtel servait au casernement des quatre compagnies des gardes du corps.

Les écoles militaires et les collèges royaux créés par la monarchie furent supprimés par la Convention le 9 septembre 1793, à l'exception des écoles de Popincourt et de Liancourt destinées à recevoir les fils de militaires retraités ou invalides de l'armée de terre, et qui, réunis sous une même administration, devinrent *l'école des Orphelins de la patrie*, et plus tard, en 1794, *l'école de Mars*, institution bien plus politique au fond qu'une maison d'éducation militaire.

Le 10 août 1814, le duc d'Angoulême, fils aîné du comte d'Artois qui régna plus tard sous le non de Charles X (1824-1830), vint visiter le collège de la Flèche, accompagné de la duchesse d'Angoulême (1). Reçus dans la cour *verte*, — au-

______

(1) Marie-Christine-Charlotte, titrée Madame Royale, fille de Louis XVI et

jourd'hui la cour d'honneur, — au bruit des salves d'artillerie de la division de cette arme, qui, prête à partir pour Saint-Cyr, tirait ses derniers coups de canon, le prince et la princesse s'enthousiasmèrent de l'attitude sous les armes des jeunes élèves, et pensèrent qu'il serait possible de fonder à Paris un collège similaire, spécialement affecté aux fils des chevaliers de Saint-Louis dans une situation de fortune précaire et de famille digne d'intérêt. Ce vœu formulé à la cour de Louis XVIII, par une requête où perçaient les plus louables sentiments de la duchesse d'Angoulême, donna naissance au collège de Vaugirard dont on confia la direction et l'enseignement aux Pères oratoriens.

C'est au collège de Sorèze que fut élevé Jean-Baptiste-Antoine Marcellin de Marbot ; c'est au collège de Vaugirard que le futur maréchal Canrobert fait ses premières études classiques.

*
* *

Certain-Canrobert est donc issu de cette race de soldats dont le caractère s'était trempé dans la lutte contre la destinée, et dont l'expérience s'était faite au milieu des plus glorieux événements comme des plus douloureuses vicissitudes de notre histoire. Nous devions en parler, car, en pareil cas, on juge mieux le fruit, quand on connaît la branche. Il est rare, en effet, que les vertus publiques n'aient pas leur semence dans les vertus privées, et si l'on cherchait avec soin, on verrait que c'est presque toujours dans la famille que nous prenons le bien que nous faisons plus tard.

Tacite dit en parlant d'Helvetius Priscus, préteur plein de courage et de fermeté civiques : « Puisque le nom de ce grand

de Marie-Antoinette, née à Versailles, le 10 décembre 1778 ; mariée en 1799 au duc d'Angoulême ; décédée à Goritz en 1854.

citoyen vient sous notre plume, et que nous n'aurons plus l'occasion d'en parler, il semble utile de peindre en peu de mots ses mœurs, son caractère et les événements de sa vie (1). »

Obéissant à une vocation que la Providence devait se charger de justifier d'une manière éclatante, François Certain-Canrobert entre à Saint-Cyr, le 15 novembre 1826, à peine âgé de dix-sept ans. Son père était mort l'année précédente ; sa mère put jouir de ce beau triomphe, et c'est elle qui conduisit le jeune élève à Saint-Cyr.

Le dimanche suivant, Canrobert fait son entrée à l'école par un de ces jours pluvieux et froids qui éteint les plus solides enthousiasmes. Tous les futurs saint-cyriens ont plus ou moins ressenti ces premières impressions. Cette double rangée de tilleuls trapus, coupés et militairement alignés, n'est pas faite en effet pour faire aimer cet inconnu qui s'ouvre devant soi, et grimace dans ces vieux arbres sans feuilles gémissant sous le vent.

A l'âge de dix-sept ans, Canrobert, avec ses longs cheveux bouclés, a un faux air de Bonaparte à Arcole. Son premier supplice fut de confier sa tête aux ciseaux du perruquier de l'école chargé de les lui mettre à l'ordonnance ; chiffré comme un ballot dans son étui de toile bleue, serré dans son pantalon et son habit, le chef couvert d'un haut bonnet de police faisant valoir la tête en brosse, le futur sous-lieutenant, avec son air ahuri, était loin de ressembler à ce qu'il devait être quelques années plus tard : un officier d'un tempérament hors ligne, comme activité, comme soldat, comme général en chef.

A Saint-Cyr, Canrobert devient caporal (18 mai 1828), obtient le n° 18 aux examens de sortie de l'école, choisit le 47° de ligne qui tient garnison à Lorient, et y est nommé

(1) Tacite, tome V, livre IV, § 5.

sous-lieutenant le 1ᵉʳ octobre 1828, en même temps que son
camarade Levassor Sorval, qui plus tard le remplacera au
commandement du 5ᵉ bataillon de chasseurs, et servira sous
ses ordres comme général de division vingt-sept ans après (1).

(1) 14 février 1869.

Madame de Canrobert dans la prison à Saint-Malo.

En reconnaissance.

CHAPITRE II

MASCARA — LE SIG — L'HABRA

(26 novembre — 21 décembre 1835)

E n'est que sept ans après, c'est-à-dire en 1835, que le jeune officier, qui vient d'être promu lieutenant (20 juin 1832), met pour la première fois le pied sur le sol africain, cette vieille terre témoin de tant de bravoure, depuis Scipion jusqu'à nos jours.

Combattre sans cesse, combattre jusqu'au bout, jusqu'à la dernière heure, jusqu'à la mort inclusivement, *usque ad mortem* ; combattre pour sa patrie, pour les lois de son pays, pour l'honneur du temple de Dieu, pour ses concitoyens ; croire en même temps, comme l'héroïque adversaire d'Antiochus, qu'au-dessus de tout courage, de tout effort humain, il faut s'appuyer sur Dieu, et que la religion est le fondement nécessaire, inébranlable de l'amour bien entendu de son pays : tel a été, de 1835 à 1870, le résumé véridique de la longue, honnête et courageuse existence du maréchal Canrobert.

A partir de 1835, l'Afrique devient la véritable patrie de Canrobert. C'est à la rude école des Clauzel, des Damrémont, des Drouet d'Erlon et plus tard des Lamoricière, des Changarnier, des Bedeau, qu'il apprend à développer ces aptitudes pour la guerre, ces facultés maîtresses qui font les intrépides soldats et les soldats capitaines. Jeune officier, il a tout à la fois l'intelligence rapide des situations, une hardiesse qui justifie en quelque sorte cette phrase de Strabon, quand il dit à propos des Gaulois, nos ancêtres : « *Prompts au combat, ils marchent droit à l'ennemi et l'attaquent de front, sans s'informer d'autre chose* (1). Il a aussi le don d'entraîner tout après lui, par la double et irrésistible puissance de la bravoure la plus chevaleresque unie à une imperturbable gaieté.

Il est difficile de se faire une idée, à plus d'un demi-siècle de distance, de la somme de courage et d'héroïsme que nous ont coûtée la soumission et la conquête de notre grande colonie africaine. La guerre n'y ressemble en rien aux évolutions de ces savantes armées modernes combattant en rase campagne. L'initiative individuelle, la valeur personnelle, le sang-froid, l'énergie physique jouent le principal rôle dans le succès de nos armes. Il faut souvent bivouaquer dans la boue, franchir des ravins et des torrents ; escalader des roches et des pics reconnus inaccessibles, sous une grêle de balles, déconcerter l'ennemi par l'imprévu de nos attaques et l'impé-

(1) Strabon, I, iv.

tuosité du choc, rivaliser de vitesse avec ces cavaliers arabes qui, rapides comme l'éclair, déchargent leurs longs *moukalas* (fusils), pour disparaître ensuite, emportés au galop de leurs chevaux ; être toujours sur le qui-vive, manger debout, dormir l'oreille attentive, parce que le danger est de tous les instants, et l'ennemi partout, bien qu'il ne se montre nulle part.

Telle fut la vie de Canrobert, dans l'Afrique française, pendant près d'un demi-siècle. Il l'a parcourue dans tous les sens, depuis les confins de la Tunisie jusqu'au Maroc ; depuis les rivages de la Méditerranée jusqu'à l'immense océan de sables du Sahara. Il s'y est trouvé le compagnon d'armes et l'émule de ces officiers de premier mérite qui ont enrichi de pages éblouissantes de gloire les annales déjà si bien remplies de nos exploits militaires.

Les historiens de l'avenir n'attendent pas de celui qui écrit ces lignes un récit complet de tous les combats, de toutes les escarmouches auxquelles Canrobert a été mêlé de 1835 à 1839, puis de 1842 à 1849. D'une moisson très abondante, il ne cueillera que les principaux épis.

*
* *

Le maréchal Clauzel, qui remplaçait le comte Drouet d'Erlon à la tête du gouvernement général de l'Algérie, y arrivait avec la mission de détruire Mascara (*Ma-Asheur, la mère des soldats*), dont Abd-el-Kader avait fait sa capitale et qui constituait sa place d'armes. C'était, en effet, atteindre au cœur la puissance de l'émir. D'importants renforts étaient attendus de France ; entre autres trois régiments tirés des Pyrénées-Orientales : le 2e léger (colonel Menne), dans lequel servait le capitaine Changarnier ; le 17e léger, le futur régiment du colonel Bedeau ; le 47e de ligne (colonel Combes) rentrant d'Ancône, et dans lequel servait Canrobert en qualité de lieutenant, et qui, parti de Port-Vendres, le 27 août 1835, débarquait à Merz-el-Kebir (*le grand port*) et Oran, les 27 août et 2 septembre suivants.

La ville de Mascara se rattache aux souvenirs les plus glorieux de la province d'Oran, sous la domination turque. En 1704, le dey d'Alger, Bou-Kedach, confiait le commandement des provinces de l'Ouest à un de ses favoris, Bou-Chelagtham (*le père de la moustache*), jeune homme de vingt-quatre ans, ambitieux, actif, intelligent, dont le premier acte fut de transporter le siège de la puissance turque dans un lieu appelé le *pays des Querth*, de l'autre côté de la première chaîne de l'Atlas, de façon à prendre à revers les tribus des plaines de la Mina, de l'Habra et du Sig, petit village situé au sud-ouest de la ville de Mascara, bâtie sur l'un des derniers mamelons de la chaîne qui domine la riche et vaste plaine de l'Er'ris (1), dans le pays des Hachem (2).

Mascara ne devait pas tarder à prospérer ; elle resta capitale militaire de l'ouest jusqu'en 1792, époque à laquelle le bey, Mohamed-el-Kebir (*le grand*), alla habiter Oran que les Espagnols venaient d'évacuer. Le bey de Mascara prit ainsi le titre de roi d'Oran, qu'il conserva jusqu'au jour où nous prîmes possession de cette place.

Mascara, ayant perdu son titre de beylick, retomba dans l'oubli, conservant simplement une garnison turque d'une centaine d'hommes.

La chute d'Alger, la guerrière, s'était fait sentir dans toute la régence, et les Arabes, courbés sous le joug des Turcs, avaient salué avec joie la défaite de leurs oppresseurs. Ce fut bien pire encore lorsque, le 10 décembre 1830, nos troupes

(1) De *Eures* (action de planter), plantation.

(2) La plus puissante tribu de la province d'Oran ; elle fournissait aux Turcs 2,000 cavaliers environ.

prirent possession de Merz-el-Kebir et d'Oran. C'en était définitivement fait de la puissance des Turcs dans le beylick de
l'ouest, et en 1832, la prédiction de Sidi-Abd-el-Kader-el-
Djilani, *le prince des Justes*, allait s'accomplir : la chute des
Turcs était proche.

A quatre lieues de Mascara, sur le revers d'une colline, se
dessinent les ombrages de la *Zaouïa* (hôtellerie) de Sidi-
Mahiddin, père d'Abd-el-Kader, et sur la droite, tout près de
la ville, Erribia, où les chefs des tribus des Hachems, des
Beni-Hamer et des Gharabas, se réunirent pour nommer un
chef susceptible de tirer le pays de l'état d'anarchie et de désordre où l'avait plongé le renversement de la puissance
turque, car, dit une légende : « L'Arabe a toujours besoin
pour le conduire d'un homme qui sache manier avec hardiesse
le mors et le *chabir* (1). » Tous les hommes influents de la
contrée, marabouts et guerriers, s'y rendirent à cheval, et
donnèrent la présidence de la réunion à Sidi-Mouloud-ben-el-.
A'rach, marabout centenaire jouissant d'une grande réputation chez les Hachem.

A cette époque, Mahiddin jouissait d'une grande considération dans le pays, autant par sa réputation de savant que
par ses deux pèlerinages à la Mecque, et par les persécutions
dont il avait été l'objet de la part des Turcs.

Ici se place une légende qu'il est bon de raconter.

Dans son second voyage à la Mecque, en 1828, les pèlerins
eurent lieu de faire leurs dévotions dans une des sept chapelles au dôme doré, servant de *kouba* (tombeau) au sultan
des hommes parfaits, Sidi-Abd-el-Kader-el-Djelali, quand le
saint lui-même entra dans cette chapelle sous la forme d'un
nègre portant un *couffin* (panier) renfermant des dattes, du
lait et du miel.

(1) Tige de fer pointue servant d'éperon.

— Où est le sultan de l'Ouest ? dit le nègre à Mehiddin.

— Il n'est pas parmi nous, dit ce dernier. Nous sommes de pauvres gens craignant Dieu.

Puis le nègre leur offrant des dattes, ajouta : « Le sultan est parmi vous ; gardez le souvenir de ma parole. Le règne des Turcs va finir. »

Cette légende courut dans le pays, lorsque Si-el-A'rach raconta que le marabout Mouley-Abd-el-Kader-el-Djelal i lui était apparu en songe pendant une nuit, et qu'un trône resplendissant s'était alors dressé devant ses yeux : « Pour qui ce trône » ? avait-il demandé émerveillé.

— Pour Mouley-el-Hadj-Abd-el-Kader-Ould-Mahiddin.

L'assemblée fut unanime à ratifier ce choix, et Si-el-A'rach fut aussitôt envoyé à la tente de Mahiddin pour lui demander son second fils, désigné comme le sultan de la province de l'ouest, et c'est ainsi que l'émir Abd-el-Kader devint, en 1832, l'être de Dieu, le fils de Zohra, le sultan annoncé par les prophètes. Débarrassés des Turcs, les Arabes avaient enfin un chef parmi eux.

Cette scène ne manquait pas de grandeur, et des fêtes furent aussitôt organisées pour célébrer l'élection du nouveau sultan qui n'avait alors que vingt-huit ans, et faisait le lendemain son entrée dans la ville de Mascara.

Le traité Desmichel, en février 1834, qui donnait à l'émir des avantages commerciaux considérables, en échange d'une soumission très problématique, avait été notre première faute. Le traité de la Tafna (28 juin 1835) acheva de la grandir aux yeux de la nation arabe, en lui donnant l'espoir de créer une nationalité arabe. Après l'insuccès du général Trézel, il devenait indispensable de prendre une éclatante revanche et de frapper le bey de Mascara au centre de sa puissance.

À l'arrière-garde, le 47e de ligne repousse victorieusement les cavaliers de l'émir. (Page 63.)

*\
*\ *

Une expédition est résolue et le commandement en est
confié au maréchal Clauzel qui avait quitté l'Algérie, il y a
quatre ans et demi, pour y revenir le 10 août 1835, accueilli
avec enthousiasme par les populations de la colonie, grâce à
la médiocrité dont ses prédécesseurs avaient donné des
preuves.

Le nouveau gouverneur général a soixante-trois ans; il
joint l'ardeur d'un sous-lieutenant à l'habileté dans le maniement des troupes, en face de difficultés imprudemment provo-
quées. Équitable et bienveillant à l'égard de tous, il était aimé
des officiers et des soldats. Incomplet, inégal, négligent parfois, mais doué de rares facultés intellectuelles, « il est l'un
des hommes de guerre, écrivait Changarnier, qui m'a le plus
instruit par ses défauts comme par ses grandes qualités. »

Tel on l'avait vu en 1831, tel on le revoyait en 1835.

Le drame que nous allons raconter avait pour nœud le désastre de la Macta. Les coups de fusil commencèrent le
27 août aux portes d'Oran. Le 2 septembre, l'arrivée du 47ᵉ,
le premier des régiments attendus de France, permit à la garnison d'Oran de se montrer hors de la ligne des blockhaus, où
la prudence proverbiale du général d'Arlanges la tenait ren-
fermée depuis plusieurs mois déjà.

Du 10 au 21 septembre, le génie construisit en la position
de M'soulen et du Figuier, à quatorze kilomètres au sud-est
d'Oran, à la pointe orientale de la grande Sebka, un fort étoilé
suceptible de contenir cinq cents hommes. C'était la première
étape dans la direction de Mascara.

Le 11ᵉ de ligne, les 2ᵉ et 17ᵉ légers arrivèrent sur ces entrefaites, mais sans ustensiles de campement, sans bidons ni
marmites ; on fut obligé d'en faire venir de Metz.

Le 21 novembre, l'artillerie d'Oran salua l'arrivée en rade du duc d'Orléans et du gouverneur général. Le prince royal représentait l'avenir, le maréchal apportait avec lui le glorieux souvenir des guerres du Premier Empire et personnifiait le passé.

Le corps expéditionnaire comprenait quatre brigades et une réserve. La première (général Oudinot, frère du colonel tué au combat de Mouley-Ismael) avait la composition suivante : Douairs et Smelas, Turcs et Kouloughlis d'Ibrahim ; 2ᵉ régiment de chasseurs d'Afrique, quatre compagnies de ouaves, 2ᵉ léger, une compagnie de mineurs, une de sapeurs. La 2ᵉ brigade (général Perrégaux) comprenait trois compagnies d'élite venues d'Alger, comme escorte du prince : 17ᵉ léger et une compagnie de sapeurs. La troisième (général d'Arlanges) : 1ᵉʳ bataillon d'Afrique et 11ᵉ de ligne. La quatrième, sous les ordres du colonel Combes, ne comprenait que le 47ᵉ de ligne. Deux obusiers de montagne étaient en outre attachés à chaque brigade. La réserve était formée d'un bataillon du 66ᵉ, d'une compagnie de sapeurs, de quatre obusiers de montagne et d'une batterie de campagne. L'effectif dépassait 11,000 hommes, dont un millier d'indigènes. Chaque colonne emportait des vivres pour deux jours, plus une double ration de biscuit et de riz en réserve dans un sac cousu qui ne devait être ouvert que sur l'ordre du commandant de la colonne.

Cette expédition se faisait dans la saison la plus mauvaise de l'année. Le 26 novembre, toutes les troupes destinées à en faire partie étaient réunies au camp du Figuier, se mettaient en marche le lendemain, et le 29, après avoir traversé la forêt de Mouley-Ismaïl, les têtes de nos colonnes descendaient dans la plaine du Sig, à midi sonnant, sous un ciel radieux, marchant allègrement, confiantes dans le succès et dans un ordre admirable ; en tête, les indigènes, drapeaux au vent, au son de la derbouka et du tambourin ; les quatre brigades dessinaient un vaste losange, au milieu duquel s'avançait l'immense convoi surveillé par la réserve. A la nuit, le corps expéditionnaire bivouaquait en carré sur les deux rives du Sig ; les indigènes sur la rive gauche, au pied des montagnes, les troupes européennes, à droite.

Le 30, seize cents travailleurs se relevant de trois heures en trois heures, depuis le lever jusqu'au coucher du soleil, construisaient un vaste camp retranché, pouvant contenir les parcs de l'artillerie, du génie et de l'intendance, sous la garde d'un millier d'hommes.

C'était un joueur audacieux que le maréchal Clauzel, un soldat aux idées hardies. Il lui souriait de frapper les Arabes d'étonnement, en conduisant jusqu'à Mascara, à travers l'Atlas, comme à travers la plaine, son long convoi et toute son artillerie, et de défiér la fortune. Le camp du Sig qui, l'avant-veille, était destiné à garder les voitures de l'armée et la batterie de campagne, se trouva tout à coup désert le 3 décembre, après un repos de trente-six heures laissé aux troupes. Le maréchal Clauzel remit son armée en marche, laissant un vaste camp retranché comme témoignage de son passage dans la contrée, et le 3 décembre, au point du jour, fantassins, cavaliers, fourgons et voitures d'artillerie traversèrent le Sig : l'infanterie sur deux ponts de chevalets, la cavalerie, l'artillerie et le convoi à gué, la rivière n'ayant que quelques pouces d'eau de profondeur.

Les ponts défaits, la brigade d'arrière-garde (colonel Combes), qui avait attendu que le génie eût chargé les chevalets sur ses voitures, se trouve séparée du gros. Une masse de cavaliers arabes essaye de se jeter dans l'intervalle, mais sans succès. Le 47e était là. Il protège le passage de la rivière, et supporte pendant plus de neuf heures les efforts de l'ennemi, depuis le matin jusqu'à sept heures et demie du soir, laissant sur le terrain vingt-trois blessés recueillis par le convoi, et ayant un certain nombre de contusionnés qui regagnent leur rang après un premier pansement.

Abd-el-Kader, comme bien on pense, ne se tint pas pour battu. Il savait que pour trouver de l'eau et un bon bivouac, il fallait nécessairement que notre corps expéditionnaire passât par l'Habra. Il nous y attendait, espérant nous accabler et nous surprendre, comme au défilé de la Macta.

La topographie des lieux assurait à notre adversaire un avantage incontestable. La voici, telle que nous la donne le duc d'Orléans, dans un des plus beaux fragments de ses campagnes de l'armée d'Afrique : « La plaine qui s'étend entre le Sig et l'Habra mesure sept lieues de large, mais avant d'arriver à l'Habra, la plaine découverte et unie comme un lac se resserre entre l'Atlas, à droite, et un bois très touffu, à gauche. La forêt et la montagne vont se rapprochant et le fond de cet entonnoir est fermé perpendiculairement par deux ravins parallèles entre eux, unissant les mamelons escarpés de droite au taillis de gauche. Derrière ces ravins, d'accès difficile, se trouve un cimetière entouré d'une bordure d'aloès et de petits murs; il est rempli de pierres tumulaires et d'accidents de terrain qui se prolongent en arrière jusqu'à l'Habra ; au centre, se voient quatre marabouts blancs, surmontés d'un croissant, et servant dans ces solitudes de point de direction et quelquefois d'asile au voyageur. C'est dans cette position que nous attendait l'émir. Son infanterie est embusquée dans les bois, les ravins et dans le cimetière. Trois petits canons sont pour la première fois mis en batterie, au sommet d'une colline escarpée, de façon à prendre d'écharpe les colonnes françaises obligées de se resserrer, à mesure que la plaine se rétrécit. Toute sa cavalerie est réunie sur les versants de la montagne, prête à se jeter sur notre flanc droit et notre arrière-garde. Telles sont les dispositions, bien appropriées à la nature des lieux et à l'esprit de ses troupes, qu'a prises l'émir, guidé par son seul instinct : tant il est vrai qu'à la guerre, l'intelligence du terrain et la connaissance du cœur des hommes sont les premières qualités d'un général, celles auxquelles rien ne supplée, et dont les inspirations peuvent parfois remplacer le manque d'études et l'ignorance des règles de l'art. »

De son côté, le maréchal Clauzel, observateur vigilant de ce qui se passait en avant de lui, et bien renseigné par ses espions, avait resserré son ordre de marche, de façon à avoir toutes ses troupes sous la main lorsqu'il en aurait besoin. Mais impatient de reconnaître le terrain sur lequel il va s'engager, il s'avance avec le duc d'Orléans et son état-major, précédé seulement de quelques indigènes et suivi d'un peloton de chasseurs d'Afrique. [Au détour d'un mamelon, la petite troupe se trouve aussitôt en présence d'un gros de cavaliers arabes. Les chasseurs, enlevés par l'état-major, chargent sans hésitation, les culbutent, donnant ainsi aux compagnies d'avant-garde le temps d'arriver. Cet épisode est le prélude de l'action qui va s'engager.

Il est six heures et demie du matin. La première brigade est lancée contre le bois, la seconde contre le cimetière, à gauche, le bois est envahi, fouillé, déblayé, enlevé; le duc d'Orléans, qui s'est mis à la tête d'une compagnie du 17e léger, y reçoit une contusion à la jambe ; à droite, les zouaves et le 2e léger franchissent les ravins, abordent le cimetière, rompent les fantassins de l'émir et les obligent à battre en retraite dans le plus complet désordre. Le général Oudinot, atteint d'une balle à la cuisse, remet le commandement de la brigade au colonel Menne du 2e léger. A l'arrière-garde, le 47e de ligne et les chasseurs d'Afrique repoussent victorieusement les cavaliers de l'émir, et à une heure nous sommes maîtres de la position.

En somme, cette affaire bien conçue, bien menée, courte

et peu sanglante, faisait le plus grand honneur aux troupes engagées. C'était en quelque sorte la revanche de la Macta.

A neuf heures du soir, l'armée bivouaquait sur la rive gauche de l'Habra. Le lendemain, 5, à six heures du matin, elle franchissait la rivière, comme elle avait passé le Sig. Le général Marbot, aide de camp du duc d'Orléans, remplaça le général Oudinot à la tête de la première brigade, qui s'engagea dans la montagne, par la gorge de l'Oued-Abdal, faiblement défendue par l'ennemi, et que l'on occupa facilement. Jusqu'à Mascara, les difficultés n'allaient plus venir du côté des hommes, mais de la nature. Pour y arriver, il y avait à franchir neuf lieues de montagnes, par des sentiers de mulet ou de chèvre, coupés de ravins, hérissés d'obstacles. Engagé dans les bas-fonds, le convoi se traîne lourdement pendant toute la durée du trajet. On eut beau doubler, tripler les attelages, multiplier déblais ou remblais pour lui frayer un passage, il n'avançait guère que de deux lieues en vingt-quatre heures, et le 5 au soir, n'atteignait qu'à grand peine le bivouac d'Aïn-Kebira.

Le 6 décembre, dès la pointe du jour, le maréchal Clauzel, qui avait hâte d'arriver à Mascara, se mit en route avec le prince royal, son état-major et les deux premières brigades, laissant les deux autres, la réserve et le convoi au village d'El-Bordj, sous le commandement du général d'Arlanges.

Ce jour-là, le temps qui s'était montré beau pendant toute l'expédition, devint subitement mauvais. La pluie tombait à torrents. Mascara était évacué par l'émir, et lorsque nos troupes y entrèrent, la nuit était noire ; elles s'y casèrent tant bien que mal, au milieu des ténèbres et de l'obscurité. « Des maisons délabrées, — a dit un des premiers occupants, — des meubles brisés, une pluie torrentielle délogent le fumier des rues et le transforment en ruisseaux d'une boue noire et fétide ; les clairons sonnent le ralliement pour les détachements égarés dans les ténèbres; des querelles pour se disputer un hangar, une écurie; au milieu de tout cela les hurlements des chiens, les cris des officiers qui ne pouvaient ni se faire entendre, ni obéir, les imprécations des soldats jurant contre le mauvais temps. Tel fut le bilan de cette nuit. Trempés jusqu'aux os, nous étions sans feu pour sécher nos habits; nous nous serrâmes les uns contre les autres en attendant le jour. »

*
* *

Le voyageur arabe Mahomed-ben-Youssef a dit : « Si tu rencontres un homme gras, fier et sale, tu peux dire : c'est un habitant de Mascara. » Et un proverbe arabe, renchérissant sur le tout, ajoute : « Une pièce fausse est moins fausse qu'un homme des Hachem. »

Le jour venu, nos troupes cherchèrent à se reconnaître dans Mascara que l'on trouva entouré d'une haute muraille de plus de huit mètres de hauteur avec une kasbah et divisée en quatre faubourgs : Argoub-Ismaël; Ali-Beida; Sidi-Bougelal et Baba-Ali. Au dehors s'étendait, comme dans toutes les villes musulmanes, une ceinture de jardins et de cimetières. En abandonnant Mascara, Abd-el-Kader y avait fait piller et mettre le feu aux maisons les plus riches, et notamment à celles des Juifs. La ville abandonnée offrait un triste spectacle, et le feu consumait un grand nombre d'habitations. Le maréchal, voyant le peu d'importance de Mascara et la difficulté de conserver cette place, résolut de transporter à Mostaganem le beylick de la province d'Oran et de ruiner tous les établissements militaires d'Abd-el-Kader par la mine et par le feu.

Par un de ces revirements d'idées dont le maréchal était coutumier, il conçut tout à coup la pensée d'abandonner ses conquêtes : l'âpreté des chemins, la difficulté des communica-

5

tions, la haine des habitants lui apparaissant comme une difficulté insurmontable, et le 9 décembre, après quarante-huit heures d'occupation, les troupes évacuèrent la cité condamnée que les flammes consumaient et qui n'offrait plus qu'un monceau de ruines qui sautaient de toutes parts au bruit des fourneaux de mines et sous des nuages d'une fumée noire, nauséabonde, qui rampait sur le sol humide.

Les juifs et les Arabes restés à Mascara demandèrent à suivre nos troupes. Comment abandonner des vieillards, des femmes, des enfants rendus immobiles par le froid et autour desquels rôdaient les cavaliers de l'émir prêts à les dépouiller et à leur trancher la tête? Chacun de nos soldats a en lui l'étoffe d'une sœur de charité; ils n'hésitèrent pas. Les cavaliers prirent les plus faibles en croupe; les fantassins chargèrent les enfants sur leurs sacs alourdis déjà par leurs cartouches et leurs vivres, et, malgré la pluie entremêlée de grêlons qui ne permettait pas de voir à dix pas de soi, le 47ᵉ entreprit gaiement ce pénible retour sur Mostaganem, rentra à Oran où il arriva le 21 décembre, après une expédition qui avait duré trente-cinq jours, et dans laquelle ce régiment, toujours à l'arrière-garde, avait supporté vaillamment des dangers incessants, d'énormes fatigues et des pluies torrentielles.

Bien des gens s'étonnent de la considération attachée à l'uniforme du soldat. Ils en seraient moins surpris, s'ils se rappelaient que dans un régiment chaque soldat hérite de la gloire conquise par celui qui l'a précédé dans la carrière.

Au début de nos conquêtes, en Algérie, la souffrance est de chaque heure; dès que la lutte commence, plus de repos. L'ennemi invisible est partout; il faut marcher le jour, la nuit, bravant pendant l'été la rosée froide, le soleil ardent; l'hiver venu, les pluies glacées et souvent la neige. Ces souffrances, ces fatigues restent inconnues, et le lendemain, le même labeur recommence avec la force en moins, car la fatigue brise le corps, accable le soldat, et s'il reste en arrière, il est livré sans défense à la barbarie des tribus arabes que l'instinct du sang rend semblables à des bêtes fauves. Dans la guerre d'Afrique, la mort glorieuse n'assure pas toujours le repos, et si le succès a couronné tant de fois nos efforts, nous le devons certainement au caractère vigoureusement trempé de nos soldats, à cette gaîté énergique qui les fait plaisanter au bivouac de leurs misères et leurs douleurs, car le climat est affreux, durant l'hiver, dans cette partie du pays : neige, pluie, grêle, vent, toutes les intempéries; et dans certaines directions, le bois fait complètement défaut.

Au départ de Mascara, le temps était atroce ; de gros papillons de neige voltigeaient dans l'espace, comme autant de papillons folâtres ; mais selon l'expression arabe, *ils ne bâtissaient pas* (1) ; nous devions être bientôt dans la plaine d'E'ris, où la neige n'arrive jamais jusqu'à terre. En y entrant nos troupes retrouvaient la douce température de l'automne. Quelques plantes y renaissaient déjà; la seille (le *frà'oun*) et l'asphodèle (le *berouag*) avaient rompu la croûte de terre qui les emprisonnait, et étalaient, au soleil levant, leurs belles feuilles vertes ; le fenouil (*bes bâs*) déployait ses élégants parasols et jetait au vent ses senteurs aromatiques ; le palmier-nain (*doun*), aux racines chevelues, semblait lever les mains vers le ciel, le sombre *caroubier* se dressait par intervalles, montrant ses formes trapues et sa grosse tête chevelue ; de blanches chapelles (*kouba*) aux gracieuses coupoles tranchaient sur le vert sombre du palmier-nain, égayaient la plaine en l'émaillant ; leur grand nombre attestait la fécondité des Hachem, ou marabouts vertueux.

Abd-el-Kader avait été mis, par cette première expédition

____

(1) C'est-à-dire que la neige fondait en tombant.

de Mascara, à deux doigts de sa perte. Tous les siens l'abandonnèrent, tant il est vrai que les Arabes, comme les autres peuples, n'ont que du mépris pour ceux que la fortune abandonne. On ne l'appela plus dorénavant que le *sultan de la broussaille.*

Déjà à cette époque Canrobert passait pour un officier hors de pair par sa bravoure, son énergie, son ardeur dans l'exécution des ordres qu'il donnait, mais surtout par cet amour du soldat qui a marqué partout sa longue et laborieuse carrière. Car, ne l'oublions pas, le mot de famille appliqué à l'armée est d'une justesse extrême ; des fraternités tendres et touchantes s'y cimentent par la confraternité du danger. Les frères d'armes s'aiment comme des frères de nature, et le chef vraiment digne de ce nom est bien le père de ses soldats.

On raconte qu'en rentrant à Mascara, le colonel Combes fit demander le lieutenant Canrobert, et lui fit connaître qu'il comptait le proposer pour la croix de chevalier de la légion d'honneur.

La réponse de cet officier de vingt-six ans est typique :

— Je n'ai fait qu'exécuter les ordres de mon capitaine ; c'est un vieux soldat qui se battait déjà à Marengo ; il n'a pas encore la croix. Donnez-la lui, mon colonel. Quant à moi, j'ai le temps d'attendre.

Le vieux capitaine fut décoré, et le jeune lieutenant attendit encore deux ans après, et n'obtint l'étoile des braves qu'au second siège de Constantine, alors que, devenu à son tour capitaine, il recevait dans ses bras, en montant à l'assaut, ce même colonel Combes percé mortellement de trois balles qui le traversèrent de part en part.

Et le général Marbot, son cousin, de lui dire quelques jours après :

— Qu'est-ce que j'apprends ? tu refuses la croix ? tu fais le

Spartiate maintenant? Apprends qu'il n'y en a pas dans notre famille.

— Je ne fais pas le Spartiate, répond simplement Canrobert, c'est à peine si j'ai trois poils de barbe au menton; je rougirais de porter ma croix devant mon vieux capitaine, qui a fait autant que moi et la mérite depuis plus de trente ans.

Cette abnégation, cette modestie, compagnes inséparables

Un marabout.

du véritable héroïsme, sont les qualités dominantes du glorieux soldat.

C'est à elles qu'il obéit quand nous le verrons plus loin résigner le commandement suprême des armées de Crimée, pour servir sous les ordres de Pélissier; c'est à elles qu'il obéit encore quand en 1870, à l'armée de Metz, il devient le lieutenant soumis et dévoué de Bazaine.

Ces qualités disputent dans son âme la première place à son amour pour le soldat, et il faut l'entendre causer sur ce

sujet pour se convaincre combien est profond, en lui, ce sentiment d'affection pour tout ce qui porte en France le sabre ou
le fusil. « Je ne saurais assez, disait-il un jour, proclamer hautement combien je l'aime, cet outil obscur de nos gloires passées et futures! Nous, on nous récompense, on nous donne des
grades, des titres, des décorations. Mais lui, il n'a rien. C'est
pourtant lui qui fait tout. »

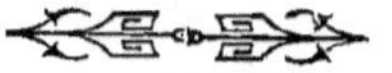

CHAPITRE III

(28 février — 19 juillet 1836)

PRÈS sa première expédition sur Mascara, le général Clausel entreprend d'ouvrir une communication directe entre Tlemcen et la mer. A cet effet, le général Perrégaux reçoit l'ordre de sortir d'Oran, pour explorer le Chélif, avec une colonne volante composée du 17ᵉ léger, des 17ᵉ, 47ᵉ et 66ᵉ de ligne, du 2ᵉ chasseurs d'Afrique et la cavalerie indigène avec sept pièces de campagne et de montagne.

Cette colonne se met en mouvement le 23 février 1836, surprend les Gharabas dans la plaine de Sig et leur enlève des chevaux, des mulets et des bœufs que les gens d'Oran accueillirent avec joie, car depuis quelque temps on y manquait de viande. Du 14 mars au 1er avril, les résultats obtenus dans la région explorée furent des plus satisfaisants. Le 47e combat le 18 mars contre les Beni-Zerouals et les Beni-Zantar, parcourant tout le pays entre l'Habra et la Mina. Le duc d'Orléans a rendu un noble témoignage à la mémoire du général Perrégaux, quand il dit dans ses souvenirs : « Cette colonne mobile fut un modèle de bonne organisation; les transports étaient bien entendus, les marches bien réglées ; la nourriture du soldat avait été augmentée et adaptée au climat, par l'usage régulier du sucre, du café, et un emploi plus fréquent du riz. En peu de jours, le général Perrégaux avait créé à l'embouchure dé la Tafna, une puissance rivale de celle de l'émir. Son nom, dans la province d'Oran, lui a survécu comme celui de Desaix, en Egypte, car il ne rentrait à Oran, le 1er avril, qu'après avoir terminé la conquête pacifique d'une contrée sur laquelle il régnait par sa modération, la discipline de ses troupes, et son intelligence des besoins du peuple arabe. »

*
* *

La mission du général Perrégaux n'était que temporaire. Les troupes rentrées à Oran le 1er avril furent mises à la disposition du général de division d'Arlanges qui, dès le 7, se tint prêt à partir, pour établir, — ainsi qu'il en avait reçu l'ordre du maréchal Clauzel, — un poste retranché sur la côte, en face de l'îlot de Rachgoun. Sa colonne se compose de deux bataillons du 17e léger; d'un bataillon de chacun des régiments suivants : 47e et 66e; du 1er bataillon d'infanterie légère d'Afrique; deux compagnies de sapeurs du génie; trois escadrons

Arabes et Kabyles se jettent sur les baïonnettes... (Page 78.)

du 2ᵉ chasseurs d'Afrique; 200 douairs et smelas, sous la conduite du général Mustapha-ben-Ismaïl; quatre pièces de campagne et quatre de montagne. L'ensemble de ces troupes ne dépassait pas 3,200 hommes.

« Le commandant de la colonne, — écrit le colonel de Maussion, chef d'état-major de la division d'Oran, est un très brave soldat, plein d'ardeur au feu; mais impropre à la bataille, en ce sens qu'il court à droite et à gauche, au milieu des balles, sans faire mouvoir ses troupes à propos. Avec beaucoup de droitesse et un grand courage, il est craintif et caporal, dans une position où il faut avoir de l'initiative et beaucoup oser. »

Tel est l'homme qui va se mesurer avec Abd-el-Kader. Tout autre est Mustapha, qui est son second dans la campagne qui s'ouvre. Les douairs et les smelas sont, comme on sait, les instruments sur lesquels l'autorité s'appuie pour châtier les tribus rebelles, faire rentrer les impôts, qu'il s'agisse des Turcs ou des Français. En 1830, lorsque ces derniers détruisirent la puissance turque, les douairs avaient pour chef Mustapha, le plus considérable d'entre eux par la naissance et par l'illustration personnelle, car il descendait des Ouled-Aftan, vieille famille issue des premiers conquérants de l'Afrique. Il était alors connu sous le nom de Mustapha-el-Haq (*Mustapha le Juste*). La volonté, la décision, le courage, étaient gravés sur les traits de ce grand vieillard à barbe blanche, au coup d'œil d'aigle, au regard fascinant.

Tous les vieux Africains qui ont fait la guerre en Algérie, de 1830 à 1843, connaissent cet ancien Turc qui nous a servis jusqu'à la fin de sa vie avec un dévouement qui ne nous a jamais fait défaut. Qui ne se rappelle l'avoir vu majestueux, dans son haïk flottant au vent, le regard enflammé, debout sur ses étriers d'or, quand il criait à ses indigènes, au moment de la lutte, et le fusil en main : *etlog-el-Goum* (découple le Goum).

Le général d'Arlanges ne fit faire à ses troupes que de pe-
tites étapes, s'occupant de vider les silos des Beni-Amer et de
créer une route dans les rochers du mont Thessala. Bref, au
bout de sept jours de marche, il n'était encore qu'à l'Oued-
Ghazer. C'est là que l'ennemi lui apparaît pour la première
fois. Les collines basses sont couvertes de myrtes et d'oli-
viers, au milieu desquels apparaissent çà et là des lauriers-
roses.

Collis oriebatur vestitus olcastra ac mystelis.

Passer la nuit en grand'garde n'éveille, dans la pensée de
ceux qui n'ont pas fait la guerre, que l'idée d'un certain nombre
d'hommes dormant à deux cents ou trois cents mètres de la
troupe qu'ils couvrent pendant que l'un d'entre eux se promène en long et en large, veillant au salut de tous. En Afrique,
on n'y dort pas; chacun veille. Si la pluie tombe, si le vent
souffle et glace, pas de feu; on veille près de son arme et les
sentinelles, accroupies comme des bêtes fauves derrière les
buissons, guettent du regard le moindre indice, tendent l'o-
reille au plus petit bruit, chassant le sommeil qui alourdit la
paupière. Bien mieux, si l'ennemi attaque, aucun coup de fusil n'est tiré; la baïonnette, voilà la seule arme dont il faut
faire usage dans la plupart des cas. Pas de fausses alertes; à
aucun prix, ne pas troubler le repos du bivouac sans nécessité.

Les Arabes n'étaient pas loin, et le 15 avril, dès l'aube, la
colonne d'Arlanges montait lentement les pentes du Dar-el-
Stchoum, quand vers sept heures du matin elle se heurta
contre des cavaliers arabes, remontant en grand nombre vers
sa gauche. Mustapha-ben-Ismaïl, qui avait l'expérience de la
guerre en pays arabe, fit observer au général qu'il était imprudent de s'aventurer dans un pays de montagnes, sans
avoir infligé à l'ennemi un échec sanglant. Il entraîna ses
200 douairs à la charge et fut enveloppé par l'ennemi, infini-

ment plus nombreux, une fois ses indigènes dispersés dans la plaine. Il fallut envoyer pour les dégager les chasseurs d'Afrique, puis le 17ᵉ léger, ensuite le 47ᵉ de ligne, bataillon par bataillon; combattre jusqu'à midi, pour dégager la route ; et le soir la colonne bivouaquait au bord de la Tafna.

Le lendemain, 16, elle longeait le cours d'eau jusqu'à son embouchure ; mais à peine avait-elle commencé à s'y établir, que le cercle des cavaliers arabes de la veille s'était resserré sur elle et l'y bloquait. Le général d'Arlanges comprit la nécessité de s'y fortifier, et dès le 17 des travaux de terrassement commencèrent, sous la direction du colonel du génie Lemercier d'Oran. Chaque matin, la cavalerie envoyée au fourrage, sous la protection d'un bataillon, était inquiétée par l'ennemi; le 24 avril, voulant éprouver la force du cercle qui l'enserrait, le général fit passer la rivière à gué par quinze cents hommes, à huit heures du soir. Le lendemain, à deux heures du matin, il les rejoignit avec toute sa cavalerie et huit pièces de canon. A l'aube quelques vedettes ennemies se montrèrent dans la direction du marabout Sidi-Yacoub. Une action meurtrière ne devait pas tarder à s'y engager. On marche sur deux colonnes : à droite le colonel Combes avec le 47ᵉ et les zéphirs; à gauche, le colonel Corbin avec le 17ᵉ léger et le 66ᵉ de ligne; les douairs de Mustapha et les chasseurs d'Afrique fouillent le terrain en avant. A peine ces colonnes se sont-elles mises en mouvement que des masses hurlantes sortent de toutes les gorges du terrain, de tous les ravins, faisant un feu des plus nourris, du haut du mamelon Sidi-Yacoub qui domine la plaine. Nos tirailleurs sont repoussés; il faut le renfort d'un demi-bataillon du 67ᵉ pour l'enlever à la baïonnette; mais sans pouvoir s'y maintenir. Les Kabyles se précipitent sur les pentes; ni la mitraille ni les obus ne les arrêtent; ce sont les douairs de Mustapha qui les repoussent. Dans ce conflit, le général d'Arlanges reçoit une balle à la tête qui l'oblige à quitter le champ de bataille ; le lieutenant-colonel de Maussion, et le capitaine de Lagondie son aide de camp, sont blessés à côté de lui. Le colonel Combes prend le commandement des troupes, par droit d'ancienneté. A ce moment critique, Mustapha signale, derrière la foule ennemie, un guidon non triangulaire. « C'est le drapeau de l'émir — dit-il au colonel Combes. — Il est là; pas un instant à perdre, si nous ne voulons pas que la retraite nous soit coupée. »

Et renonçant à tout mouvement offensif, Combes fait mettre toutes ses pièces en batterie, et, sous le couvert de ce feu protecteur, la colonne d'infanterie recule lentement, mettant quatre heures à faire les deux lieues qui séparent le marabout de Sidi-Yacoub du camp de Dar-el-Atchoun. Arabes et Kabyles se jettent sur les baïonnettes, quelques-uns bondissent jusque sur les pièces de campagne qu'ils saisissent par l'affût, par les roues, luttant corps à corps avec nos artilleurs. Enfin, à une heure de l'après-midi, la tête de la colonne atteignait le pont construit sur la Tafna, épuisée, fatiguée et ayant perdu quarante morts et trois cents blessés. C'était beaucoup, et quand la nouvelle en parvint en France, elle y produisit l'impression de la défaite de la Macta. Ordre fut immédiatement envoyé par le télégraphe de faire partir au plus vite les 24e et 28e de ligne de Port-Vendres, et le 62e de Marseille, sous le commandement du maréchal de camp Bugeaud.

Ces troupes débarquèrent à l'embouchure de la Tafna, le 7 juin 1836; le même jour, le général d'Arlanges, relevé de son poste, s'embarquait pour Oran.

*
* *

Le général Bugeaud, en arrivant au camp de la Tafna, se met en marche le 11 juin, à onze heures du soir, avec dix bataillons d'infanterie (5,500 baïonnettes); quatre cents sabres;

dix obusiers de montagne et trois cents chevaux ou mulets de
bât portant six jours de vivres, allant chercher du renfort à
Oran. Ces troupes y arrivent le 16, et après trois jours de
repos se remettent en campagne, le 19. Sa colonne, qui s'est
augmentée de huit cents chevaux des chasseurs d'Afrique et

Cavaignac force les Arabes à lui apporter des vivres. (Page 80.)

des auxiliaires indigènes, escorte un immense convoi d'approvisionnement pour Tlemcen (un troupeau de bœufs, cinq cents
chameaux et trois cents mulets chargés de munitions et de
vivres). Il s'agissait de porter des vivres au capitaine Cavaignac, enfermé depuis quatre mois dans le *Méchouar*, sans
secours à l'extérieur. Il n'y eut de rencontre sérieuse que
le 24, entre l'Amighin et la Saf-saf ; rencontre de cavalerie

tout à l'honneur de nos chasseurs d'Afrique et des Douairs
de Mustapha.

Dans la garnison du Méchouar, les corps étaient amaigris
et les visages hâves. Mais Cavaignac soutenait les âmes de
ces soldats par une fermeté stoïque, une énergie militaire peu
commune, et on raconte qu'il avait trouvé une manière originale de se faire ravitailler par les Kouloughlis, partisans
d'Abd-el-Kader qui l'assiégeaient ; il faisait prévenir les assié-
geants que si, dans un temps donné, on ne lui apportait pas
les denrées qu'il spécifiait, il canonnerait les mosquées de la
ville. Si l'ennemi laissait passer l'heure fixée par lui sans
s'exécuter, il faisait tirer un coup de canon sur la tour de la
grande mosquée (*Djemmâa-el-Kebira*), et aussitôt les muftis,
craignant de voir détruire l'édifice sacré, se hâtaient d'intervenir, pour faire affluer les denrées dans le Méchouar.

Si non è vero, è bene trovato.

Quoi qu'il en soit, Bugeaud arrive à Tlemcen le 25, y séjourne vingt-quatre heures, et en repart le 26, laissant dans la
ville les éclopés de sa colonne, mais emmenant avec lui deux
cents hommes du Méchouar, et trois cents Kouloughlis, sous
les ordres de Cavaignac. Arrivée le 27, à dix heures du matin,
sur l'Isser, la colonne gravissait les pentes du Djebel-
Tolgouat, et atteignait sans combat le col de Seba-Chiourk, où
elle bivouaquait le soir. Le 29 juin, on était au camp retranché
de la Tafna. Un second convoi y fut immédiatement organisé
et, à la place du bataillon d'Afrique qui prit son rang dans
la colonne, un bataillon du 47e et quelques compagnies du
23e et du 62e de ligne y furent laissés pour la garde du camp.

Le 4 juillet, à quatre heures du matin, une avant-garde,
conduite par le colonel Combes, remonte la rive droite de
l'Isser, prend sur sa gauche, pendant la nuit, un sentier qui le

mène au col de Seba-Chiourk, et le 6, lorsque la queue du long convoi que Bugeaud traîne après lui arrive sur la Sikak, cours inférieur de la Saf-saf, la colonne est attaquée par les troupes de l'émir, sur le plateau compris entre la Tafna au couchant, l'Isser au nord, et la Sikak, à l'est, combat dans lequel le bataillon du 47e, resté dans la colonne, contribue puissamment au succès de la journée, en enlevant à la baïonnette les hauteurs occupées par l'ennemi. A huit heures du matin tout était fini.

Cette affaire, vigoureusement menée, nous coûtait trente-deux tués et soixante-dix blessés ; c'était encore beaucoup trop, mais le convoi put continuer sa marche et entrer dans Tlemcen.

Le 12 juillet, le général Bugeaud reprenait avec sa colonne la route d'Oran, où il arrivait le 19, ayant fait de courtes étapes et tout brûlé chez les Beni-Amer ; remettait le commandement des troupes au général de Létang, successeur du général d'Arlanges, puis s'embarquait pour Alger pour, de là, rentrer en France, avec le grade de lieutenant général.

Neuf mois après, Canrobert était nommé capitaine au 47e (26 avril 1837).

Mort du général Damrémont sur la tranchée. (Page 95.)

CHAPITRE IV

PRISE DE CONSTANTINE

(19 juillet — 26 décembre 1837)

ES 19 et 20 juillet 1837, le 47ᵉ en entier (trois bataillons) quitte Oran, s'embarque sur les galères de l'Etat : *la Fortune*, *l'Égérie*, *la Caravane* et le bateau à vapeur *le Pépin*, arrive à Bône, et se rend de là au camp de Medjez-el-Hamar, où se réunit le corps d'armée destiné à marcher sur Constantine et à venger l'échec que nos armes y avaient essuyé l'année précédente.

Le duc de Nemours, appelé à prendre part aux opérations, y arrive le 27 septembre.

A l'horizon, deux bleus : le bleu profond d'un ciel poli comme une plaque d'acier ; au-dessous, le bleu soyeux de la mer, ourlé d'argent par les vagues moutonnantes et, sur ce double azur, s'enlevant en clarté dans le poudroiement inattendu d'un coup de soleil, le camp français, avec ses tentes blanches faisant tache ici entre les aloès épineux, là, coupées par les taches argileuses du terrain. Partout, une végétation luxuriante et hostile ; les tiges et les feuilles ont comme un air cruel, y dressant des dards aigus, avec des lames de sabres entremêlées d'épines et d'arbustes-reptiles ; la nature est comme une lutte de branches irritées et d'écailles bruissantes, dont les racines traînent en hideux grouillement.

Les maladies qui, en Afrique, semblent surgir de dessous terre, avaient suivi pas à pas nos soldats, et pour comble de malheur le 12ᵉ de ligne (colonel Roux), qui arrivait de Bône depuis trois jours seulement, y apportait le choléra. La saison pressait ; les maladies se développaient ; la terre se dérobait sous les pas. La campagne s'ouvrait sous de mauvais auspices. Il fallait donc se hâter de partir et quitter le camp de Medjez-el-Hamar qui, assis sur l'une et l'autre rive de la Seybouse, au pied du Raz-el-Akba, le plus saillant des ressauts du terrain que l'on avait à franchir, pour passer des contrées basses aux plateaux élevés, était à l'intersection de deux zones dont l'une appartient à la région de Bône, l'autre à celle de Constantine.

Le corps expéditionnaire se met en route le 1ᵉʳ octobre. Les première et seconde brigades (duc de Nemours et général Trezel) marchent en tête, sous la direction immédiate du gouverneur-général ; puis viennent tout le convoi, et enfin les troisième et quatrième brigades (général Rulhière et colonel Combes du 47ᵉ).

Au fur et à mesure que nos colonnes avancent, elles traversent, en montant sur le plateau, des atmosphères de plus en plus froides ; il semble qu'on va au-devant des orages, et lorsqu'on atteint le point culminant, nos troupes se trouvent au milieu de nuages qui se fondent en pluie. Un épais brouillard pèse sur toute cette contrée ; un indicible malaise fait frissonner le corps et l'esprit, et dès le premier jour de marche, le convoi luttant contre les difficultés du terrain ne peut arriver au camp de Drean, surnommé le *bivouac des puces*, où l'on n'arrive qu'à la nuit. Il avait suffi d'une seule ondée pour rendre la surface de la route aussi glissante que de la glace. Force fut donc à la seconde colonne de s'arrêter à hauteur des ruines romaines d'Annouma, à peu près aux deux tiers du chemin qu'avait parcouru la seconde.

Le lendemain, on se remet en marche sous un ciel épuré et à travers des pentes plus faciles que celles de la veille. Mais la région semble frappée, comme autrefois l'Egypte, d'une plaie désastreuse ; il n'y pousse pas le moindre buisson, le plus petit arbuste, le moindre élément d'une végétation un peu consistante, et en prévision de cette disette de bois, nos soldats portent sur leur sac un petit faisceau de branches coupées et préparées à Medjez-el-Hamar. Ce jour-là, on est de bonne heure sur les bords de l'Oued-Zenati ; on campe en un lieu appelé le marabout de Sidi-Tamden.

Le 3 octobre, on chemine le long de l'oued Zenati, dans une vallée assez étroite, resserrée sur la rive gauche par des mouvements de terrains vagues et adoucis ; sur la rive droite, par une berge assez raide, accentuée et découpée de ravins sinueux. Par intervalles, les eaux et les traces du lit de la rivière se perdent et s'effacent devant nos soldats. Cette vallée est la réunion de plusieurs rivières qui étendent de toutes parts leurs nombreuses ramifications. Le soir, nos troupes campent sur les bords du Merès, ruisseau qui devient un peu plus loin le Bou-Merzoug.

Pendant toute la journée du 4, on longe des pentes de

roches grisâtres dont les assises sont à peine indiquées par quelques lignes de maigres herbages. L'aspect du pays, déjà si sombre, se rembrunit encore ; il semble que la nature dépouillée s'y écorche et s'y décharne encore davantage que les jours précédents, et le soir, on bivouaque sur la rive droite du Bou-Merzoug, en un endroit où la rivière s'échappe, en se jetant dans une gorge qui se dérobe elle-même entre plusieurs pitons de rochers.

On approchait de Constantine ; le 5 de bonne heure on pouvait la voir, comme une masse blanchâtre à l'horizon ; espèces de gros cubes blanchis à la chaux, comme les degrés d'un énorme escalier, s'escaladant, dégringolant de terrasse en terrasse. La route suivie monte sur des collines plus tranquilles d'aspect que celles des journées précédentes. Le soir, on campe dans un espace demi-circulaire que le Bou-Merzoug embrasse dans un de ses circuits.

Le 6 octobre devait conduire nos troupes au terme de leur voyage et leur faire voir Constantine face à face ; vers neuf heures du matin, nos têtes de colonnes débouchaient sur le Mansourah, à l'extrémité d'une longue croupe de terrain à double versant, sur la rive gauche du Rummel, et dans un angle formé par son cours, en changeant de direction. C'est un îlot dont les ravins sont profondément déchaussés et dont le pied et les flancs sont à nu. Il se rattache au grand contrefort de Koudiat-Aty par une étroite langue de terre qui en est comme un pont y donnant accès. « Sa face nord se dresse verticale à cent pieds au-dessus du Rummel et regarde la rive droite du torrent, sur laquelle pose comme un dôme le vaste mamelon du Mansourah. Ces deux formations, quoique pareilles, appartiennent à deux systèmes différents de contreforts : la première, plus isolée et plus complète, s'arrondit en cylindre presque régulier, et c'est sur la section inclinée qui la termine à sa partie supérieure qu'est bâtie Constantine ;

l'autre, se repliant dans le sens symétrique et opposé, se termine de ce côté par des escarpements étoilés dont le centre est la hauteur de Sidi-Messid, le massif de Mansourah. Séparées par un abîme étroit et ténébreux qui va en s'élargissant peu à peu et s'ouvre à la lumière, elles se rattachent l'une à l'autre par plusieurs voûtes naturelles sous lesquelles entre et disparaît le Rummel, et par une base commune formant le plan sur lequel les eaux coulent dans la partie haute de leur cours. Quand la rivière arrive à l'endroit où les deux masses de rochers se quittent et cessent d'être parallèles, le granit dans lequel il a creusé son sillon se dérobe sous lui ; alors il se précipite pour chercher à cent cinquante pieds au-dessous un autre lit qu'il se forme dans une terre grasse et abondante, entre des berges couvertes d'une végétation luxuriante et entrelacée (1). »

Sur ce décor de vertige et d'horreur, sur ce gouffre de pierre fait de crevasses et de déchirements, règne le Rummel comme un souvenir de crime, de suicide et de sang. Ah ! ce Rummel ! Qui dira jamais les vies humaines qui y ont été englouties ? Aventuriers turcs grimpant dans la nuit sombre, aux côtes rocheuses, et dégringolant dans le gouffre béant ; esclave du Harem cousue dans un sac et jetée dans l'abîme sur un signe du maître ; désespérés, les mains battant l'air et le cri d'agonie étranglé dans la gorge, tournoyant dans le vide ; corps souples à la peau douce, blêmie par les aromates ; corps aux bras musculeux s'y sont tous également écrasés.

Le 7 octobre, le brouillard en se levant dessine le merveilleux panorama du Rummel au-dessus duquel traînent quelques flocons blanchâtres à mi-hauteur des montagnes ; des coins entiers de paysage luisent dans l'écartement des vapeurs, à des hauteurs invraisemblables, comme détachés en plein ciel.

(1) *Revue des Deux-Mondes*, 1er mars 1838.

Au milieu de cette mer de brouillard, Constantine, dont les remparts sont taillés à même dans le roc, se dresse comme un nid d'aigle imprenable, dont l'assaut devenu légendaire est peut-être le fait d'armes le plus glorieux de notre armée d'Afrique. Cette cité des Romains, avec son enceinte naturelle de vertigineuses falaises, a un aspect grandiose que le bruit assourdissant du Rummel rend encore plus effrayant.

Le Rummel ? Il faut être descendu dans le lit de ce torrent pour se faire une idée de l'horreur farouche de ses eaux, roulant un continuel tonnerre dans l'étranglement de ce contour de roches, hautes et verticales, sur ses flancs, formant saillie, sur le fond de son lit tortueux.

Au-dessus de l'abîme, se trouve la falaise du chemin de Koudiat-Aty, dont les parapets de ciment courent à une hauteur prodigieuse à mi-flanc des rochers ; deux arches naturelles d'une pierre rougeâtre relient les deux parois du couloir, et forment une espèce de crypte obscure ou voûte géante au-dessous de laquelle gronde le Rummel.

Plus loin, le couloir de falaises s'élargit, l'eau fangeuse, jaunâtre écume, s'éclabousse d'argent, court, se précipite et disparaît brusquement dans une immense échappée lumineuse : c'est la cascade.

Constantine occupe donc un petit plateau isolé presque entièrement du terrain environnant, soit par de profondes coupures aux revêtements naturels taillés à pic, soit par d'énormes reliefs escarpés verticalement. Dans la roche à pic, au-dessus de laquelle apparaît la ville, il y a surtout un trou invisible à l'œil nu, et creusé au ras du rempart ; espèce de fosse creusée entre deux palmiers se profilant sur le ciel bleu ; c'est par ce trou que les doges de Constantine faisaient jeter dans le Rummel les femmes de leur harem qui ne leur plaisaient plus.

Au moment où nos troupes se présentent devant Constantine, ceux de nos soldats qui avaient vu la ville l'année précé-

Canrobert se précipite en avant, à la tête de ses voltigeurs. (Page 97.)

dente, purent se convaincre que son aspect était le même, malgré quelques modifications apportées aux contours de l'enceinte crénelée. Les mêmes drapeaux arrogants et hostiles flottaient au haut des minarets. Les *you-you* des femmes et les cris injurieux des hommes vibraient dans l'air avec la même intonation aiguë et métallique.

Le gouverneur général, arrivé sur le plateau avec la première brigade, observa la ville de différentes positions et, lorsque les généraux d'artillerie et du génie eurent exécuté la reconnaissance de la place, on décida que l'attaque aurait lieu sur le Koudiat-Aty, et qu'il ne serait établi sur le Mansourah que trois batteries destinées à éteindre le feu du front d'attaque et ceux de la Kasbah qui occupe, du sud à l'orient, la zone supérieure de la ville.

La partie de la division que dirigeait le colonel Combes traversa le Bou-Merzoug, et le Rummel au-dessus de leur jonction. Un seul sentier raide et glissant était tracé obliquement sur la rive gauche du Rummel, et contournait un petit saillant dont une face est exposée à l'artillerie de la place, tandis que l'autre en est défilée. Ce fut par cette voie que défila toute la brigade. La pluie tombait à torrents, obscurcissant l'air, fouettant les visages, et entraînant la terre sous les pas.

Du côté de la ville, le Koudiat-Aty s'arrondit et se termine par une berge abrupte, ravinée, s'étageant comme des escaliers en plusieurs endroits. A l'intérieur, il se relève et forme un rebord demi-circulaire dont la pente est semée de *koubas* (chapelles) et de marabouts. Deux bataillons du 47ᵉ s'établirent dans ce cimetière, et couronnèrent la crête d'un petit parapet en briques et pierres sèches, percé de créneaux. L'artillerie de montagne fut placée sur le prolongement de deux ravins qui, plongeant dans les parties basses du pays, pouvaient servir de chemin couvert aux Arabes cherchant à déboucher sur le flanc gauche de notre position. Le soir, la pluie avait cessé, les nuages avaient disparu en partie ; on put alors commencer les trois batteries sur le Mansourah, et le lendemain, à l'aube, deux étaient déjà terminées.

Le 8 fut pour l'ennemi une journée d'audace et de tentatives combinées ; il cherche à faire effort sur presque tous les points de la vaste circonférence que nous occupons autour de la ville. Mais à la droite du Mansourah, il trouve les zouaves et le 2e léger ; autour de Koudiat-Aty, il ne soutient pas le choc des soldats de la légion étrangère et du 3e bataillon d'Afrique qui sautent par-dessus leurs retranchements, pour aller fouiller avec la baïonnette tous les plis du terrain dans lesquels leurs feux ne peuvent plonger. En face du 47e et de la cavalerie, les Arabes prennent l'initiative d'une attaque à laquelle nos chasseurs d'Afrique répondent par de vigoureux coups de sabre.

Vers dix heures du matin, tout ce débordement d'assaillants rentrait dans son lit ; les hommes à pied regagnant la ville, ceux à cheval se retirant hors du rayon de nos charges de cavalerie. A midi, le commandant de l'artillerie, général Vallée, vint reconnaître et déterminer l'emplacement de deux batteries sur le Koudiat-Aty, une de brèche et une d'obusiers.

Ici commencent les souffrances du corps expéditionnaire. Il faut avoir passé par là pour se faire une juste idée de l'état de détresse dans lequel se trouve le soldat livré sans défense à la pluie, au froid et au vent, quand l'eau a trempé tous ses vêtements, quand il ne peut trouver sur le sol un seul point solide où il puisse s'appuyer et se reposer, quand il ne peut faire un mouvement sans multiplier à l'infini les sensations douloureuses de ses membres. Il se sent pris d'une sorte d'angoisse inquiète qui émousse ses facultés, engourdit toutes ses actions et même toutes ses pensées. Il écoute tomber la pluie, en observe les phénomènes ; il finit par ne plus sentir l'existence autrement que par la souffrance. Les officiers comme la

troupe sont transis, grelottent, ne sont plus que l'ombre d'eux-
mêmes, tellement ils sont frappés d'une morne stupeur. Mais
qu'un cri de guerre se fasse entendre, tous ces fantômes ren-
treront bien vite dans l'existence active ; le bruit, le mouvement, le feu sacré, animeront le camp français enseveli dans
l'immobilité, et toutes ces masses inanimées se redresseront
et courront aux armes.

La souffrance rongeait l'armée et l'exténuait. Il était temps
que le canon se fît entendre ; son silence attristait le soldat et
l'irritait, chaque boulet qui arrivait de la place semblait une
insulte de l'ennemi, un défi arrogant auquel on ne répondait
pas.

Enfin, le 9, vers sept heures du matin, le feu de notre artillerie salua celui de l'ennemi. Un cri de joie de toute l'armée y
répondit. Peu à peu, les embrasures de la place perdirent leurs
angles, s'échancrèrent et s'élargirent. Vers onze heures du
matin, l'artillerie de la place était réduite au silence. Quoique
notre artillerie eût obtenu, sous le rapport positif, tout le succès qu'on pouvait naturellement lui demander, l'ordre fut
donné de reprendre le soir même les travaux de la batterie de
brèche interrompus par le mauvais temps, et il fut décidé
que quelques pièces destinées à cette batterie seraient conduites sur le Koudiat-Aty, de l'autre côté du Rummel.

Ce n'était pas chose facile que d'amener sur ce terrain les
pièces de 24 et de 16 qui avaient armé provisoirement la
batterie de l'extrême-gauche du Mansourah. Le chemin suivi
par nos artilleurs descend par des plans fort inclinés jusqu'au
Rummel, sur lequel il débouche à cinq ou six cents mètres des
remparts. Les rampes de ce chemin, faites d'une terre mou-
vante et friable, étaient déchirées par de nombreuses rigoles
formant crevasses et rompues transversalement en maints endroits par des ravins perpendiculaires à la direction des pentes.
Dans ces moments-là, la puissance d'action des gens de cœur

est doublée ; la limite du possible est reculée, la mesure du temps s'élargit. Il est cinq heures du soir lorsque les pièces qui doivent armer la batterie de brèche quittent la position qu'elles occupaient sur le Mansourah. La terre manque sous le poids des voitures, les roues s'enfoncent dans le sol ; les tournants sont trop courts pour la longueur des attelages. Qu'importe ? A minuit, ce long convoi atteint les bords du Rummel dont le lit est encombré de grosses pierres que les eaux torrentueuses arrachent de leurs rives et roulent dans leur cours. Des soldats du 47ᵉ travaillent dans l'eau pour les enlever, les rejeter à droite et à gauche, et rendre le passage praticable à l'artillerie, et lorsqu'aux approches du matin l'obscurité plus transparente laisse voir les objets, il n'y a plus qu'une seule voiture sur la rive droite, et deux autres dans le lit du Rummel. Vers sept heures du matin, toutes nos pièces étaient établies en arrière de la position qu'elles devaient occuper, couvertes contre les coups de l'artillerie ennemie par la saillie d'un mouvement de terrain formant éperon.

Pour aider cette opération et la garantir de toute agression de l'ennemi, un détachement du 47ᵉ (270 hommes), commandé par le capitaine Madier, s'était emparé des écuries du bey (*le bardo*), grand bâtiment en ruines entre la place et le Koudiat-Aty, tandis que le sous-lieutenant Gallini prenait possession du marabout de la fontaine, situé presque au bord du Rummel, et à peu de distance du point où devait s'effectuer le passage de la rivière.

Le 9, à sept heures du soir, on reprenait les travaux de la batterie de brèche ; au jour, le coffre était terminé, et le 10, vers neuf heures du matin, deux batteries de brèche étaient démasquées et battaient la muraille de Constantine, en face du Koudiat-Aty.

L'enceinte dans laquelle avait été placé le poste supérieur du 47ᵉ, fut criblée des boulets de l'ennemi. Pendant toute la journée, on perfectionna la batterie de brèche, et toute la nuit suivante fut absorbée pour lui donner le relief nécessaire. Enfin, le 11, vers neuf heures du matin, la batterie de brèche ouvrit son feu, puis celle des obusiers, et enfin celle des mortiers établie sur une hauteur en arrière.

En deux ou trois heures, le couronnement des murailles à droite et à gauche de l'espace marqué pour la brèche fut détruit ou mis hors d'état de protéger efficacement les pièces ennemies ; vers midi, on commença à battre en brèche.

La journée du 12 s'annonçait sous les plus heureux auspices. La matinée se présentait sous un ciel bleu d'une extrême pureté. Une large trouée était faite aux murailles, et l'image de l'assaut était assez rapprochée pour faire bondir les cœurs. Il était environ huit heures du matin ; un groupe composé du général Damrémont, du duc de Nemours et de leurs états-majors arrive de Mansourah, se dessinant sur les hautes collines du Koudiat-Aty, à hauteur d'une espèce de place d'armes entourée de pierres sèches, lorsqu'un coup de canon parti de la place atteint le gouverneur général et le traverse en pleine poitrine de part en part. Au moment où le général Perrégaux se penche vers lui, il est lui-même atteint d'une balle entre les deux yeux. Le général Vallée prit le commandement, et tout fut dit pour ce vaillant soldat qui tombait sur la montagne maudite la veille du jour où l'armée française entrait dans Constantine.

Le siège continua, et comme don de joyeux avènement, le nouveau commandant en chef ordonna l'assaut pour le lendemain.

A cette heure, en effet, le revêtement extérieur des pierres de taille du corps de place ne forme plus qu'un réseau de pleins et de vides, laissant passer le boulet. Bientôt les terres du rempart jaillissent de partout, et le massif de terrain qui était en arrière s'éboule peu à peu, laissant le terrain en arrière nu, découvert et sans défense.

Avant la nuit, on arrêta la composition des colonnes d'attaque : il y en a trois, et il est trois heures de l'après-midi lorsque les premières dispositions sont prises dans chaque corps de troupe.

1re colonne (lieutenant-colonel Lamoricière) : 40 sapeurs, 300 zouaves, deux compagnies d'élite du 2e léger ; la seconde, sous les ordres du colonel Combes, est formée de détachements pris dans les sapeurs du génie, les 2e et 3° bataillons d'Afrique, la légion étrangère et le 47^n ; la troisième (colonel Corbin), de fractions égales tirées des quatre brigades.

Nous ne ferons pas ici l'historique de ces trois colonnes d'assaut dont nous avons donné le détail dans une précédente étude sur la vie du maréchal de Mac-Mahon ; nous n'avons à nous occuper que de la colonne dans laquelle figure le 47e et qui est ainsi composée : 80 sapeurs du génie, 160 hommes du 3e bataillon d'Afrique, et 100 hommes de la légion (commandant Bedeau), un bataillon du 47e (commandant Leclerc). L'assaut revenant de droit aux compagnies d'élite du 47e, elles forment les deux premiers et les deux derniers pelotons de la colonne d'assaut ; les deux autres pelotons sont formés de volontaires pris dans toutes les compagnies du centre du régiment (700 soldats environ). Tous les officiers ont demandé à marcher, mais ne voulant pas faire de désignation d'office, le colonel Combes décide que le sort désignera ceux de ces derniers qui doivent prendre part à l'assaut.

Le 13, à quatre heures du matin, les colonnes d'attaque prennent en silence l'emplacement qui leur a été assigné la veille dans les tranchées ; la première dans la place d'armes, à droite de la batterie de brèche ; la seconde, dans le ravin servant de communication couverte, et la troisième sur les bords de la rivière, dans le grand bâtiment en ruines qui s'y trouve.

Le jour se lève pur et radieux, et à peine l'aube éclaire-t-elle le paysage que le soleil se montre ardent ; l'air est chaud, c'est un vrai ciel de combat.

Il est sept heures du matin lorsque le signal de l'assaut est donné. La première colonne, renversant les sacs de terre de la tranchée derrière laquelle elle s'abrite, se précipite sur la brèche, l'occupe et y plante le drapeau tricolore. A ce moment, la deuxième colonne reçoit l'ordre d'appuyer le mouvement de Lamoricière. Le colonel Combes tire son épée et se retournant vers les siens : « En avant ! crie-t-il, et vive la France ! » Quelques instants après, il était dans la brèche avec sa tête de colonne, les voltigeurs du capitaine Canrobert.

Sur un étroit passage, plusieurs centaines de combattants s'agitent, quand tout à coup une formidable explosion se fait entendre, renversant tout autour d'elle. Là, deux cents hommes sont ensevelis ou mutilés ; parmi eux l'intrépide Lamoricière et plusieurs officiers. Ce spectacle émeut ceux qui restent encore debout ; ils hésitent ; un mouvement rétrograde se produit.

« La croix à celui qui franchira cette barrière, s'écrie le colonel Combes, en se retournant vers la compagnie la plus rapprochée de lui. »

Et Canrobert se précipite en avant, à la tête de ses voltigeurs, trébuche contre un obstacle. Un instant, on le croit atteint par le tir de l'ennemi. Mais il se relève presque aussitôt, il avait plongé au-dessous de la direction des balles ; et ce sont ceux qui étaient derrière lui et debout qui essuyèrent le feu de la place. A ce moment-là, les officiers qui sont près du colonel Combès font battre la charge, et ramènent les soldats en avant et au delà de la brèche. Mais Combes a reçu une première balle qui lui traverse le cou.

Sur ces entrefaites, arrivent les troupes des sentiers qui accourent, au pas gymnastique, renforcer les colonnes d'assaut. Le passage est enlevé ; on pénètre dans la ville. Combes,

malgré son horrible blessure, prend le fusil d'un homme tué
à côté de lui, guide les siens à travers le dédale des rues
étroites dont la ville est entourée. La vue du sang de leur
chef excite les soldats ; lui, calme, continue à s'avancer,
entraînant ceux qui le suivent par son exemple. A chaque
instant, des décombres obstruent la voie par laquelle il faut
passer, et forment comme autant de barricades d'où les Arabes
fusillent nos soldats à bout portant. L'un de ces obstacles,
occasionné par la chute d'une maison à crête blanche, laisse
les hommes exposés à un feu terrible.

— « Allons, mes enfants, sautons cette barrière », crie à
nouveau le colonel Combes, et au même instant, le sous-lieutenant Besson la franchit, suivi de ses soldats. Chaque pas en
avant est un combat sanglant. Le capitaine Madier s'y fait
tuer, et au moment où Combes montre au capitaine Canrobert
la rue qui conduit à la caserne des Janissaires qu'il faut
enlever, il reçoit coup sur coup deux nouvelles balles qui lui
traversent la poitrine. Le courageux colonel du 47e continue à
marcher. Mais bientôt ses forces l'abandonnent ; il s'arrête ;
et c'est Canrobert qui reçoit ses derniers ordres, excitant ses
voltigeurs de la voix et du geste : « Ne vous occupez pas de
moi, mes enfants, leur dit-il d'une voix sourde ; — marchez.
La victoire est à nous... vous êtes de braves garçons. »

Et ne pouvant plus conduire sa colonne, il se retire lentement, regagne la brèche et vient dans la tranchée rendre
compte au duc de Nemours et au général en chef de la prise
de la ville, en leur disant : « Heureux ceux qui ne sont blessés
ni morts et qui pourront jouir du beau triomphe que nous leur
avons préparé. »

A voir ce vaillant si ferme dans sa marche, si naturel dans
son attitude, le prince ne supposait pas qu'il avait devant lui
un moribond. Cette scène avait quelque chose de la gravité,
de la fierté sereine, de la beauté austère des trépas antiques.

Le docteur Baudens, chirurgien-major du prince, donna les premiers soins au colonel Combes, qui, transporté mourant à son bivouac, puis à l'ambulance, vers trois heures de l'après-midi, expirait le lendemain à sept heures du matin. Au moment de rendre le dernier soupir, il disait encore au général Vallée en désignant le capitaine Canrobert qui était venu prendre de ses nouvelles : « Il y a de l'avenir dans cet officier-là... »

Un zouave.

Après le départ du colonel du 47e, le commandant Leclerc dirige l'attaque de la deuxième colonne, qui continue à avancer, et le soir, le drapeau du 47e flottait au-dessus de la porte de la caserne des Janissaires, gardée par cinquante grenadiers qui en protégeaient les abords.

Ainsi finit le siège de Constantine.

L'armée expéditionnaire quitta Constantine en deux colonnes ; la première se mit en marche le 20 décembre, avec l'artillerie de siège et plusieurs bataillons d'infanterie ; la seconde en partit le 26 sous les ordres du général Trézel, avec le convoi des malades et des blessés, laissant dans la ville 2,500 hommes auxquels on avait préparé un réduit dans la Kasbah déblayée.

Rentrés au camp de Medjez-el-Hamar, qui était le terme de la campagne et de nobles travaux accomplis, officiers et soldats pouvaient se retourner et contempler avec fierté l'espace parcouru que l'armée avait par deux fois si vaillamment labouré, et dans lequel elle venait de semer enfin un germe d'avenir pour notre colonie naissante.

CHAPITRE V

LES CHASSEURS D'ORLÉANS

(1840-1842)

ÈS l'année 1838, les progrès réalisés par l'armement de l'infanterie française, l'adoption d'un fusil rayé et d'une balle à forcement, la nécessité d'adopter des formations plus mobiles et moins vulnérables au feu devenu plus redoutable, conduisent le duc d'Orléans à demander la création d'un bataillon de tirailleurs composé d'hommes choisis et destinés à recevoir une instruction spéciale.

Ainsi fut créé à titre d'essai le 1er *bataillon de*

tirailleurs, dont on confia le commandement au commandant Ladmirault (28 août 1839).

Ce bataillon, envoyé en Afrique dès l'année suivante, s'y couvre de gloire, et, le 27 octobre 1840, une ordonnance royale portait à dix le nombre des bataillons de tirailleurs qui prennent le nom de chasseurs d'Orléans ; dès le 1er novembre suivant on procède rapidement et sans désemparer à la constitution et à l'instruction des nouveaux corps, sous la haute direction du duc d'Orléans auquel on avait adjoint le duc d'Aumale et le maréchal de camp de Rostolan, ancien major d'infanterie, d'une capacité administrative hors ligne. Rien n'est épargné pour que ces troupes ne soient l'élite de l'armée. Ce qu'on put trouver de mieux en officiers, sous-officiers et soldats fut dirigé sur le camp d'Helfaut, près de Saint-Omer, et jamais de mémoire militaire on n'avait vu une réunion plus splendide d'officiers, sous-officiers, caporaux et soldats jeunes, plus ardents, plus désireux de faire campagne.

Les noms des dix premiers chefs de bataillon mis à leur tête montrent assez avec quel soin fut fait le choix des officiers.

1er bataillon : Ladmirault.		6e bataillon : *Forey*.	
2e — : Faivre.		7e — : Repond.	
3e — : Camou.		8e — : Uhrich.	
4e — : De Bousingen.		9e — : Clerc.	
5e — : Mellinet.		10e — : *Mac-Mahon*.	

Parmi ces illustres chefs, un seul vit encore : Ladmirault, aujourd'hui général de division, maintenu sans limite d'âge dans la 1re section de notre état-major général ; deux ont eu la bonne fortune de devenir maréchaux de France ; Repond est devenu intendant général inspecteur ; Clerc a été tué à Magenta, comme général de brigade, le 4 juin 1859 ; Camou, Mellinet et Uhrich sont morts généraux de division.

A l'époque de cette formation, le 47ᵉ est rentré en France, Canrobert vient de passer adjudant-major au 6ᵉ bataillon.

Au mois d'avril 1841, les chasseurs d'Orléans étaient déjà une troupe d'élite que toute l'Europe pouvait nous envier.

Mandés à Paris, ils vinrent tous camper dans la plaine de Saint-Ouen, pour y faire des expériences de tir sur une nouvelle carabine qu'on devait leur donner, et un beau matin, le 4 mai, tout Paris pouvait voir une colonne de 8,000 soldats robustes et pleins de vigueur, habillés de couleurs sombres, plumes noires et vertes au shako, précédés de fanfares vives et stridentes, descendre les boulevards au pas gymnastique, s'enfermer, sans ralentissement, sans désordre, sans hésitation, dans la cour du Carrousel, pour être passée en revue par le roi Louis-Philippe, et recevoir son premier drapeau.

Dès le lendemain, ces dix nouveaux bataillons rejoignaient leurs garnisons respectives ; mais les compagnies de guerre de quatre d'entre eux (3ᵉ, 5ᵉ, 6ᵉ et 8ᵉ) partaient pour Toulon, et s'embarquaient à destination de l'Algérie.

*
* *

Lorsqu'au mois d'octobre 1840 le gouvernement rappela d'Alger le maréchal Vallée, le commandement en chef de l'armée d'Afrique fut confié au général comte de Schramm, un des plus vieux soldats de l'empire, homme d'une grande probité et dont les talents militaires étaient appréciés. Toutefois, l'état de la colonie exigeait un homme plus actif et plus entreprenant. C'est alors que le conseil des ministres, présidé par le maréchal Soult, jeta les yeux sur le maréchal Bugeaud qui fut nommé gouverneur général de l'Algérie, par ordonnance royale du 29 décembre 1840 ; il débarqua à Alger en février 1841.

La guerre en Afrique va reprendre une nouvelle activité.

Avec Bugeaud, l'extension de la colonie va se développer et l'avenir de notre conquête sera désormais assuré.

Dès son arrivée en Algérie, le nouveau gouverneur, sortant de la méthode de tâtonnements et de tergiversations de ses prédécesseurs, va droit au but, et ce but, c'est la guerre sans trêve, sans relâche à l'homme qui, depuis plus de cinq ans, tient haut et ferme le drapeau de l'Islam et nous dispute le sol algérien, avec un incontestable talent et une admirable ténacité. C'est donc entre le général Bugeaud et le redoutable émir un duel de tous les instants qui va s'engager, avec des moyens que n'avaient connus aucun de nos vieux Africains. Une armée de quatre-vingt mille hommes est immédiatement formée et dans cette armée tous les maréchaux de l'avenir y sont : Mac-Mahon, Forey, Canrobert, Bosquet, Pélissier, Niel. Sans cesse en éveil, perpétuellement en route, tenue en haleine par un chef tel que Bugeaud qui lui demandait beaucoup, cette armée où les généraux avaient appris leur métier sous Napoléon Ier, où les soldats portaient en eux les vertus militaires et l'esprit de corps que seul peut donner un service prolongé, était animée du meilleur esprit. On le vit bien dans les continuels combats de la campagne de la fin de 1841 et de celle de 1842.

Au moment où Bugeaud prend possession du commandement en chef de l'armée d'Afrique, deux fils du roi : le duc d'Aumale et le duc de Nemours, vont le seconder dans sa tâche et donner à tous un magnifique exemple de respect à la discipline, en combattant sous ses ordres. Le 6e bataillon d'Orléans fait partie des renforts envoyés au maréchal Bugeaud. Il quitte le camp de Romainville le 12 mai, et débarque à Alger le 15 juin, venant de Toulon.

Les opérations militaires ne commencent pour lui que le 25 septembre ; elles ont pour but de ravitailler les places de Médéah et de Milianah, sérieusement investies par les Arabes

Le lieutenant d'état-major Henry est grièvement blessé... (Page 107.)

[illegible]

d'Abd-el-Kader qui, considérant la promenade militaire du duc d'Orléans aux *portes de fer* comme une rupture du traité de la Tafna, avait soulevé tout le pays, jusqu'aux portes d'Alger.

Le 6ᵉ bataillon d'Orléans forme avec les zouaves et le 24ᵉ de ligne l'arrière-garde d'une colonne destinée au ravitaillement de Milianah ; il livre en route deux engagements pour se frayer un passage parmi les rebelles ennemis. Le ravitaillement de Milianah effectué, la colonne revient à Blidah, en repart le 7 octobre, et ravitaille une deuxième fois Milianah, en repart le 15, puis se dirige sur le camp de Ma-el-Ma, près de Douera.

Cette première partie de la campagne avait été très pénible ; la chaleur était extrême, les étapes très longues et la colonne encombrée de fiévreux amenés du camp de Mazagran, où nos chasseurs étaient restés du 15 juin au 25 août après leur débarquement à Alger. Aussi, lorsqu'il fallut en repartir le 21 octobre pour reconstituer à Blidah une colonne destinée à ravitailler Médéah, c'est à peine si le 6ᵉ bataillon put fournir deux cents hommes.

Arrivée à Médéah le 25, la colonne en repart le même jour, et, en descendant les pentes du Nador, le 6ᵉ bataillon, qui forme l'arrière-garde, est assailli par une bande de Kabyles qui, profitant des avantages de leurs positions, fusillent nos chasseurs de haut en bas. Le lieutenant d'état-major Henry, qui fait son stage au bataillon, est grièvement blessé ; plusieurs chasseurs sont atteints et tombent pour ne plus se relever ; il fallait coûte que coûte prendre l'offensive et relever le moral des soldats que ce tir à bout portant ébranlait et rendait indécis. Forey n'hésite pas : il fait mettre sac à terre derrière un ressaut du terrain, et baïonnette au canon. « Le 6ᵉ bataillon d'Orléans, en tête duquel se fait remarquer le capitaine-adjudant-major Certain-Canrobert, fond sur l'ennemi et fait lâcher pied aux Kabyles. Malheureusement, les pentes du terrain ne permettent pas aux chasseurs de poursuivre l'ennemi et d'achever leur victoire. Ils avaient néanmoins, grâce à leur bravoure et à leur énergie, dispersé celui-ci et rendu libre la route de Mouzaïa, où le 6e bataillon d'Orléans arrive le 26 (1). »

Le 28 octobre, il se remet en marche, faisant partie d'une colonne commandée par Changarnier et destinée à escorter un convoi de ravitaillement sur Médéah, où elle arrive le 29. Le lendemain elle rentrait à Blidah, était dissoute, et le 6e bataillon dirigé sur Ma-el-Ma, son ancien camp.

Il en repart le 3 novembre pour le camp d'Aïn-Telezid, au sommet de l'Atlas; de là, il va s'installer au camp de Meb-Douah, où il travaille, du 17 novembre au 13 décembre, à l'obstacle en terre qui devait empêcher les Arabes de continuer leurs incursions dans la plaine de la Mitidja, espèce de muraille de Chine due à l'invention du général du génie Rognat, et consistant en un fossé assez profond, reliant Koleah, Blidah, Maison-Carrée, et englobant autour d'Alger un territoire d'environ soixante lieues.

Les pluies d'hiver ayant commencé, les troupes employées à l'obstacle sont réunies sous Blidah, où le 6e bataillon arrive le 21 et séjourne jusqu'au 5 mars 1842.

Il semble qu'on peut, dès le début de ces premières campagnes en Afrique, appliquer à Canrobert ce que Tacite dit d'Agricola, débutant dans la Grande-Bretagne, sous les ordres de Suetonus Paulinius : « Profiter de l'expérience des plus habiles, se lier avec les meilleurs officiers, ne jamais aller par gloriole au-devant du danger, mais n'en éviter aucun par crainte; agir en tout avec réflexion et défiance de soi-même. »

(1) *Historique du 6e bataillon de chasseurs*, p. 23.

Telles sont les qualités que développe Canrobert dans cette première campagne. Dès cette époque, on peut dire du jeune capitaine qu'il savait allier, à un rare degré, la prévoyance qui se rend compte de tout, avant de se lancer dans une entreprise, et dans l'action, une audace et un élan qu'on pouvait taxer de témérité, si d'avance il n'en avait calculé toutes chances.

*
* *

Le 5 mars 1842, le 6e bataillon d'Orléans fait partie d'une colonne commandée par le général de Rumigny et destinée à ravitailler Médéah. Cette colonne y arrive le 9, rentre à Koleah le 11, en repart le 14 pour explorer le Sahel, razzier les Hadjoutes, et rentre à Koleah le 17.

Le lendemain, nouveau départ pour escorter un convoi sur Milianah. Le 6e bataillon rentre à Blidah le 28, en repart le 1er avril, rejoignant une colonne de 6,000 hommes formée à Milianah sous les ordres du général Bugeaud, et destinée à réduire la puissante tribu des Beni-Menasser. Elle enlève et détruit le 5 la zaouia d'El-Berkani, et arrive le 10 sous les murs de Cherchell où elle se ravitaille.

Qu'elle est jolie cette petite ville de Cherchell, l'antique *Cæsarea* des Romains, se mirant blanche et coquette dans les flots bleus de la Méditerranée, drapée dans sa verdure tantôt claire et gaie, tantôt sombre et un peu austère, suivant le côté où on la regarde. Elle a tout pour elle : la poésie d'un printemps éternel qui ne connaît ni neiges, ni frimas, et la poésie des ruines antiques qui font revivre les souvenirs des maîtres du monde.

Du 11 au 14 avril, des colonnes légères partent de Cherchell, parcourent le pays que les Arabes ont évacué.

Le 14, le corps expéditionnaire, sous le commandement de

Changarnier, se met en route pour Blidah où il arrive le 17 et séjourne jusqu'au 27, le 6ᵉ bataillon d'Orléans en repart à cette date escortant un grand convoi à destination de Milianah, rentre à Blidah le 6 mai, en repart le 9, escortant un convoi sur Médéah, et rentre à Blidah le 14.

A cette date, le général Bugeaud est parti pour Oran, afin de prendre en personne le commandement des troupes de la division d'Oran, les réunir à celles de la division d'Alger, et montrer aux tribus soumises qu'elles sont protégées, le cas échéant, par des troupes nombreuses à opposer aux bandes d'Abd-el-Kader.

A cet effet, la colonne d'Alger, dont fait partie le 6ᵉ bataillon d'Orléans, part pour Milianah le 22, marchant dans la direction du Chélif. Après une marche très pénible, au cours de laquelle nos petits chasseurs font, le 27, une marche de treize heures, dont cinq au pas gymnastique (1), la colonne arrive le 28 au confluent du Chelif et de l'Oued-Rouina, où la colonne d'Oran vient la rejoindre le 30.

Les deux colonnes se séparent le 1ᵉʳ juin ; celle d'Oran allant sur Milianah, celle d'Alger opérant sur la rive droite du Chélif, et devant prendre à revers les Beni-Menasser. Cette dernière pénètre le 2 dans les montagnes de cette tribu, s'établit au bivouac le 3, à Aïn-Ansour, au sommet des crêtes qui séparent la Mitidja de la vallée du Chélif.

Le 4 juin, elle se remet en marche sur un seul sentier qui conduit par des pentes rapides à l'Oued-Tiffeg, affluent de droite du Bou-Selmou, le 6ᵉ bataillon d'Orléans formant l'arrière-garde. A peine y est-elle engagée que nos chasseurs sont assaillis à Mahadi par trois cents Kabyles environ qui, occupant des positions dominantes, profitent des avantages que

---

(1) C'est de cette marche que date le surnom de « *ventre-à-terre* », appliqué au bataillon que commandera Canrobert dans quelques mois.

leur offre le terrain pour prononcer une attaque vigoureuse contre notre arrière-garde. Canrobert dirige une savante retraite en échelons, de position en position, infligeant à l'ennemi des pertes sensibles.

Ce fait d'armes montre Canrobert tout entier, tel qu'il sera

Canrobert et le maréchal des logis du Barrail. (Page 112.)

jusqu'à la fin de sa carrière. Ces vers d'Horace peuvent donc lui être appliqués sans conteste.

> .... *Servitus ad imum*
> *Qualis ab incepto processint.*

Cité à l'ordre de l'armée, il est nommé chef de bataillon au 13° léger, pour prendre date du 22 mai 1842. Canrobert n'y reste que quelques mois, mais assez cependant pour prendre part avec son régiment à la répression des mouvements insur-

rectionnels, des tribus avoisinant Mascara, Tlemcen et Mostaganem. Dans ce coin de l'Afrique française, domine l'influence d'Abd-el-Kader qui est originaire du village de Quetna.
A tout moment, il apparaît dans cette région, soulevant à
son aise une multitude d'insurgés qu'il faut sans cesse châtier.
Dans cette guerre, sans trêve ni merci, le 13e léger (1) combat
contre les Beni-Zerouls, les Beni-Zentès, les Beni-Mediouna
et les Ouled-Ghrélouf.

Le 16 octobre suivant, Mellinet, le chef du 5e bataillon d'Orléans, est nommé lieutenant-colonel au 41e, et a pour successeur Canrobert qui s'embarque à Mostaganem, sur l'*Etna*,
pour rejoindre son nouveau corps qui guerroye dans la division d'Alger. Il a la bonne fortune de faire le trajet de Mostaganem à Alger avec un sous-officier de spahis, le maréchal
des logis du Barrail devenu depuis un de nos meilleurs divisionnaires de cavalerie, et voici le portrait que ce dernier trace
de Canrobert dans ses *Souvenirs :*

« Il était déjà populaire dans l'armée d'Afrique, autant par
son imperturbable bravoure que par cet amour du soldat qui
a marqué sa longue et glorieuse carrière.

» Le mot de « famille » appliqué à l'armée est d'une justesse
extrême, car le métier militaire, par la communauté des peines
et des joies, développe parmi ceux qui l'exercent tous les sentiments qui caractérisent la famille. Il y a, dans l'armée comme
dans la famille, des haines farouches ; mais, par compensation,
il y a des fraternités tendres et des paternités touchantes.
Les frères d'armes s'aiment comme des frères de nature, et,
chez le chef digne de son rang, éclosent de véritables entrailles de père.

» Tel a toujours été Canrobert. Tel il m'apparut alors déjà
lorsque, appuyé sur le bastingage du bateau, livrant au vent

(1) Aujourd'hui le 88e de ligne.

Le sergent Lajus, blessé, doit la vie au clairon Danot... (Page 121.)

d'Afrique sa longue chevelure qui flottait comme une crinière autour de sa belle figure léonine, il écoutait et encourageait le babil du sous-officier de spahis. Tel il m'apparaît encore aujourd'hui, après plus d'un demi-siècle, lorsque, courbé sous le poids des ans et de la gloire, il vient familièrement s'appuyer sur la table où j'écris ces lignes. »

CHAPITRE VI

(1843-1845)

A PARTIR de sa nomination au 5ᵉ bataillon de chasseurs d'Orléans, jusqu'en 1850, Canrobert ne quittera plus l'Algérie ; il y conquiert tous ses grades, y compris celui de général de brigade, qu'il obtient à quarante et un ans (13 janvier 1850).

Honestavit illum in laboribus.

A la tête du 5ᵉ bataillon de chasseurs, le futur vainqueur de Zaatcha détermine la soumission des Khalifats d'Abd-el-Kader (3 juillet 18 43). Mais c'est surtout dans la campagne du Dahra que le jeune chef de bataillon se fait classer hors pair.

Le 10 septembre 1844, la France signait une convention par laquelle le Maroc conservait ses frontières, mais s'engageait à ne plus soutenir Abd-el-Kader.

L'émir disparaissait de la scène par l'unique raison que l'élément aristocratique arabe avait besoin de la paix, et abandonnait la lutte, après quinze ans d'efforts infructueux. La démocratie kabyle, plus énergique et ayant moins à perdre, n'avait pas désarmé cependant; il lui fallait un chef. Ce dernier ne se fit pas longtemps attendre.

Un jeune homme de vingt ans, Mohammed-ben-Abdallah, presqu'un enfant, beau, brillant, éloquent, ardent et inconnu jusqu'alors, se chargea de prêcher la guerre sainte dans les montagnes du Dahra et de l'Ouarensenis, et de soulever les populations crédules et fanatiques de ces contrées. Il était accompagné d'une chèvre qui partageait ses repas d'ermite, exécutait à la voix quelques tours peu compliqués et qui était pourvue, disait la renommée, de mamelles intarissables, dont le lait suffisait pour nourrir des milliers de guerriers. De là son surnom de Bou-Maza, *le père à la chèvre*.

Comme tous les envoyés de Dieu, il se disait invulnérable, lui et les siens; en arrivant sur lui, les balles ennemies le rafraîchissaient d'une eau limpide, tandis que son cheval, forteresse vivante, lançait la mort de tous ses crins, absolument comme les coursiers prophétiques. C'est lui qui devait nous chasser de l'Algérie; Dieu lui en avait donné les moyens et le pouvoir.

En quelques semaines, *le père à la chèvre* avait réuni autour de lui une suite nombreuse de réguliers et de cavaliers indigènes irréguliers; tout le Dahra fut bientôt en insurrection.

Le Dahra, mot arabe qui signifie Nord, comprend la partie montagneuse qui s'étend entre les confins des provinces d'Alger et d'Oran, du Chélif à la mer d'un côté, de Tenez à l'embouchure du fleuve de l'autre. Cette contrée forme un territoire long de cinquantes lieues environ, sur vingt de large. En temps ordinaire, les subdivisions d'Orléansville et de Mostaganem sont chargées d'y maintenir l'ordre ; la première a dans son ressort des populations très remuantes, et la surveillance de la ville de Tenez, située sur les bords de la mer, à la limite est du Dahra ; la seconde étend son autorité sur la partie riveraine, la moins accidentée de l'embouchure du Chélif. Quand des opérations considérables étaient nécessaires, les troupes de Mostaganem, d'Orléansville et de Tenez combinaient leurs efforts pour atteindre et frapper l'ennemi ; c'est ainsi qu'au mois d'avril 1845, trois colonnes se mirent en mouvement, pour pénétrer dans le Dahra par trois points différents. Elles sont sous les ordres des colonels Pelissier, Saint-Arnaud et Ladmirault.

Celle qui nous intéresse est celle du colonel le Roy de Saint-Arnaud qui commande le 53ᵉ de ligne. Partie de Mostaganem, elle est forte de douze cents hommes d'infanterie (5ᵉ bataillon de chasseurs d'Orléans, et les compagnies d'élite du 53ᵉ) ; d'une batterie d'artillerie de montagne : capitaine de Berckheim (1) ; d'un escadron du 4ᵉ chasseurs d'Afrique : capitaine Souhan ; et d'une cinquante de cavaliers indigènes, commandés par le commandant Bosquet, chef du bureau arabe de Mostaganem. La colonne se met en marche le 15 janvier 1845, pour châtier les tribus des Ouled-Jounès et Chaufas, traverse l'Oued-Nac et se trouve le 18 avril en présence du schérif Ben-Abdallah, dit *Bou-Maza*.

Ce fut une heureuse chance pour le 5ᵉ d'Orléans d'avoir à sa tête un chef tel que le commandant Canrobert. La rapidité de son coup d'œil, la précision de ses ordres, son énergique entrain, la confiance qu'il sait inspirer à chacun de ses soldats

(1) Décédé général de division en retraite, le 2 avril 1892.

le tirèrent d'un danger certain, tant il est vrai qu'à la guerre
un vaillant chef, secondé par de braves soldats, devient, par sa
seule présence d'esprit, le dompteur des périls. Le 18, la cò-
lonne d'Orléansville s'était établie vers midi dans le Dahra,
sur le plateau de Bâle, la plus importante des positions stra-
tégiques de ce réseau de montagnes. Large et fertile, ce plateau a pour base des escarpements rocheux et boisés; des ravines difficiles ne permettaient de l'aborder que par d'étroits
sentiers, et de ce point central, une marche de quelques
heures pouvait porter les troupes, au gré du chef, dans plusieurs vallées différentes. Vers deux heures et demie, Saint-
Arnaud ordonne deux reconnaissances. L'une d'elles est confiée au commandant Canrobert; elle a pour mission de se diriger vers le sud-ouest et, si l'on ne découvrait pas l'ennemi,
de traverser le ravin de l'Oued-Met-Mour, et de fouiller les
contreforts du piton des Ouled-Jounès. Il a sous ses ordres
quelques spahis, envoyés en éclaireurs, et trois cents chasseurs
du 5e d'Orléans. On ne rencontre l'ennemi nulle part; on traverse l'Oued-Met-Mour. A ce moment-là deux mille Kabyles
environ, débouchant d'une ravine boisée, bondissent comme
des furieux contre la section d'avant-garde. Canrobert rallie
cette section et s'élance sur l'ennemi à la tête de ses chasseurs.
Surpris de cette audace, les Kabyles hésitent, discutent; pendant ce temps-là, notre infanterie a atteint le sommet d'un
plateau rocheux et boisé, où il sera possible de faire une bonne
défense, et de tenir bon jusqu'à l'arrivée du renfort que le
bruit de la fusillade engagée ne manquera pas de faire venir
du camp de Bâle.

Reculer, retraverser la ravine, est impossible; ce serait
vouer à la mort la moitié de sa troupe, et doubler la confiance
de l'ennemi dans ses propres forces. Les tirailleurs kabyles
s'embusquent; leurs balles s'abattent sur le plateau. Mais les
chasseurs d'Orléans, accroupis ou couchés, leur répondent

avec avantage, visent à coup sûr ; tout Kabyle qui paraît au-dessus de la ligne de mire est un homme mort. Cette défense irrite l'ennemi ; voulant en finir, il se rue contre nos chasseurs pour enlever nos soldats corps à corps. La baïonnette joue alors son rôle et décime les rangs ennemis.

Dans cette lutte inégale, deux sous-officiers de chasseurs, Gilmaise et Bommont, sont frappés au cœur ; huit cadavres sont étendus dans la clairière, et vingt blessés témoignent de l'ardeur du combat. Le sergent Lajus, blessé de deux coups de feu, doit la vie au clairon Danot (1), dont la baïonnette étend trois Kabyles à ses pieds. Chefs et soldats, sûrs d'eux-mêmes, attendent calmes et impassibles le moment de passer à l'offensive.

Enfin, derrière le contrefort de la montagne le clairon se fait entendre ; il sonne la charge et répète le refrain du bataillon :

> *Le cinquième bataillon ventre à terre*
> *Commandé par Certain-Canrobert.*

C'est la compagnie du lieutenant Bonnet, soutenue par l'infanterie du lieutenant-colonel Claparède. En débouchant dans la ravine, Bonnet juge la situation d'un coup d'œil et prend les Kabyles en flanc. Ceux-ci s'imaginent que cette petite troupe est suivie de toutes celles du camp ; ils hésitent et Canrobert profite de leur indécision pour prendre l'offensive, charger l'ennemi à la baïonnette, briser sa résistance et le rejeter sur les fusils des fantassins du lieutenant-colonel de Claparède,

(1) Danot était un enfant de Paris. Le 4 décembre 1851, Canrobert, chargé de la répression de l'émeute, avait sous ses ordres le 5e bataillon de chasseurs ; il retrouve Danot, et le prend avec lui pour sonner ses commandements. Arrivé au boulevard Poissonnière, le clairon se tenait auprès du cheval de son général, au moment de la fusillade la plus vive, lorsqu'il fut frappé par une balle française aux pieds de son chef, et à deux pas de la maison où demeurait sa famille.

pendant que la compagnie du capitaine Esmieu de Cargouët, restée sur le plateau, garde les morts et les blessés.

Le 20 avril, à cinq heures du soir, nouvelle attaque des Kabyles contre le camp des Gorges où s'est ralliée la colonne expéditionnaire. Le schérif est à la tête d'un millier de fantassins et deux cents cavaliers ; il perd un drapeau et plus de cent hommes.

Le 27 octobre, le 5ᵉ bataillon de chasseurs se trouve sur le plateau de Djidlouïa, où les cavaliers de Bou-Maza se trouvent nombreux. Les dispositions prises par Canrobert forcent l'ennemi à battre en retraite précipitamment. La poursuite eût été imprudente ; même en cas de succès, les résultats obtenus eussent été bien minimes, car à trois lieues et demi de là, le petit poste de Krenez, déjà très compromis, avait besoin d'un ravitaillement immédiat.

C'est à l'embouchure de la Sensig que le commandant Canrobert apprend sa nomination de lieutenant-colonel au 22ᵉ de ligne (25 octobre 1845), et de commandant du cercle de Tenez. Il a l'ordre de maintenir libres les communications entre cette ville et Orléansville, de parcourir, au moyen d'une colonne volante, toute cette partie montagneuse et difficile du Dahra, qui n'avait pas été la dernière, comme bien l'on pense, à prendre part à l'insurrection générale. Il a sous ses ordres : 200 zouaves, 500 chasseurs d'Orléans du 5ᵉ bataillon qui gardent leurs traditions de courage et de dévouement, sous le commandement de Levassor-Serval ; 350 hommes du 64ᵉ de ligne (commandant d'Aurelles de Paladine); 30 sapeurs du génie; 50 hommes du 6ᵉ léger ; une demi-section d'artillerie de montagne ; un peloton du 2ᵉ chasseurs d'Afrique; 30 cavaliers arabes du capitaine Lapasset qui commande le bureau arabe de Tenez. C'était en tout une force d'environ 1,200 hommes, pris un peu dans tous les corps.

Les courses de cette colonne durèrent du 1ᵉʳ décembre 1845

au 26 mai mai 1846. Peut-être n'est-il pas sans intérêt de raconter, à près d'un demi-siècle de distance, les fatigues essuyées par
cette colonne isolée, perdue dans cette partie du Dahra, si re-
belle à la soumission. N'est-ce pas là, en effet, le seul moyen de
faire connaître par quels efforts nos troupes ont pu relier les
mailles du filet qui, de nos jours, enveloppent l'Afrique entière avant de la dominer.

La tribu des Beni-Hidja fut châtiée la première, et le 17 décembre la colonne Canrobert gravissait les pentes du col de
Sidi-Bonzi. Son arrivée met en émoi les populations de la contrée qui ressemble bientôt à une fourmilière qu'un voyageur
aurait remuée avec son bâton. Le long des hauteurs, les Kabyles courent, glapissent, hurlent, crient ; le *tam-tam* se fait
entendre ; le bruit du tambourin les enivre. Trois compagnies
d'infanterie sont envoyées contre eux (64e de ligne, zouaves et
chasseurs) le capitaine Esmieu de Cargouët, du 5e d'Orléans,
les commande. La tunique noire des chasseurs se marie à la
capote grise de la ligne et au turban vert des zouaves. Comme
toujours, le coup de feu et la baïonnette se frayent un passage
au milieu des masses ennemies ; chacun cherche à devancer
son voisin.

Vers trois heures de l'après-midi, les hauteurs étaient déga-
gées ; une demi-heure après; nos troupes s'établissaient dans
les vallons du versant opposé, entre les sources de l'Oued-Bou-
Cheral et de l'Oued-Bou-Rhazeur.

Les Beni-Hidja commençaient à recevoir le châtiment de
leur révolte, lorsque la colonne Canrobert reçut l'ordre de se
rapprocher de Tenez. Bou-Maza s'était montré la veille dans
les environs, et il fallait à tout prix assurer la sécurité des
convois nécessaires à l'approvisionnement d'Orléansville, tout
en se tenant prêt à se porter partout où sa présence serait
jugée nécessaire. La mauvaise saison vint ajouter des souffrances excessives aux fatigues de la marche ; dans toute

l'Algérie, les premiers jours de janvier 1846, furent marqués par des temps affreux.

Le 6 janvier, comme la colonne de Tenez était en marche, un brouillard intense l'enveloppa tout entière. Nos hommes, transis de froid par des rafales de vent et des bourrasques de pluie qui se succèdent à tout instant, n'avancent qu'avec les plus grandes difficultés, au travers d'un terrain coupé de ravines et de bois épais. Tous les quarts d'heure, le clairon qui marche avec l'avant-garde sonne ; les tambours et les clairons de chaque corps répètent successivement, terminant la sonnerie pour le refrain du régiment, afin de se reconnaître et d'indiquer au chef de la colonne que toutes les troupes suivent en bon ordre.

Engourdis par le froid et le brouillard, mais résignés, nos soldats, avec cette résignation patiente que donnent l'habitude de la souffrance et la confiance dans le chef, n'en arrivent pas moins sans encombre, le soir, au centre des Larmounas-Baharis, qui avaient cru prudent d'évacuer leurs villages, pour éviter le châtiment qui les attendait.

Canrobert s'y arrêta quelques heures seulement. La tempête durait toujours : loin de se calmer, elle augmentait au contraire. A peine les faisceaux formés, nos soldats n'eurent rien de plus pressé que de courir aux provisions et aux maisons Kabyles abandonnées, levant aux toitures leurs longues perches de bois sec, pour en faire des brasiers immenses, et se préparant à de nouvelles fatigues pour le lendemain, par un repas copieux et substantiel. Pendant les dix-huit heures que dura l'ouragan, ces feux furent soigneusement entretenus, pour aider à supporter le froid et la pluie.

Enfin, on put se remettre en marche, reprendre cette course au clocher qui ramenait peu à peu sous notre autorité les populations soulevées, et le 20, les troupes rentraient à Tenez pour remplacer les souliers usés, réparer les capotes déchirées par les buissons et les épines du chemin. Le repos n'y fut pas long ; trente-six heures à peine. Le lendemain, Saint-Arnaud, qui commandait la subdivision d'Orléansville, modifiait la composition de la colonne Canrobert, en y faisant entrer le 1er bataillon du 36e de ligne, en remplacement des zouaves ; en même temps, Canrobert recevait l'ordre de se montrer à l'Ouest du cercle de Tenez, pour y contrebalancer l'influence du schérif Bou-Maza, sur les tribus qui nous étaient encore hostiles.

Le 22 janvier, la petite colonne française se dirigea sur le plateau de Tedjana, position assez élevée du Dhara et d'où l'on pouvait se porter, par trois directions différentes, sur les vilages kabyles qui bordent le Chélif, comme ceux qui avoisinent la mer. L'eau était bonne et abondante, la nourriture des chevaux facile, le lieu bien choisi pour y attendre une occasion favorable de se porter plus loin en avant. Cette occasion ne devait pas tarder à se présenter.

Le 25, des espions annoncèrent à Canrobert que Bou-Maza se trouvait chez les Médiounas, fraction de la tribu des Sbeates en révolte depuis déjà bien des mois, que ceux-ci s'occupaient de leurs labours, et que confiants dans leur éloignement de Tenez et d'Orléansville, les uns et les autres ne songeaient même pas à se garder. Les mesures furent bientôt prises au camp de Tedjana. Le lieutenant-colonel Canrobert recevait ces renseignements à neuf heures du soir ; deux heures après, les hommes, réveillés au milieu de leur sommeil, prenaient les armes, et cinq cents fantassins d'élite sans sacs, la cavalerie et le goum, vinrent se ranger sur le front de bandière, prêts à se mettre en marche.

Les recommandations suivantes sont faites avant le départ :

Silence absolu ;

Pas de pipes quand la nuit est noire : la plus petite lueur trahit la présence ;

Si on reçoit des coups de feu pendant la marche, redoubler de silence, presser le pas ; ne pas y répondre.

Faire des prisonniers, avant tout ; après les prisonniers, s'occuper du troupeau.

La petite colonne avança dans le plus grand ordre, et au crépuscule naissant, comme l'aube blanchissait l'horizon, nos soldats atteignaient, sans avoir attiré l'attention de l'ennemi, les pentes montagneuses et le fond de la vallée dans laquelle s'étaient réfugiées les tribus dissidentes. Les ordres furent aussitôt expédiés ; Canrobert distribua à chacun son rôle. La cavalerie et le goum reçurent l'ordre de suivre les hauteurs pour atteindre le col de la vallée, seul passage par lequel pourraient s'enfuir les populations que l'infanterie pourchasse, en suivant directement le chemin qui y conduit, au travers de la vallée. Bientôt les premiers douars sont atteints ; le cri d'alarme des Kabyles se fait entendre, mais trop tard ; les coups de feu s'échangent ; l'effroi est dans la vallée entière : hommes, femmes et enfants s'élancent du côté de la seule issue qui leur est offerte par le terrain, la cavalerie leur barre le passage ; les balles se croisent, les sabres et les yatagans s'entrechoquent ; en peu d'instants, morts et mourants s'entassent sur le terrain ; les troupeaux, les femmes, les enfants et quelques Kabyles attardés sont rejetés dans la vallée, où la razzia entière s'opère par les soins de l'infanterie. Quand les grillades de mouton eurent réparé les forces de la troupe les clairons sonnèrent la marche de nouveau, et le long convoi reprit la direction du camp de Tedjana, où la colonne reprenait à neuf heures et demie, le lendemain, son bivouac de la veille, après une course qui n'avait pas duré moins de vingt-deux heures.

Il semble vraiment que l'armée d'Afrique donne raison au mouvement perpétuel que nient les savants ; car à peine une course était-elle finie qu'une autre recommençait, et cela souvent dans la même nuit. Le 27 janvier, comme les troupes rentraient au camp de Tedjana, point d'où rayonnaient toutes les opérations de Canrobert, des cavaliers du schérif qui s'y montrent annonçaient le retour de Bou-Maza, par l'échange de quelques coups de fusil avec nos patrouilles de reconnaissance, et le lendemain, 28, l'ennemi couronnait les montagnes qui descendent sur la rive gauche de l'Oued-Sidi-Salem, au nord-ouest de Tedjana. Le capitaine Lapasset fut chargé de s'assurer de sa force, et de pousser jusqu'à ses grand'gardes avec une petite colonne composée des cavaliers du goum, trois compagnies d'infanterie (une du 5e bataillon d'Orléans et deux du 36e). Une fois le contact pris, les cavaliers arabes des deux partis échangèrent leurs injures, à la façon des héros de l'Iliade, du haut des pitons où ils se tenaient pour mieux plonger dans la vallée. La poudre ne tarda pas à parler, et la lutte fut assez vive pour occasionner des pertes sensibles à la petite colonne française qui compta bientôt neuf chasseurs tués et vingt-quatre sous-officiers et soldats blessés. Mais un des lieutenants de Bou-Maza, le farouche Mohammed-ben-Hini, agha des Beni-Hidja, tombait mortellement frappé de sept balles, et la baïonnette d'un chasseur faisait sauter l'œil et perforait le crâne de l'agha Ouled-Derbal, dont la courageuse audace était réputée dans toute la contrée. La perte de ces deux personnages de distinction entraîna la fuite de l'ennemi qui se replia du côté de la vallée de l'Oued-Sidi-Brahim. Le capitaine Lapasset, avec ses troupes, rentra le même soir au camp de Tedjana.

Le 29, un convoi venant d'Orléansville devait se diriger sur Tenez ; Canrobert, pour le protéger, marcha à sa rencontre, craignant que l'ennemi n'essayât de le couper, en s'embusquant dans les ravins ; mais vers midi, quand, de la grande halte, on put voir le convoi poursuivre tranquillement sa marche, on revint sur Tedjana, où on reçut un renfort composé d'un bataillon de la légion étrangère et d'un détachement du 3ᵉ d'Orléans. Le 30, la colonne se mettait en mouvement dans la direction de l'Oued-Sidi-Brahim.

Le passage qui y conduit est dégarni de bois ; c'est un col grisâtre et schisteux, raviné par les pluies, dominé par des pitons assez élevés. Un étroit sentier serpente à travers ces ondulations de terrain, et débouche sur un plateau étroit, d'où l'on aperçoit la rivière à ses pieds, et sur l'un des contreforts opposés, le marabout de Sidi-Brahim. Autour de ce dernier, le long des pentes qui conduisent à la rivière, dix-huit cents Kabyles sont rassemblés ; à trois cents mètres sur la droite, un groupe de deux cents cavaliers environ est réuni autour d'un immense drapeau, celui du schérif. Canrobert, prévenu par ses éclaireurs, gagne immédiatement la tête de la colonne, met pied à terre, examine le terrain, et donne des ordres pour l'attaque, pendant que les soldats sortent un à un du défilé, se massent lentement dans la vallée.

Le bataillon du 36ᵉ et un détachement du 3ᵉ d'Orléans devaient garder le convoi ; le reste de l'infanterie de ligne, la légion étrangère, et le 5ᵉ bataillon de chasseurs, sous les ordres du commandant Soumain, avait l'ordre de traverser la rivière et d'aborder l'ennemi, pendant que Canrobert, avec la cavalerie et le goum, gagnerait par un mouvement tournant les sommets des crêtes, de façon à prendre les Kabyles entre deux feux. Le signal est donné ; la manœuvre commence et la fusillade s'engage presque aussitôt. Les gens du schérif embusqués derrière leurs rochers, tapis dans les buissons et les fourrés, sont abordés à la baïonnette par nos chasseurs d'Orléans qui les poursuivent jusque dans leurs repaires. A ce moment-là, la cavalerie, qui a gravi les escarpements, paraît auprès du marabout, et descend dans la vallée, pour appuyer l'infanterie. La manœuvre a parfaitement réussi : les Kabyles surpris se dérobent à nos coups par la fuite, et Bou-Maza, témoin impassible de la défaite des siens, s'éloigne en toute

La baïonnette d'un chasseur faisait sauter l'œil de l'agha Ouled-D'erbal.
(Page 127.)

hâte, avec ses fidèles serviteurs, sans essayer de leur porter secours.

L'attaque, commencée à deux heures de l'après-midi, était terminée à cinq ; une heure après, blessés et survivants établissaient leur bivouac sur la rive gauche de l'Oued-Sidi-Brahim, à l'endroit même où avait flotté le drapeau du schérif.

La hardiesse et la décision avaient encore une fois assuré le triomphe de nos armes. Bou-Maza fut contraint de se retirer dans la partie la plus difficile du Dahra; plusieurs tribus se rapprochèrent de nous. Le 1ᵉʳ février la colonne Canrobert campait au marabout d'Aïssa-ben-Daoud, sur le penchant du coteau qui borde la plaine de Metaouri ; de là, il maintenait le pays par des courses rapides, cherchant par tous les moyens possibles à priver le schérif des ressources qu'il pouvait y trouver. Le 15, la puissante tribu des *Mediounas*, tondus jusqu'à la peau, paya en un seul jour tout l'arriéré de ses méfaits. La fin du mois de février et le commencement de mars se passèrent ainsi en excursions continuelles. Il fallut bien cependant rentrer à Tenez, pour y chercher des vêtements de rechange, remplacer les souliers usés, et redoubler en quelque sorte la colonne. Le séjour y fut de courte durée. Une fois la colonne Canrobert remise en état, réapprovisionnée en munitions et en vivres de toute nature, elle rejoignit en toute hâte la colonne de Saint-Arnaud, qu'elle trouva campée le 14 mars à Sidi-Youssef, au centre du pays des Mediounas, toujours prêts à la révolte. Le lendemain, les deux colonnes réunies marchèrent dans la direction de l'Oued-Morglas, et, comme il s'agissait de surprendre l'ennemi, le lieutenant-colonel Canrobert reçut l'ordre de faire suivre à ses troupes les crêtes qui bordent la rive gauche du petit ruisseau, pendant que le capitaine Fleury, avec les spahis et soixante chevaux du 5ᵉ chasseurs à cheval de France, prendrait le milieu de la vallée, pour sabrer les Kabyles que l'infanterie de la colonne Canrobert devait rejeter sur la cavalerie.

« Fleury, — dit un témoin oculaire (1), — s'avançait dans la plaine, avec cette prudence audacieuse qui lui avait déjà valu une si belle renommée à l'escadron de spahis formé par ses soins. Ses cavaliers les mieux montés sondaient les replis du terrain, à deux cents mètres en avant; les autres, serrés autour de leur chef, se montraient attentifs au moindre de ses regards. En Afrique, à cette époque, on était exposé à voir à tout instant l'ennemi surgir de terre. Dans la plaine la plus unie à l'œil, les eaux creusent souvent des ravines profondes, abris plein de sûreté, derrière lesquels s'établissent les cavaliers ennemis, prêts à fondre sur nos colonnes et à profiter de la plus petite négligence. Malgré ces dangers d'attaques imprévues, les chefs de colonne sont obligés de lancer au loin, sans point d'appui, leur reconnaissance de cavalerie et ils ne peuvent espérer battre les Arabes qu'en leur empruntant leur légèreté et leur mobilité. Aux officiers à qui incombent ces missions, de juger le terrain, le danger, et de saisir l'occasion. Une grande responsabilité pèse sur eux, car ils doivent avant tout ne pas attirer d'embarras à la colonne, éviter le péril ou lui tenir tête, mais dominer toujours et triompher de la résistance. C'est ce qui arriva aux cavaliers du capitaine Fleury dans cette circonstance ». Arrivés dans un bas-fond, au milieu d'un massif de figuiers, les éclaireurs se heurtèrent à huit cents cavaliers ennemis environ, bien montés, bien équipés, entourant le drapeau du schérif. Évidemment, charger une masse aussi considérable avec cent spahis et soixante chevaux de France, lourds, difficiles à manier, et montés par des hommes inexpérimentés qui n'avaient pas l'habitude de nos guerres d'Afrique, eût été commettre une grande imprudence. Fleury, mieux que tout autre, comprend le danger; il

---

(1) P. de Castellane. *Vie militaire en Afrique.*

fait faire tête de colonne à droite au trot à ses cavaliers, et, sans hésiter, il gagne les crêtes pour y mettre pied à terre, se défendre au fusil, en attendant l'arrivée de l'infanterie ; de là, il se lancera à la charge, dès que l'on aurait un bataillon de soutien, pour recueillir les blessés et servir de réserve. Cette petite troupe est alors semblable à un vaisseau qui vire de bord, exposé par le flanc aux coups de la lame, jusqu'à ce qu'elle ait terminé son embardée.

Bugeaud présente Canrobert à son état-major. (Page 135.)

Dans ce mouvement, un certain nombre de spahis sont frappés. Le capitaine en second Biesse, des chasseurs de France, reçoit une balle qui lui traverse la cuisse. Le grand cheval bai que monte le capitaine Fleury, un véritable colosse qui piaffait sous les balles, est atteint en plein poitrail, s'abat sur le rocher et dans sa chute son cavalier se démet la cheville du pied. Mais dans un pareil moment, le sang coule vite et tue la douleur ; celui qui commande n'a pas le temps de s'apercevoir de ses souffrances. Le trompette Ali donne son cheval à son officier qui remonte en selle.

Les zouaves conduits par Canrobert arrivent à ce moment-là sur le théâtre de la lutte. Le combat change aussitôt d'aspect. La sonnerie de la charge se fait entendre ; zouaves et spahis se précipitent en avant et suivent leurs officiers au gros de la mêlée, et les Arabes ne tardent pas à se disperser comme des sauterelles chassées par le vent. Ralliant toutes les troupes, Canrobert reprend ensuite la direction du gros de la colonne que commande Saint-Arnaud ; le soir un transfuge faisait connaître que Bou-Maza avait eu le bras cassé pendant le combat, et citait les noms des Kabyles de marque atteints par nos balles ou sabrés par nos spahis.

La fin de mars, le mois d'avril tout entier et le commencement de mai furent employés à des marches sans fin, à des surprises et à des combats, les colonnes du Dahra se prêtant un mutuel appui, tantôt réunissant leurs forces, tantôt opérant chacune pour leur compte, mais toujours en vue de frapper un coup décisif et de ramener la tranquillité dans le pays. Le 10 mai, la colonne Canrobert marche vers la tribu des Achachas, la seule du Dahra qui n'ait pas encore été soumise. Douze compagnies sans sacs sont envoyées contre eux, gravissent les pentes de la montagne et marchent en éventail dans la direction de la mer au milieu des vergers, des lentisques et des figuiers qui garnissent cette partie de la région. Chaque pierre est un rempart, chaque ravine un abri pour le Kabyle. Peu à peu le cercle se rétrécit, le serpent resserre ses anneaux ; pourchassé d'embuscade en embuscade, de retraite en retraite, l'ennemi se retire, mais la mort l'atteint partout. La lutte se continue ainsi jusqu'à épuisement ; les Arabes survivants se jettent alors dans la mer pour y chercher un abri. Les chasseurs d'Orléans les visent comme des goélands. Les bons nageurs seuls disparaissent au loin pour éviter nos coups, jusqu'à ce que, surpris par les courants du large, ils soient entraînés vers la haute **mer**, pour s'y débattre et s'y laisser engloutir un à un.

Ce fut là le dernier effort de l'insurrection dans le Dahra. La répression de cette révolte dans le Dahra a été l'origine de la fortune militaire de Canrobert. Saint-Arnaud le chargea d'annoncer au général Bugeaud que le Dahra était pacifié. Le gouverneur général, pour toute réponse, prit le jeune lieutenant-colonel par le bras et le présenta aux officiers de son état-major.

— Messieurs, leur dit-il, une armée qui sait obéir, une armée qui sait souffrir, une armée qui a des chefs comme ceux-ci (et il désignait Canrobert), est la force et l'espoir du pays.

L'avenir a prouvé que le maréchal avait raison. Et Saint-Arnaud, qui se connaissait en hommes, d'écrire à son frère : « Tu connais Canrobert, je l'ai vu à l'œuvre ; c'est un véritable *Duguesclin.* »

CHAPITRE VII

SIÈGE DE ZAATCHA

(26 novembre 1849)

OMMÉ colonel au 2ᵉ de ligne, le 8 novembre 1847, Canrobert continua à exercer son activité dans le cercle de Constantine qu'il est surtout chargé de surveiller avec les troupes sous ses ordres. Mais il semble que la période héroïque soit passée, du moins du côté des Arabes qui n'ont plus pour se défendre que de véritables aventuriers à leur tête.

La monarchie parlementaire disparaissait en 1848, au moment où elle paraissait être à l'apogée de sa puissance. Cette révolution devait avoir son contre-coup en Algérie. L'effet moral produit par la prise d'Abd-el-Kader était en quelque sorte neutralisé par celui que produisit sur les populations indigènes la conséquence des événements de 1848. Cette année ne nous offre qu'un seul fait à signaler, et c'est Canrobert qui attire encore l'attention sur lui. L'ancien bey de Constantine, Achmet, vivait très retiré et abandonné des siens depuis ses revers de 1839 ; le colonel du 2e de ligne est mis à la tête d'une colonne de 3,000 hommes ; il contraint Achmet à demander l'*aman* (la paix) le 10 mai 1848, et au mois de juin suivant, Canrobert prend le commandement du régiment des zouaves laissé vacant par la promotion du colonel de Ladmirault au grade de général de brigade.

*
* *

Le pays des zibans (groupe d'oasis dont Biskra est le centre) envoie chaque année à Alger de nombreux émigrants connus sous le nom de Biskris, véritables auvergnats du Sahara, faisant le métier de portefaix, et amassant à Alger quelque pécule avec lequel ils achètent un lopin de terre. Ce furent eux qui, de retour au pays, y apportèrent la nouvelle de la révolution de 1848, faisant comprendre aux populations des Zibans qu'il était temps de jeter à la mer les Français maudits et de les expulser de la terre sacrée de l'Islam.

Un homme, un schérif, surgit alors à Zaatcha, oasis, à huit lieues à l'ouest de Biskra ; il se nomme Bou-Zian. Il entraîne à sa suite plusieurs centaines de Kabyles qui viennent attaquer le camp d'El-Arouch, entre Philippeville et Constantine.

Pour les Arabes, le moment était venu de prêcher la guerre sainte, et le terrain admirablement préparé.

Bou-Zian avait été le cheick de Zaatcha, sous l'autorité des khalifats d'Abd-el-Kader ; il y avait conservé une grande influence, et ses relations nombreuses dans les oasis du Sahara constantinois et dans les montagnes de l'Aurès, en faisaient un personnage dangereux dont il fallait se débarrasser. La guerre sainte déclarée, toutes les oasis du groupe dont Zaatcha faisait partie se mirent en état d'insurrection.

Le général Herbillon était dans le pays du Zouagha, entre Milah et El-Arouch ; le colonel Canrobert surveillait Bou-Baghla, dans la vallée de l'Oued-Sahel. Seul, le colonel Carbuccia, qui croisait entre Sétif et Bougie, pouvait être détourné de sa mission.

Herbillon était un homme audacieux, prompt aux coups de main et aux entreprises hardies. Arrivé devant Zaatcha, le 16 juillet 1849, il veut s'emparer de l'oasis de vive force. A cet effet, il forme deux colonnes de 150 hommes chacune, l'une formée par le 3e bataillon d'Afrique, l'autre par le 2e bataillon du 2e étranger. Mais engagées dans les jardins bordés de petits murs qui entourent les ksours, elles sont exposées à une fusillade intense, arrêtées par une muraille crénelée précédée d'un fossé de trois mètres rempli d'eau, et obligées de battre en retraite, laissant entre les mains de Bou-Zian trente-deux morts et beaucoup de blessés.

Une résistance imprévue venait de châtier dans nos troupes la témérité du colonel Carbuccia qui dut ramener sa petite colonne à Batna. Cet échec eut un effet moral considérable chez les populations indigènes qui coururent aux armes, et une insurrection générale, qui gagna tout le pays, répondit au cri de victoire poussé par Bou-Zian à Zaatcha.

Il y avait urgence à frapper un grand coup.

Ici se place un des plus terribles épisodes de la conquête algérienne : le siège de Zaatcha, qui fait le plus grand honneur à Canrobert et qui eut peu de retentissement à l'époque où il se produisit.

Ce fait d'armes fut pour ainsi dire le prélude de la belle carrière du jeune colonel des zouaves.

*
**

Dans la province de Constantine, trois passages conduisent du Tell dans le Sahara : le défilé de Ghrzelas à l'est, celui de Magnous à l'ouest, celui d'*El-Kantara* (le pont) au centre. En suivant ce dernier, la route des Oasis se resserre entre deux masses rocheuses d'un effet imposant, surtout quand le soleil d'Afrique vient y déposer ses teintes ardentes et dorées. En sortant de ce défilé, le voyageur a devant lui un groupe de palmiers au-dessus desquels émerge le gros village d'El-Kantara, position militaire de premier ordre quand on se dirige sur Zaatcha ; plus loin, à une journée de marche, on rencontre la petite ville d'El-Oulaza, bâtie sur un sol accidenté couvert de ruines romaines ; plus loin encore se trouve l'oasis de Biskra, chef-lieu d'un cercle d'oasis appelé *ziban* (1), formant trois groupes principaux, le *zab Daharaoui* ou du nord ; le *zab Guébli* ou du sud ; le *zab Cherki* ou de l'est. C'est au milieu de ces groupes d'oasis que s'engage, en 1849, la colonne expéditionnaire chargée de réprimer l'insurrection des tribus sahariennes. La population qu'il s'agit de soumettre à nos lois comprend deux races distinctes : les nomades qui émigrent dans le Tell à certaines époques de l'année ; les *ksouriens* ou sédentaires des oasis, fermiers qui cultivent la terre et font la récolte des dattes.

C'est Zaatcha qu'il faut faire tomber avant de penser à réprimer l'insurrection. Après la tentative infructueuse du mois de juillet dernier qui nous avait mis environ 170 hommes hors de combat, le général Herbillon, qui commande à Constantine, ne néglige rien pour assurer le succès de ses nouvelles opérations. Sa colonne renforcée de troupes qui lui étaient envoyées par mer

(1) Pluriel du mot *zab* qui signifie réunion d'oasis.

d'Alger, augmentée de contingents pris dans les garnisons de Biskra et de Batna, peut s'élever à 4,000 hommes, lorsqu'elle arrive le 7 octobre devant Zaatcha, où commande le marabout Bou-Zian.

Cette colonne avait avec elle treize bouches à feu de campagne et de montagne, 90 sapeurs du génie avec 4 officiers, quelques outils et 4,000 sacs à terre, le tout sous les ordres du lieutenant-colonel Petit, du génie, aïdé de trois officiers d'état-major.

La petite ville de Zaatcha est située sur la partie nord de l'oasis qui porte son nom. Une forêt de palmiers l'entoure de tous les côtés, et ne permet même pas de découvrir le minaret de la mosquée. A la lisière du bois, une *zaouia* (1) entourée de quelques maisons forme, en quelque sorte, un ouvrage avancé de la place. A partir de la *zaouia*, des jardins enclos de murs, à niveaux différents, suivant le degré de culture, forment une enceinte coupée par des canaux d'irrigation entremêlés de palmiers et d'arbres fruitiers qui gênent la vue et rendent toute reconnaissance impossible. Un fossé large de sept mètres entoure la forteresse dont l'enceinte bastionnée et crénelée s'appuie aux premières maisons de la ville. Au sud de Zaatcha, dans la forêt de palmiers, se trouve le village de Lichana; à l'ouest se cache celui de Farfar.

Le 7 octobre au matin, après avoir établi le camp à 700 mètres des premières maisons de l'oasis, sur un contrefort des montagnes du Tell, une colonne fut immédiatement lancée contre la *zaouia*, qui fut emportée sans beaucoup de résistance. Cette colonne était composée de deux compagnies du 2ᵉ bataillon de chasseurs;

De quelques compagnies de la légion étrangère;

Du 3ᵉ bataillon d'Afrique;

---

(1) *Zaouia*, couvent habité par des Arabes savants, religieux et guerriers.

D'un détachement du génie.

La résistance ne fut pas longue ; nos soldats s'établirent dans la *zaouia*, et le colonel Carbuccia (1) planta lui-même le drapeau tricolore sur le minaret.

Les troupes s'avancèrent ensuite à travers les jardins vers le fossé de Zaatcha, sans connaître le terrain, et au moment où le feu de la place, dégagée des palmiers, devenait extrêmement dangereux pour les assaillants. La colonne de gauche, ramenée jusque vers la *zaouia*, perd une cinquantaine d'hommes dont un officier tué, le lieutenant Bonnet, et trois officiers blessés, dont un grièvement, le capitaine Alpy du 5ᵉ bataillon de chasseurs. Le centre, moins avancé à la poursuite des Arabes, se maintient derrière les murs du jardin, à l'endroit où s'établit la première batterie de brèche, dans la nuit du 7 au 8 octobre. C'est là que furent blessés le capitaine Thomas et le lieutenant Pillebout de l'arme du génie, en établissant un parapet en sacs à terre destiné à couvrir le terrain en arrière. C'est aussi sur cet emplacement que fut blessé le colonel Petit (2), en reconnaissant le surlendemain les jardins au travers desquels les cheminements devaient être conduits.

Néanmoins, les travaux sont poussés rapidement jusque sur le bord du fossé de la place, et reliés avec la *zaouia* par des voies de communication, ou boyaux, longeant les murs des jardins. Pendant ce temps-là, l'artillerie détruit les maisons aux deux angles est du village, de façon à présenter extérieurement l'apparence de deux brèches.

Dès le principe on avait compris qu'il fallait entrer dans la place par deux brèches ; à cet effet le fossé de gauche, à l'endroit de la première, fut comblé au moyen de briques séchées au soleil et provenant de la *zaouia* ; mais la seconde ne put

(1) Mort du choléra à Gallipoli au début de la guerre de Crimée (1854).
(2) Décédé à l'hôpital de Biskra dans les premiers jours de novembre.

pas être comblée, lorsque l'assaut fut résolu pour le 20 octobre ; il fallut se contenter d'y faire descendre une charrette, et il y avait près de 8 mètres de largeur sur 1 mètre 50 de profondeur d'eau. A cet effet, deux colonnes d'assaut sont mises en mouvement le 20 octobre, vers sept heures du matin. La brèche de gauche, la mieux préparée par le génie et l'artillerie, doit être abordée par la légion étrangère ; celle de droite par un bataillon du 43° de ligne. Au point du jour, des tirailleurs indigènes et trois compagnies du 5° bataillon de chasseurs, sous les ordres du commandant Bourbaki, occupent les jardins de gauche pour empêcher de ce côté toute surprise de la part des Arabes.

La colonne de droite, retardée par la charrette qui s'était placée de travers, ne put franchir le fossé que bien plus tard que celle de gauche qui, repoussée par l'assiégé, dut regagner l'emplacement d'où elle était partie. Le feu des Arabes se reporte alors sur cette colonne qui se trouva dès lors à lutter contre la défense entière. Ordre fut immédiatement donné de battre en retraite, sans faire usage de la réserve. On perdit plus de deux cents hommes après cet effort infructueux, qui dura près de deux heures.

Cette journée eut un grand retentissement dans toute l'Algérie ; les Arabes, enorgueillis de leurs succès, se soulevèrent sur tous les points. Nos intérêts étaient fortement compromis, nos convois devenaient difficiles. Il fallait des renforts à cette poignée de braves appelés tour à tour au service des tranchées et à celui des escortes de convoi de Zaatcha à Batna.

Du 26 octobre au 11 novembre, date de l'arrivée de tous les renforts, aucun travail de sape ne fut entrepris ; on se contenta d'établir sur un des passages du fossé un système de blindes, travail pénible qui rendit le feu des Arabes très meurtrier pour nos sapeurs. On essaya même de couper les palmiers des jardins les plus avancés et de quelques-uns de ceux dont nous n'étions pas encore maîtres, opération qui nécessita des combats partiels, où l'avantage n'était pas toujours de notre côté.

Autour de Zaatcha, tout est solitude, nudité, désolation, mais là où les dattiers croissent, les têtes empanachées des arbres se touchent parfois et forment un berceau de palmes qui, ombrageant l'humble travailleur, lui permet de cultiver, sous ce magnifique dais, le figuier, l'olivier, l'abricotier, le pêcher, le grenadier, et même la vigne.

L'aspect du camp français est des plus tristes. Placé sur le revers d'une montagne aride, il est entièrement exposé au vent du désert, si violent dans ces parages ; des grains de sable craquent sous les dents ; nos soldats, enveloppés de tourbillons épais formés d'un sable fin se renouvelant sans cesse, ne peuvent dormir la nuit, et travailler le jour dans les tranchées, sans en être incommodés. Ce sable, se mêlant aux aliments, rendait la soupe détestable ; les bœufs amenés à la suite de l'armée, n'ayant plus une nourriture suffisante, dépérissaient.

Déjà plus de six cents hommes avaient succombé. Il était temps que des renforts vinssent apporter quelque adoucissement à cette situation qui s'aggravait de jour en jour.

*
* *

C'est alors que survient Canrobert, qui accourt d'Aumale en toute hâte avec deux bataillons de zouaves réduits à un millier d'hommes, ayant perdu le huitième de son effectif par le choléra, pendant la route. Ce renfort d'ardents soldats jouissant d'une réputation militaire hors ligne, commandés par un jeune colonel connu déjà par son courage et son audace, n'a pas de peine à se frayer un passage au milieu des populations arabes insurgées.

« Fuyez, crie Canrobert, j'amène la peste avec moi. » (Page 147.)

— « Fuyez, crie-t-il aux tribus qui veulent l'approcher ; j'amène la peste avec moi. »

Et d'un geste de la main, il éloignait les Arabes qui, terrifiés, faisaient le vide autour de sa colonne.

Le 11 octobre, lorsque tous les renforts furent arrivés : deux bataillons de zouaves, le 8e bataillon de chasseurs à pied, et un bataillon des 8e et 51e de ligne ; le corps expéditionnaire du général Herbillon comptait un effectif de 7,000 combattants.

Le choléra, personne ne le craignait !

L'artillerie avait alors dix-neuf pièces (2 obusiers de 15 centimètres ; 2 canons de 12 ; 3 petits mortiers ; 10 obusiers de montagne) ; le génie possédait un renfort de vingt sapeurs, 20,000 sacs à terre, 4,000 caisses vides à biscuits, 300 haches pour faire des rondins de palmier (de $0^m,65$ de longueur) pour parapets.

Le commandant Lebrettevillois, qui a pris le commandement du service du génie, fait exécuter, la nuit, des cheminements à la sape volante, comme au siège de Rome, ne s'occupant le jour que des travaux de perfectionnement et d'approvisionnement. A droite, la sape s'étend jusqu'à l'angle sud du village ; on s'empare ainsi de tous les jardins jusqu'au delà de la source d'Aïn-Fouara qui se jette dans le fossé de la place et dont on devient maître. Dans l'espace de onze jours, on s'était créé une nouvelle brèche à droite, un nouveau passage de fossé, des communications assurées avec le centre de nos lignes ; on s'était rendu maître des eaux d'irrigation au moyen desquelles les Arabes inondaient nos tranchées. Enfin tout était prêt le 23 novembre, et l'assaut pouvait être donné le lendemain. Des raisons étrangères aux travaux firent remettre l'assaut au 26 novembre, car il fallait bien vingt-quatre heures pour prendre les dernières dispositions et donner les ordres nécessaires.

Les trois brèches parfaitement praticables devaient être abordées par trois colonnes formées des plus solides bataillons du corps de siège, et de trois cents hommes chacune ; les plus braves, les plus résolus de nos soldats. Les chefs choisis pour les commander étaient dignes des troupes : c'étaient le colonel Canrobert, dont la conduite dans cette occasion a fait l'admiration de toute l'armée ; le colonel Du Barral, qui devait avoir plus tard une fin si héroïque, et le colonel de Lourmel, un des premiers officiers de l'armée d'Afrique (1).

La première colonne (1er et 2e bataillons de zouaves ; 5e bataillon de chasseurs ; cent hommes d'élite du 16e de ligne ; colonel Canrobert), devait franchir la brèche de droite, celle qui était la plus défendue.

La colonne Du Barral (8e bataillon de chasseurs à pied, un bataillon du 38e et cent zouaves) devait attaquer la brèche du centre.

La colonne de Lourmel, la brèche de gauche avec deux bataillons du 8e de ligne, un bataillon du 43e.

Une section d'artillerie de montagne et un détachement du génie étaient affectés à chaque colonne qui avait, en outre, un certain nombre de guides arabes. Des outils, des sacs à terre, des caisses, des cordes, des sacs à poudre étaient disposés au pied de chaque brèche pour assurer le succès de l'opération.

Enfin, une quatrième colonne mobile (commandant Bourbaki) composée d'un bataillon de tirailleurs indigènes, un bataillon du 51e de ligne et deux cents chasseurs à pied, était chargée d'investir la place en dehors de notre point d'attaque et d'intercepter les communications de l'ennemi. Le commandant Dumontet, du 43e de ligne, avait la garde des tranchées et des ambulances placées près des brèches ; le colonel Jolivet, du 16e de ligne, avait celle du camp. Enfin, les chasseurs

(1) Tué en Crimée.

d'Afrique (colonel de Mirbeck) étaient disposés par escadrons, à droite et à gauche du camp, dans la plaine faisant face à l'oasis.

Le 26 novembre, à l'aube, les hommes se lèvent silencieusement et se forment à leurs rangs de marche, dans les emplacements qui leur ont été désignés la veille. Canrobert, qui doit monter le premier à l'assaut, se fait désigner les plus braves de sa colonne : il s'en forme ainsi une escorte d'honneur qui aura la gloire de monter la première à l'assaut, lui en tête ; puis il réunit ses officiers, expliquant à chacun la nature et l'importance de son rôle et l'obligation du succès.

Toutes les dispositions sont prises ; tout le monde est à son poste ; il n'y a plus qu'à marcher, et lorsque Bourbaki, qui devait tourner la place, a exécuté son opération, le signal de l'assaut est donné par le général Herbillon qui fait tirer un coup de canon.

Il est sept heures du matin. Le soleil montre son disque rouge, au-dessus des montagnes de l'Atlas. Peu à peu la ville s'est éclairée ; les brouillards qui se sont formés dans la plaine remontent doucement le long des collines. Les clairons des zouaves et des chasseurs se mêlent au bruit du tambour, sonnant la charge ; chacun s'achemine vers cet inconnu qui s'ouvre devant lui.

A ce moment-là, vingt-cinq chasseurs, sous les ordres du lieutenant Liotet, s'emparent d'une maison située à gauche de la brèche qu'il doit franchir ; puis Canrobert prend la tête de son escorte d'honneur et de ses zouaves, en leur disant de ce ton familier que connaissent tous les anciens combattants de Crimée : « Zouaves, si on sonne la retraite, rappelez-vous que ce n'est pas pour nous. Aucun de ceux qui me suivent ne doit reculer. »

Que nos lecteurs veuillent bien se figurer ce jeune colonel gravissant à pied, à la tête de tous, l'étroit et rude sentier qui conduit aux remparts. On ne peut marcher qu'un par un. Le sergent qui marche derrière lui est tué ; celui qui prend sa place ne tarde pas à être frappé aussi. Sur les seize zouaves ou chasseurs qui l'accompagnent, douze se font tuer ou blesser. De ces quatre officiers d'ordonnance, tous sont frappés, deux meurent à ses côtés (le capitaine de spahis Toussaint et le sous-lieutenant Rosetti) ; deux sont blessés (le capitaine d'état-major Besson et le lieutenant de zouaves de Chard). La colonne de Canrobert est maîtresse de tous les obstacles ; rien ne peut l'arrêter.

Pendant ce temps-là, le colonel de Lourmel, blessé d'un coup de feu tiré presqu'à brûle-pourpoint, entraîne sa colonne et donne la main à celle de du Barral qui, arrêtée un instant par un éboulement, reprend sa marche et enlève la brèche de gauche. Ces trois forces enlacent les trois quarts de Zaatcha, dont aucun défenseur ne peut échapper ; le plus grand effort était fait, restait l'assaut de chaque maison. Et ce fut là, comme à Constantine, un égorgement dont aucune plume ne saurait rendre le hideux spectacle. Chaque colonne est suivie en arrière du peloton de tête, d'une section de sapeurs du génie avec un officier et tous les outils et agrès nécessaires pour détruire les obstacles, les aplanir et ouvrir les passages. Viennent ensuite les travailleurs du génie avec les échelles et la poudre de mine en quantité suffisante. Les sapeurs du génie détruisent les masques en caisses à biscuit aidés des têtes de sape qui débouchent sur les brèches et livrent passage aux colonnes d'assaut. Après avoir franchi le fossé comblé et les décombres des maisons de l'enceinte détruites par le canon et les fourneaux de mine, les colonnes gagnent les terrasses des maisons intactes, soutenant une véritable fusillade qui part de tous les côtés à la fois. Plusieurs de nos soldats sont blessés aux pieds et aux jambes par le feu parti des étages bas, ou des caves que le feu de nos batteries n'avait pu atteindre. Il eût fallu avoir des grenades pour déloger l'ennemi de ces obscurs rez-de-chaussée; mais ces projectiles étaient épuisés. Il ne nous restait plus que de la poudre en sacs. Pendant cette lutte, les colonnes avaient gagné du terrain et opéraient leur jonction à l'aile droite, où

Les têtes des trois chefs restèrent exposées sur une des collines du camp.
(Page 152.)

le commandant de Lorencey (1) (2ᵉ bataillon de zouaves) tenait la porte d'entrée donnant accès à la route qui mène à la maison de Bou-Zian. Nos soldats occupaient les terrasses de ce groupe de maisons dont les rez-de-chaussée, défendus à outrance par les Arabes, avaient des vues sur une de nos pièces de montagne disposée de façon à y ouvrir une brèche.

(1) Décédé général de division le 23 avril 1892.

Il était difficile d'y pénétrer autrement que par la mine. Deux fourneaux furent immédiatement disposés contre la maison de Bou-Zian; l'un sous le passage de l'entrée du village, l'autre à la face opposée de la maison. Le premier fourneau, muni de 80 kilogrammes de poudre, placé pour ainsi dire sous les canons de fusil des Arabes, faisant saillie en dehors des créneaux des maisons, ouvrit une large brèche ; le second fit écrouler plusieurs pans de murs, et donna entrée dans la maison du Bou-Zian, où se trouvaient réunis le marabout avec ses femmes et cent cinquante des siens. Partout il fallut démolir pour se créer du jour et tirer ensuite à outrance dans l'intérieur, avant d'y pénétrer.

Vers onze heures du matin, la plupart des maisons étaient en notre pouvoir et, avec elles, Bou-Zian ainsi que son fils, son lieutenant Si-Moussa et sa garde. Le sort de ces fanatiques exaltés fut jugé sur le lieu même; les têtes des trois chefs restèrent exposées sur une des collines du camp, en face de Zaatcha.

A une heure de l'après-midi, la lutte cessa faute de combattants; l'ennemi, enveloppé de toutes parts, était littéralement écrasé. On ne cite qu'un Arabe qui, resté vivant sous les décombres de cette vaste ruine, a pu s'échapper pendant la nuit du 26 au 27 novembre, et porter aux oasis des environs la nouvelle de cette terrible matinée.

Et le soir, lorsque l'étoile de Vesper brillait au firmament, semblable à un globe de diamant noyé dans une mer d'azur, nos soldats, à bout de forces, gardaient la cité conquise, assoupis plutôt qu'endormis, les uns au pied de la hampe fraîche et feuillagée d'un aloës aux lames bleuâtres ; les autres sous les plantations de bananiers aux longues et souples feuilles déchirées par le vent.

On évalue à 700 le nombre des défenseurs de Zaatcha, au moment de l'assaut, et à 2,000 ou 2,500 celui des nomades qui défendaient l'oasis du côté de Lichana, sans compter les renforts que toutes ces oasis fournissaient aux révoltés pendant nos engagements du 7 octobre au 26 novembre. Le siège de Zaatcha avec les interruptions a donc duré quarante et un jours.

La journée du 26 novembre seule nous coûtait 172 hommes mis hors de combat, dont 8 officiers. Sans compter les cholériques, nos pertes totales pendant la durée du siège furent de 894 blessés, tués ou morts de blessures, dont 66 officiers.

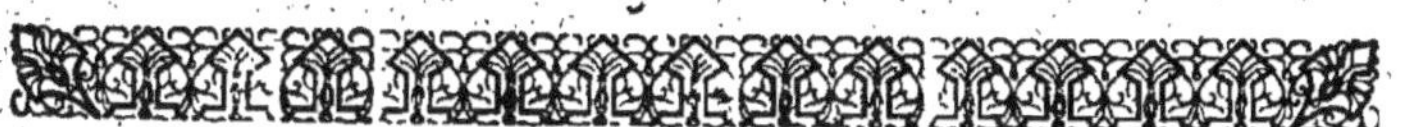

CHAPITRE VIII

DANS LE DJEBEL-AURÈS

(25 décembre 1849 — 13 janvier 1850)

Vers la fin de 1849, toute la province de Constantine était en insurrection. Le siège et la prise de Zaatcha avaient bien, il est vrai, avancé notre domination dans le désert; restait cependant à l'est le Djebel Aurès, région montagneuse des plus difficiles à parcourir, et à l'ouest le Hodna, où habitent les Ouled-Sultan, les Ouled-Ali-ben-Sabeur et les Ouled-Sembour.

La colonne de Zaatcha se remet en marche le 28 novembre, parcourt le Hodna, partie occidentale du pâté des Aurès, sous le commandement du colonel Canrobert qui, après un mois de fatigues et d'efforts, assure de ce côté le succès de nos armes.

Sur ces entrefaites, arrivaient de l'est les plus fâcheuses nouvelles ; la guerre sainte s'y rallumait sous l'inspiration de chefs fanatiques, et la ville de Narah en était le foyer. Il fallait l'étouffer au plus vite. Cette tâche revenait à une partie des troupes qui, depuis cinq mois, tenaient la campagne. Canrobert ne leur laissa qu'un jour de repos à Batna, et en repartit le 25 décembre pour s'engager dans l'Aurès.

Le pays dans lequel on va opérer est situé au sud-est de la province de Constantine, sur la frontière de Tunis ; il comprend deux longues vallées étroites : l'Oued-Abdi et l'Oued-Abiad, qu'entourent de hautes montagnes et dont les eaux coulent du nord au sud, presque parallèlement, pour se perdre ensuite dans le Sahara. Narah, que nous devions attaquer, est le centre de la richesse industrielle et agricole de la contrée, ainsi que le foyer de la résistance organisée contre nous.

Rien n'est plus favorable à la défensive que le terrain découpé, raviné, accidenté qui s'étend dans ce long espace formé par les deux vallées. L'ennemi, hors de la portée de nos armes, y prépare secrètement et sûrement ses moyens d'action. Mais nos troupes ne peuvent avoir un meilleur guide que le colonel Canrobert, illustré par ses succès militaires antérieurs, et déjà connu des Arabes de l'Aurès par l'autorité qu'il avait exercée autrefois dans le commandement de Batna. Les Arabes disaient en parlant de lui : *Am Kamroubert* (c'était l'année de Canrobert).

Sa petite armée comprend :

Les 5e et 8e bataillons de chasseurs à pied (commandants Levassor-Serval et de Bras de Fer) ;

Les 1ᵉʳ et 2ᵉ bataillons de zouaves (1), (commandants Espinasse (2) et Latrille de Lorencey) ;

Deux bataillons du 8ᵉ de ligne (colonel Jamin) ;

Un bataillon de la légion étrangère (commandant Ducros) ;

Un escadron de chasseurs d'Afrique ;

Un escadron de spahis ;

Quatre pièces de montagne.

L'effectif dont dispose le colonel des zouaves est à peine de 4,000 hommes, 500 chevaux ou mulets ; mais chefs et soldats sont aguerris, prêts à tout oser ; le souvenir de Zaatcha les anime.

Le colonel Canrobert, dont la sollicitude pour le soldat est connue de toute l'armée, a pour chef d'état-major le capitaine Besson, un des officiers les plus actifs de l'ancien corps d'état-major. Son plan d'entrée en campagne est de prendre la vallée d'Abdi à sa naissance, soumettre à son obéissance tous les villages de la vallée supérieure, et descendre vers Narah.

A cet effet, le 25 décembre, la colonne atteignait Neze-Dira, non loin des ruines de Lambessa, célèbre par le grand établissement que la troisième légion d'Auguste y avait laissé. Le lendemain, elle traversait le *Teniah-Ressas* (le défilé du plomb), où les difficultés du chemin forcent la colonne à s'arrêter à tout instant au milieu de rochers arides, sur lesquels la neige tombe en abondance, au point d'aveugler hommes et chevaux. Canrobert partage sa colonne en plusieurs fractions et donne des guides à chacune d'elles ; lui-même se met à la tête de son avant-garde pour sonder le chemin flanqué de précipices affreux que la neige dérobe aux regards. Cet ordre de marche est ainsi réglé :

(1) Il n'y avait alors qu'un régiment de zouaves disséminé dans les trois provinces, à raison d'un bataillon. L'organisation en trois régiments ne date que du 13 janvier 1852.

(2) Tué à Magenta le 4 juin 1859, comme général de division.

1er groupe, avant-garde : une compagnie d'élite du 8e de ligne précédée des guides de la colonne ; la section du génie, pour aplanir la route en cas de besoin ; une demi-section du 5e chasseurs à pied.

2e groupe : 1er et 2e bataillons. du 8e de ligne, l'artillerie, 2e bataillon de zouaves, l'ambulance, la cavalerie.

3e groupe : 1er bataillon de zouaves, le train, demi-bataillon de la légion étrangère, les bagages des corps, demi-bataillon de la légion, la moitié du convoi arabe, demi-bataillon du 5e chasseurs, le troupeau, 8e bataillon de chasseurs.

On voit de suite les avantages de ce fractionnement, pour l'attaque comme pour la défense ; l'artillerie, l'ambulance, le convoi, les bagages, le troupeau sont encadrés et surveillés. Le chef de la colonne a sous la main une réunion de troupes toujours prêtes à enlever une position, partout où les Kabyles peuvent se présenter ; sur nos flancs comme sur nos derrières, ils trouveront une résistance solide et protectrice de la marche de la colonne.

On met sept heures à traverser, dans cet ordre, des obstacles de toute nature, et le soir on atteint Bàhli, le premier village de la vallée, sur la rive gauche de l'Abdi, et où se dresse, comme un nid d'aigle sur un rocher à pic, *le bordj* des Ouled-Azous.

Le 27 décembre, la colonne campe à El-Haoussa, dans le pays le plus sauvage, le plus pittoresque qu'on puisse imaginer. Cette journée est une des plus pénibles de la campagne. Nos troupes marchent lentement, en silence, sans route tracée, par des sentiers escarpés, au travers d'un terrain qui ne permet à la troupe ni de se déployer, ni de se concentrer, et exposées à tous les dangers qu'offre une colonne qui, s'allongeant au milieu de tels obstacles, chemine homme par homme, bête par bête, pas à pas.

Le lendemain, tous les villages traversés protestent de

leur soumission ; la colonne séjourne à Chir les 29 et 30, et au fur et à mesure qu'elle s'approche de Narah, les nouvelles s'accordent à présenter cette ville comme résolue à braver nos menaces et à résister jusqu'à la dernière extrémité. Les contingents des Ouled-Abiad s'étaient renfermés dans ses murs, derrière lesquels les combattants et les armes ne manquaient pas. Depuis notre entrée dans l'Aurès, on n'avait pas tiré un seul coup de fusil ; la perspective d'une lutte prochaine fut accueillie avec joie, car il faut la distraction de la poudre à l'armée qui s'énerve par les fatigues et les souffrances physiques.

Le 31 décembre, toute la colonne venait camper sur l'Oued-Abdi, un peu au-dessous du débouché du ravin de Narah, à un endroit connu sous le nom de Chelna et non loin de Menah.

Avant de porter le coup décisif, Canrobert voulut essayer l'intimidation, en détruisant, comme à Zaatcha, les magnifiques jardins disposés en terrasse autour de Narah, et qui s'étendent en gradins jusqu'au lit de la rivière. Rien n'y fit. Il fallut se résigner à l'assaut, et l'attaque de vive force eut lieu le 3 janvier 1850.

Le temps était devenu très rigoureux ; la pluie et le froid assiégeaient le petit camp français où les vivres n'abondaient pas, tant s'en faut. Le soldat était réduit à la ration de biscuit qu'il faisait cuire avec la viande des maigres bœufs du troupeau, et l'eau de l'Oued-Abdi était presque gelée. Pour des troupes qui tenaient la campagne depuis cinq mois sans relâche, ces premières atteintes de l'hiver ne laissaient pas que d'être très pénibles.

La ville de Narah se compose de trois villages situés dans une gorge profonde dont les eaux descendent de la rive gauche de l'Oued-Abdi. Le groupe principal est constitué par le Teniat-el-D'jemàa, qui s'élève sur un rocher surgissant au centre comme un îlot, à peu près de deux cents pieds au-dessus du Thalweg ; à droite et à gauche sont les deux villages des Ouled-Sidi-Abd'allah et des Dar-ben-Labahreth qui s'allongent sur les flancs de la montagne.

Pour arriver à cette position, il faut gravir des pentes en gradins qui sont de véritables escaliers étroits, tortueux et taillés dans le roc. Des tours en pierre, disposées avec art, couvrent et commandent les abords du ravin.

De la vallée de l'Oued-Abdi, trois chemins conduisent à Narah : l'un, sur la rive droite, escalade des mamelons escarpés et rocailleux que le fantassin ne peut gravir qu'en s'aidant des mains, et le cavalier, en tenant son cheval par la bride ; les deux autres, plus praticables, suivent les contreforts de la rive gauche et aboutissent aux maisons des Ouled-Sidi-Abd'allah.

L'Oued-Narah prend sa source dans le col de Tanzougart (*le col des jujubiers sauvages*) qui mène, à travers le Djebel-Lazereck, dans le bassin de l'Oued-Abiad.

Ces renseignements, fournis par les espions du chef du bureau arabe de Batna, le capitaine Seraka, déterminent le plan d'attaque en trois colonnes sans bagages et pourvues de deux journées de vivres, de façon à surprendre et à enlever Narah en l'attaquant par trois côtés à la fois.

Le 4 janvier au soir, Canrobert réunit ses chefs de corps, leur explique ses projets, les détails de l'exécution, leur indique la vraie position de Narah et le lendemain, dès l'aube, nos troupes s'ébranlent dans la direction qui leur est indiquée.

La première colonne (colonel Carbuccia (1), du 8e de ligne) : 5e bataillon de chasseurs à pied, 3e bataillon de la légion étrangère, une compagnie de zouaves, a l'ordre de remonter pen-

---

(1) Devenu général de brigade ; mort du choléra à Gallipoli au début de la guerre de Crimée.

Canrobert réunit ses chefs de corps, leur explique ses projets. (Page 160.)

dant près d'une lieue le cours de l'Abdi, puis, de se jeter tout à coup dans la montagne pour prendre la position à revers. Les hommes, sans sac, n'emportent que leurs cartouches et des vivres roulés dans une demi-couverture, et sont en route dès les trois heures du matin.

Canrobert a calculé qu'il faut à cette colonne quatre longues heures de marche pour prendre la ville à revers avant le jour. Une lune éblouissante éclaire cette lente et pénible ascension qui force nos troupes à descendre et à remonter des précipices broussailleux et rocailleux. Plusieurs fois on crut qu'il faudrait y renoncer ; mais le coup d'œil et l'intelligence du capitaine Besson (1) rectifient au besoin les incertitudes de l'avant-garde. Il devine en quelque sorte le terrain sur lequel on s'engage, plutôt qu'il ne le connaît.

L'ennemi, ne croyant pas qu'une marche en colonnes fût possible à travers des rochers où il faut se servir constamment des mains pour avancer, nous attend de pied ferme, sans tirer un coup de fusil et, au lever du soleil, nous sommes sur la hauteur qui contourne et domine Narah. Nous y attendons que les deux autres colonnes soient engagées sérieusement avant de reprendre notre marche en avant.

Vers cinq heures, la deuxième colonne (commandant Bras de Fer), composée du 8ᵉ bataillon de chasseurs à pied, du 1ᵉʳ bataillon de zouaves, de trente sapeurs du génie, d'une section d'artillerie de montagne, d'un détachement de chasseurs à cheval et de spahis, l'ambulance et quelques mulets haut le pied, se mettait en mouvement vers le sentier qui gravit les pentes de la rive droite du ravin. Il y avait à franchir de ce côté une arête flanquée par des blockhaus en planches et à escalader le rocher du Tanout.

Spectacle saisissant que cette marche dans l'ombre de la

(1) Lieutenant-colonel, major de tranchée sous Sébastopol ; atteint de deux coups de feu à l'assaut de Malakoff (8 septembre 1855).

nuit ! Le temps était froid, la plupart des hommes toussaient, les armes cliquetaient en frappant sur les quarts ou la douille de la baïonnette. On n'entendait qu'un bruit sourd, vague, que les vedettes kabyles pouvaient prendre pour le murmure du torrent de l'Abdi, roulant sur son lit de cailloux.

Bientôt on arrive au pied du mamelon où se tient le premier poste ennemi. On monte à pas de loup, rien ne bouge ; on rase le deuxième blockhaus, rien...; puis le troisième, toujours rien... Tout est désert. L'ennemi croit que nous ne pouvons attaquer que par la route de Menah à Narah et s'est abstenu de garnir le sommet du Tanout. Nos soldats atteignent ainsi, sans temps d'arrêt, la base du rocher. La voie est si étroite, si rapide, que chaque cavalier met pied à terre et tient son cheval par la bride.

A ce moment, la troisième colonne (commandant Lavarande (1) : 2e bataillon de zouaves, 1er bataillon du 8e de ligne, renforcé de la compagnie de grenadiers du 2e bataillon ; une pièce de montagne et cinquante chasseurs d'Afrique, chemine sur les escarpements de la rive gauche, de manière à prêter le concours de ses feux à celle qui s'élève sur la droite.

A l'heure marquée par Canrobert, presqu'au point du jour, l'exécution de ce mouvement concentrique est complète ; les trois têtes de colonnes débouchent en vue de Narah. Le général marche avec les troupes du commandant Bras de Fer, derrière le premier peloton de chasseurs d'Afrique qui sert d'éclaireur. L'aube commence à blanchir et, sur le fond d'un ciel limpide, on distingue le Tanout dessinant sa crête nue. Des ombres s'y élèvent et s'y abaissent ; ce sont les vedettes ennemies qui prêtent l'oreille au bruit sourd qui se fait entendre dans la vallée, et sondent les replis du terrain. Puis, un cri d'alarme retentit dans l'espace : la mousqueterie s'allume.

(1) Tué, comme général de brigade, sous Sébastopol.

A ce moment-là, les clairons sonnent, les tambours battent la charge, les musiques jouent ; le cri : à la baïonnette est poussé par quatre mille poitrines, et le sommet du Tanout, abordé résolûmement, est franchi. Nos soldats se précipitent alors comme une avalanche vers Narah ; les Kabyles surpris, entraînés, tourbillonnent et prennent la fuite. Le 8e bataillon de chasseurs à pied, le 1er bataillon de zouaves et les sapeurs du génie de la colonne du centre couronnent vaillamment le rocher et les terrasses. En même temps, la tête de la première colonne pénètre par la porte opposée, pendant que le commandant de Lavarande, avec le 2e bataillon de zouaves, se jette dans le village des Ouled Sidi-Abd'allah qui forme la partie est de Narah, et que quatre compagnies du 8e de ligne emportent le village de Dar-ber-Labareth, sur la gauche, achevant l'investissement de la place, en coupant la retraite à l'ennemi. D'un autre côté, le 5e bataillon de chasseurs.à pied (commandant Levassor-Serval), secondé par deux officiers d'une réelle valeur, les capitaines du Cargouët et Alpy (1), longe la rive droite du ravin et cerne les fuyards, qu'un peloton de cavalerie sabre sur la rive gauche. Rien de plus étrange ni de plus émouvant que ce spectacle. Dolmans bleus de nos chasseurs d'Afrique, vêtements rouges des femmes kabyles, burnous blancs des Arabes, se dessinent sur le fond verdoyant de la montagne et se confondent dans un pêle-mêle digne de la palette d'un peintre. Cris des soldats, gémissements des victimes, sont dominés par le bruit de la fusillade, se répercutant d'écho en écho, jusqu'au fond de la vallée ; le soleil levant éclaire de ses pâles rayons cette scène confuse et sanglante.

(1) Depuis chefs de bataillon, et tués l'un et l'autre sous Sébastopol. Le brave du Cargouët, la veille de sa mort, laissa une partie de sa fortune à partager entre ceux de ses soldats qui seraient blessés dans l'affaire où il succomba lui-même.

Vers neuf heures du matin, tout était fini ; nous étions maîtres de Narah. Le feu fut aussitôt mis aux maisons et, en un clin d'œil, une ceinture de flammes environna la ville.

Quand tout fut fini, les trois colonnes redescendirent les pentes qui conduisaient au camp par le chemin direct de Menah, emmenant avec elles les morts et les blessés.

Le lendemain, la neige tombait abondamment et couvrait toutes les terres. Nous avions eu l'heureuse chance de profiter du dernier beau jour de la saison pour tenter ce coup de main si glorieux pour nos armes, si nécessaire pour la paix dans la Kabylie. Le mauvais temps retint nos troupes dans cette région jusqu'au 10 janvier. Le colonel Canrobert en profita pour régler les affaires de Menah et du pays vaincu.

— Tu es fort, lui dirent les délégués kabyles ; tu es généreux, sois béni !

— Oui, je ne veux de mal à personne, répond Canrobert, mais si je me trouvais seul ici avec un faible bataillon, séparé de mon armée, que feriez-vous, vous, les *amins* de Narah?

Tous se turent ; un seul, plus hardi, se jeta à ses pieds et prononça ces paroles : « Seigneur, pardonne ma franchise, nous t'égorgerions. »

En faut-il davantage pour faire comprendre les représailles auxquelles ont donné si souvent lieu nos guerres en Algérie?

*
* *

Le 10 janvier, la colonne Canrobert se remettait en marche, redescendant la vallée jusque dans le Sahara, et campait le soir près de la jolie petite ville de Menah, si pittoresquement située sur un mamelon au-dessus de l'Abdi, entourée d'une ceinture de vergers plantés et étagés comme des escaliers. Le 11, elle campait à Gueddila, riante oasis comptant près de cent mille palmiers.

Nos troupes avaient laissé l'hiver à Narah, elles trouvaient l'été à Gueddila, et surtout à Branis, où elles bivouaquaient le 22.

C'est au mois de mai qu'un voyageur descendant l'Oued-Abdi de sa source à l'endroit où il se perd dans les sables, serait témoin de merveilleux contrastes. Au pied du Teniet-Ressas, la neige couvre les champs ; dans les jardins de Bahli, qui sont sans végétation, plus de neige ; à Menah, la terre prend cette teinte verte du blé qui commence à pousser ; à Djémora, les épis se forment ; à Branis, ils jaunissent ; à Biskra, on moissonne. Ainsi, dans l'espace de deux journées à cheval, toutes les saisons se succèdent comme dans un diorama.

Le 13 janvier, la colonne quitte la vallée de l'Abdi pour gagner El-Outaïa, un des premiers postes que l'on rencontre à l'entrée du désert. De là, nos troupes reparaissent par El-Kantara, et sont le 16 janvier à Batna, qui n'était alors qu'un assemblage de baraques et de tentes.

La prise de Zaatcha et de Narah rendait la France maîtresse de tout le pays qui s'étend du littoral de la mer à la frontière du désert entre les deux états de Tunis et du Maroc, à l'exception de la Kabylie proprement dite, dont la conquête se fera après la guerre de Crimée et sera confiée au maréchal Randon (1).

A la suite des services qu'il avait rendus pendant les campagnes de 1849 et de 1850, le colonel Canrobert est nommé général de brigade (13 janvier 1850) et est remplacé aux zouaves par le colonel d'Aurelles de Paladine.

*
* *

Désormais, ainsi que nous le fait connaître le *Figaro illustré* par la plume d'un de nos meilleurs généraux, Canrobert

(1) Voir à ce sujet la *Vie du Maréchal de Mac-Mahon.*

sera toujours semblable à lui-même, bien que sur un théâtre
plus vaste, à Paris, en Crimée, en Italie, à Metz ; mais dans
cette admirable carrière de soldat, aucun fait ne parle plus à
son imagination et à son cœur, que ceux qu'il tient des soldats
du 47e à l'assaut de Constantine et des zouaves à l'assaut de
Zaatcha. Et il n'y a pas longtemps encore, à Cannes, il rappelait
au général de Bernis ces seize qui l'avaient suivi, disant
leurs noms, et quand après le banquet, le général de Bernis
leva son verre « au plus vieux, au plus illustre, au plus glorieux soldat de l'armée française », les sous-officiers résidant
à Cannes vinrent présenter au doyen des maréchaux de l'Europe leurs respects et leurs vœux ; ce fut encore des sergents
de Zaatcha qu'il leur parla, « de ces braves gens sans histoire » qui avaient été les témoins et les acteurs dans ce
haut fait qui clôturait d'une façon en même temps si tragique et
si glorieuse les annales héroïques de la conquête de l'Algérie.

Une razzia.

Le palais des Tuileries.

CHAPITRE IX

PARIS — LES TUILERIES

(1850-1853)

Nommé général de brigade, Canrobert commande une brigade d'infanterie de l'armée de Paris. Aucun officier n'a de plus beaux états de service que les siens. Depuis 1835, sa vie militaire s'est tout entière passée en Algérie ; tous ses camarades, dans les différents régiments où il a passé, lui rendent justice, même ceux dont l'amour-propre pouvait souffrir de son rapide avancement. Brillant officier, remarquable par sa tenue, travailleur intelligent, sachant mettre à profit le temps pendant lequel il ne se bat pas, serviable pour tous ceux qui ont recours à lui, ami sûr autant que loyal et désintéressé, le jeune général, qui arriva aux deux étoiles à l'âge de quarante-et-un ans, pouvait avoir à cette époque quelques envieux, mais, à coup sûr, il n'avait aucun ennemi.

Pourquoi faut-il que le sort lui ait réservé, de 1851 à la guerre de Crimée, une existence mi-partie militaire, mi-partie politique, qui eût pu fausser son beau caractère, s'il n'eût été un officier remarquable, esclave du devoir, d'une loyauté parfaite, se laissant difficilement éblouir par l'appât des grandeurs ?...

Lors de son retour en France, après sa campagne dans la grande Kabylie, Canrobert était fort en vue, et chaque fois que sa brigade, qui était casernée à l'École militaire, manœuvrait au Champ de Mars, le prince-président ne manquait pas de s'y rendre à cheval accompagné de ses aides de camp, disant qu'il allait apprendre *la grande guerre* à l'école du vainqueur de Zaatcha.

*
* *

A cette époque, l'état politique de la France se compliquait de jour en jour. L'Assemblée législative entravait l'action du pouvoir exécutif, et mille complications, mille conflits d'autorité naissaient de cette sourde lutte dont la nation tout entière recevait le contre-coup. Une terreur vague s'était emparée des esprits. Les transactions commerciales étaient suspendues; les capitaux se retiraient de la circulation, l'industrie éprouvait une stagnation fatale à tous les intérêts, et partout l'on s'attendait à un coup d'État : on le désirait même pour sortir de la torpeur générale.

Mais pour l'accomplissement de ce grand projet, il fallait que le prince Louis fût entouré d'hommes capables et tout dévoués à la cause qu'il fallait faire triompher. Ce fut alors qu'il jeta les yeux sur le général Saint-Arnaud et le colonel Espinasse du 42° de ligne. L'armée de Paris, composée de trois divisions d'infanterie et une de cavalerie, était commandée par quatre divisionnaires : Carelet, Levasseur, Renault et Korte, très sympathiques à la cause de Louis-Napoléon Bonaparte ; des huit brigadiers, le général Canrobert *était le seul hési-tant.* Le ministre de la Guerre, Saint-Arnaud, lui insinua adroitement qu'il aurait un grand rôle à jouer, si le coup d'État réussissait, et que ses talents le mettraient toujours au-dessus de ce rôle quel que fût celui que lui réservaient la fortune et l'affection du chef de l'État. Canrobert résista à ces avances et ne participa en rien au coup d'État. Il est facile de le prouver.

En pareil cas un des moyens de réussite est le secret. Il fut admirablement gardé. Saint-Arnaud et le ministre de l'Inté-rieur, de Morny, le connurent seuls quelques jours avant l'époque fixée par le prince Louis. Le colonel Espinasse, chargé de s'emparer du Palais-Bourbon, n'en fut instruit que trois jours avant, et le général Magnan, qui commandait l'ar-mée de Paris, n'en fut informé que dans la nuit du 1er au 2 dé-cembre 1851. Le lendemain, Paris, en se réveillant, apprenait brusquement le coup d'État comme on apprend l'orage par un violent coup de tonnerre. Seul, Canrobert, par ses hésitations, avait donné quelques inquiétudes à l'Élysée. Il contribua ce-pendant, dans les limites de son commandement, à la victoire du parti bonapartiste, mais rendons justice à la parfaite loyauté du jeune général : il commença par refuser d'être atta-ché à la présidence du prince Louis, en qualité d'aide de camp ; il fallut les instances d'un de ses meilleurs amis, l'in-trépide colonel Le Normand de Lourmel (1), du 51e de ligne, pour le décider à accepter.

On a reproché au général Canrobert sa participation aux événements du 2 décembre 1851. Le coup d'État a réussi sans

____

(1) Tué comme général de brigade à Inkermann.

son intervention directe ; le président, maître du gouvernement, a pu consigner le peuple dans ses comices, pour juger
par son vote l'acte qui venait de s'accomplir, et c'est ainsi qu'eut
lieu, le 4 décembre, la grande promenade dans Paris dont les
journaux ont tant parlé. Le rôle du héros de Zaatcha a été
des plus modestes ; qu'on en juge. La brigade Canrobert, mas-
sée le 4 au matin sur le boulevard des Italiens, remonte jusqu'à
la porte Saint-Martin, parcourt la rue du faubourg de ce nom
et les rues adjacentes obstruées par de fortes barricades dont
s'empare le 5e bataillon de chasseurs à pied (commandant Levassor-Serval). Le 5 au soir, l'armée est rentrée dans ses
quartiers, et dès le lendemain, Paris ne voyait plus de troupes
dans ses rues, était rendu à son activité, à son mouvement,
à sa vie habituelle.

Telle est la part effacée prise par Canrobert au coup d'État
de décembre 1851. Convaincu qu'il s'agissait du bien de son
pays, il n'a considéré que le salut général de la nation, et c'est
là véritablement le signe de la grandeur chez le citoyen quand
il ne voit que le but à atteindre, quand ce but est utile, sans
s'inquiéter du jugement que peuvent porter sur lui des individualités turbulentes et passionnées.

Les souvenirs d'enfance ne s'effacent jamais quand le cœur
est resté bon. Le général Canrobert avait eu pour premier
drapeau l'étendard aux fleurs de lys ; rien donc d'étonnant à
ce que sa belle et loyale nature répugnât à lui faire accepter
un rôle politique dans un coup d'Etat bonapartiste. Il s'y serait
certainement refusé, si le bien public et l'ordre n'avaient pas
exigé impérieusement son concours.

Devenu aide de camp du prince Louis, le voilà cependant
entré à la cour des Tuileries. Le poison de la flatterie essaya
d'avoir raison de sa droite nature, et de trouver le chemin de
son cœur. Un autre que lui, en butte à l'adulation perpétuelle
du nouveau souverain et des courtisans, se serait grisé en

buvant à la coupe des honneurs ; Canrobert ne se considère pas comme un astre se levant au firmament impérial, et bien qu'il ait été pendant deux ans le favori de la cour des Tuileries, on le voit chaque jour lire et étudier à la bibliothèque du dépôt de la guerre, marchant en homme qui comprend qu'il a autre chose à faire que de remplir le rôle de courtisan et laissant déjà flotter au vent sa longue chevelure qui appartient désormais à l'histoire.

« — Canrobert ! — disait un de ses amis, — je le rencontre souvent au ministère ; je le salue. Il ne me voit pas et semble toujours avoir la tête dans la lune. »

*
* *

Les années marchent cependant et le moment est proche où l'armée d'Afrique va être appelée à entreprendre la grande guerre. « En Algérie, — écrivait Saint-Arnaud, — tout se fait en *miniature*, il n'y a de « grand » que les privations, les fatigues les maladies, le danger. »

Ces champs de bataille *en miniature* n'avaient pas moins formé toute une génération de chefs et de soldats capables de ne le céder en rien à leurs devanciers des campagnes du premier empire, si la fortune de la France les appelait un jour sur un plus vaste théâtre.

Certes, de 1848 à 1854, la nation avait traversé une série de vicissitudes bien faites pour faire réfléchir nos gouvernants au péril social qui les menaçait. Mais le soldat doit se tenir rigoureusement éloigné de toute dissension intérieure et des luttes politiques. Sa mission est plus haute : exécuteur fidèle et dévoué des ordres qu'il reçoit de l'autorité supérieure, il plane au-dessus des partis ; car pour l'armée, il n'y a pas de partis, il n'y a qu'une France et son rôle doit se borner à la maintenir calme et prospère à l'intérieur, respectée au dehors en faisant au pays un rempart de ses baïonnettes. Car ne l'oublions pas, la patrie est une grande famille qui a le drapeau pour symbole ; le culte de l'honneur est le premier devoir de l'homme qui porte l'épée.

Quand une nation a été éprouvée, comme la nôtre, à différentes époques de son histoire, elle a besoin de reporter son regard en arrière, pour demander à ses souvenirs de la conduire de nouveau à l'espérance. Les grandes âmes n'ont pas de tristesse morbide ; les épreuves ne sont pour elles que des exhortations à de nouveaux efforts, et c'est parce que le passé nous donne plus de consolations que nos récents malheurs n'ont d'amertumes, que nous voudrions, en faisant revivre quelques pages de notre histoire contemporaine, y retrouver les sources d'une confiance illimitée dans la nation.

Rien n'est plus corrupteur que le spectacle de la renommée couronnant les parvenus de l'audace ; rien n'est plus réconfortant que l'exemple de la gloire mettant son auréole au front de l'honnêteté triomphante.

Bien qu'il se tienne dans une extrême réserve vis-à-vis du souverain qui vient de ramasser, à l'aide d'un plébiscite devenu célèbre, l'épée d'Austerlitz, tombée des mains du grand vaincu de Waterloo, Canrobert n'en est pas moins nommé général de division, le 14 janvier 1853. C'est le seul grade qu'il doit à la faveur ; tous les autres, y compris celui de maréchal de France, il les obtient pour faits de guerre.

*
* *

Quelques mois après, la guerre d'Orient était décidée de concert avec l'Angleterre pour soutenir la Turquie contre la Russie qui cherchait ses conquêtes du côté de Constantinople, but séculaire de l'ambition moscovite.

Un conflit en Europe apparaissait comme une fatalité iné-

AUTOGRAPHE DE NAPOLÉON III

Fac-simile de la lettre de Napoléon III au ministre des Affaires étrangères.
(Page 176.)

vitable à une époque où la légende napoléonienne ressus-
citait des entrailles de la terre, réveillant les instincts belliqueux de la nation française.

Nous ne pouvons entrer ici dans les détails compliqués de
ce que l'on est convenu d'appeler *la question d'Orient*, redoutable problème historique qui de tout temps a pesé sur l'Europe, comme une continuelle menace.

La diplomatie essaya d'intervenir pour maintenir la paix,
en faisant disparaître les griefs qui auraient pu la troubler;
témoin la dépêche de la page précédente dont nous donnons
le fac-simile.

Cet ambassadeur en Turquie fut le général Baraguey d'Hilliers, dont le geste brusque et la parole brève ne convenaient
guère à un diplomate. Il brouilla les cartes avec la Russie et
la guerre s'ensuivit; son caractère et ses façons d'agir ne pouvaient certes pas amener d'autres résultats. Trois divisions
sont immédiatement formées et Canrobert reçoit le commandement de l'une d'elles, en mars 1854 (1er de l'armée d'Orient).

Le général Lebrun, ancien chef d'état-major de Mac-
Mahon, raconte cette anecdote dans ses *Souvenirs* (1) :

« Au mois de janvier 1854, le général Pélissier se trouvait
à Paris, venant d'Oran, pour prendre part aux opérations de
classement des officiers d'infanterie proposés pour l'avancement. Or un matin, comme j'entrais dans les salons du café
d'Orsay, pour y prendre mon déjeuner habituel, j'y trouvai
le général qui lui aussi se mettait à une table voisine.

« — Asseyez-vous là, en face de moi, — me dit-il, — nous
déjeunerons ensemble; au moins, nous pourrons causer. »

« Puis tout à coup, quand je me fus assis :

« — Quel est donc ce monsieur, ajouta-t-il, qui est là-bas, à
cette table près de la fenêtre? »

(1) *Crimée et Italie.* — Dentu, éditeur.

« — Si... mais à distance, avec vos longs cheveux, je vous prenais
pour un savant. » (Page 179.)

« Au même instant, ce dernier qui s'était aperçu que Pélissier le désignait, se leva pour venir le saluer.

« C'était le général Canrobert. Et comme tout d'abord Pélissier le regardait d'un air étonné :

« — Est-ce que vous ne me connaissez pas? lui demanda-t-il.

« — Si... mais à distance, avec vos longs cheveux, je vous prenais pour un savant. »

Les deux généraux échangèrent alors une poignée de main, et le général Pélissier félicita son collègue, qui, à peine âgé de quarante-cinq ans, venait d'être nommé au commandement de la 1re division de l'armée de Crimée.

La chance favorisait Canrobert qui allait de nouveau gagner la confiance et la sympathie de l'armée, dans une campagne, — impolitique certainement, parce qu'elle pouvait nous aliéner la Russie, — mais qui, à coup sûr, a fait l'admiration du monde entier.

Soldat d'infanterie turque.

CHAPITRE X

EN CRIMÉE

(1854-1855)

ès les premiers jours du mois de mai, les armées alliées débarquent à Gallipoli. Ceux qui rêvent l'Orient avec son luxe éblouissant de palais, de clochetons et de minarets, éprouvent une cruelle déception en abordant sur cette plage brûlée par un soleil de plomb. La ville est entourée d'énormes moulins à vent si chers aux peintres allemands, du temps d'Albert Dürer. Là, comme dans

toutes les villes turques, les pierres amoncelées sont mêlées à
la verdure ; les bazars ont cet aspect étrange que donne une
lumière tamisée par des toitures de rameaux laissant circuler
le jour au-dessus des rues tortueuses ; les jardins, où s'épa-
nouissent tous les enchantements terrestres, font penser aux
réduits modestes pouvant abriter quelque sage bonheur ; le
figuier et l'olivier, les arbres de la bible et de l'évangile, s'inclinent au-dessus de vieilles murailles lézardées.

Aujourd'hui la côte est envahie par des soldats de tous les
pays, de toutes les races. A chaque pas, on y rencontre des
gardes de la reine d'Angleterre défiant le soleil d'Orient, avec
leurs immenses bonnets à poils ; des *higlanders*, avec la poésie que comporte leur uniforme traditionnel ; des *riflemann*
tout vêtus de noir, représentant le côté sombre, terrible de la
guerre. Tous les vins, toutes les liqueurs de nos contrées,
versent déjà leur ivresse bruyante sur cette terre consacrée
aux ivresses silencieuses de l'opium et du haschisch. Les
Turcs accroupis devant leurs maisons regardent passer sans
émotion, ni enthousiasme, ni surprise les défenseurs que leur
envoie la destinée. Quant à nos soldats, ils vont, viennent au
milieu de ce tohu-bohu, gais, alertes, libres, insouciants ; véritables alouettes gauloises allant se poser partout, et chan-
tant partout où elles se posent.

Le premier ennemi que l'armée française devait rencontrer
en Orient était le choléra. Une immense agglomération d'hommes sur un même point ; une chaleur insupportable, de pu-
trides exahalaisons provenant des immondices dont les rues
étaient remplies, malgré les ordres les plus formels ; tout faisait craindre que l'épidémie devînt générale et désastreuse.
Dès que le fléau eut fait quelques victimes, le premier cri
d'alarme poussé par Canrobert fut celui-ci : « *Il nous faut des
sœurs!* » Cet appel ne tarda pas à être entendu, et les filles de
saint Vincent-de-Paul quittèrent bien vite leurs écoles pour

s'établir dans les camps de Gallipoli, de Varna et du Pirée, où campaient nos soldats.

Deux généraux du camp de Gallipoli, Ney, duc d'Elchingen, et Carbuccia, furent frappés les premiers. Comment sont-ils morts ? Leur confesseur, le P. Gloriot, de la Compagnie de Jésus, va nous le dire. Les détails en sont donnés par une lettre datée du 9 mai 1854, et dont nous extrayons ce qui suit :

« Je devais me rendre à Constantinople, par ordre du maréchal. — Non, vous ne partirez pas, — me dit-il à cette occasion ; — nous ne pouvons rester ici sans prêtre, nous pouvons avoir besoin de vous, et moi tout le premier. » Le dimanche, il avait présidé la messe militaire que j'avais dite dans le camp, et après la messe, il m'avait invité à déjeuner avec tant d'insistance, que je n'avais pu lui refuser. Deux jours après, son aide de camp vint me trouver à l'hôpital : « Vite, — me dit-il, — rendez-vous auprès du général ; il est au plus mal et vous demande. » Au moment où j'entrais dans sa chambre, il me tendit la main en me disant : « Monsieur l'aumônier, je tiens à ce qu'on sache que c'est moi qui vous ai fait appeler. J'ai eu le tort de vivre dans l'éloignement des pratiques religieuses. J'ai une femme qui est un ange, et je veux mourir en bon chrétien. »

Après avoir reçu l'absolution, il croisa ses deux mains sur sa poitrine, offrit à Dieu le sacrifice de sa vie et lui adressa la prière la plus touchante pour sa femme et ses enfants. A huit heures du soir le général entrait en agonie ; je me mis à genoux pour réciter les dernières prières, pendant que deux de ses aides de camp tenaient des bougies allumées ; puis le général rendit sa belle âme à Dieu, au moment où je finissais mes prières et au milieu des sanglots des assistants.

« Le général Carbuccia avait présidé à l'enterrement du duc d'Elchingen et, trois jours après, il le suivait au tombeau. La veille, je l'avais rencontré et il m'avait donné de l'argent pour organiser à l'hôpital tous les secours nécessaires aux malades : « Servez-vous-en, — me disait-il, — pour adoucir la situation de ces pauvres enfants. »

Le général était Corse et avait la foi ardente des habitants de cette île ; il accomplit ses derniers devoirs avec la plus grande édification.

L'armée tout entière imita la conduite de ses chefs, mais il fallait à tout prix empêcher le moral des troupes de s'abattre et remédier à l'état sanitaire qui menaçait d'empirer chaque jour. Le docteur Michel-Lévy, chef du service de santé de l'armée d'Orient, s'en ouvrit au général Canrobert qui eut l'idée de faire amener un cholérique sous sa tente, de se coucher à côté de lui et de faire défiler toute sa division devant sa tente, comme pour dire à ses soldats : « La mort ne frappe pas à la porte des braves. » — « Voyez, disait-il à ses soldats : le choléra n'est pas contagieux. » La souffrance est, pour les nations comme pour les individus, une condition de pardon et, dans les vues de la Providence, les épreuves de l'armée d'Orient, religieusement soutenues, sont appelées à devenir pour la France le principe de ces grâces extraordinaires que le chrétien attend après la promulgation du dogme de l'Immaculée-Conception.

Le lendemain de cette prise d'armes, les décès diminuaient du tiers dans la division Canrobert.

Ce fait seul suffirait pour illustrer un homme.

Qui s'en souvient, maintenant, au milieu des défaillances de l'heure actuelle ?

*
* *

A la fin de juin, les divisions Canrobert, Napoléon et Forey étaient réunies à Varna, triste ville éclairée par une lumière

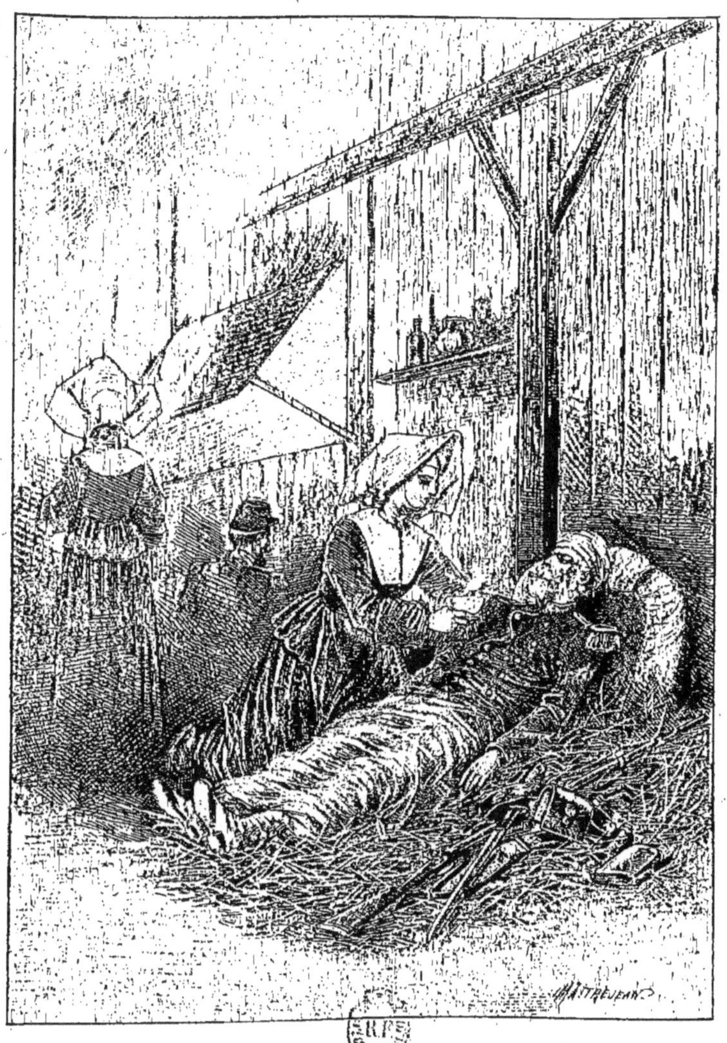

Les sœurs se prêtèrent merveilleusement à l'office qu'on attendait d'elles.
(Page 188.)

dure, oppressive, et où le maréchal de Saint-Arnaud vint les visiter le 1er juillet.

Le ciel change à l'infini dans cet immense royaume du bleu, où Dieu a créé une grande variété de régions distinctes les unes des autres par l'éclat de la lumière. En Grèce, le ciel est pur, fin, élégant, comme un chef-d'œuvre d'éloquence ou de poésie athénienne ; à Constantinople, il est riche, éblouissant, somptueux ; en Bulgarie, il est sauvage, lourd et grossier, en harmonie avec les conducteurs d'*arabas* et leurs pesants attelages.

Le camp de Varna était établi à une lieue et demie de Varna, au grand air, près des bois, dans une position favorable qui aurait pu le préserver des atteintes du choléra. Quant à la ville, son aspect est celui de la plupart des villes turques : des rues mal pavées, bordées de maisons en bois ; çà et là, quelques cafés enfumés où sont assis des Turcs ornés d'un fez écourté, vêtus de mauvaises redingotes, de pantalons d'une propreté douteuse, se livrent autour de leur narghilé à une rêverie plus triste certainement que le *spleen* britannique.

Le général Canrobert s'établit à Varna dans une maison de modeste apparence qu'il fit nettoyer de fond en comble, au détour d'une rue tortueuse débouchant sur la plage.

Là comme à Gallipoli, le choléra fondit sur la petite armée française. En dépit de la surveillance exercée par les officiers, nos soldats dévoraient des melons, des pastèques, et toutes sortes de fruits à peine mûrs. Ces continuelles imprudences ne devaient pas tarder à en livrer une grande partie au fossoyeur, et en peu de semaines le fléau sévissait d'une façon cruelle au camp de Varna où chacune des quatre divisions dut avoir son hôpital. Six sœurs de charité, avec ces coiffes blanches qui mettent comme deux ailes sur leurs fronts recueillis, quittèrent Constantinople pour répondre à l'appel du maréchal de Saint-Arnaud. La tête inclinée, les bras croisés sur la poitrine, elles marchent de ce pas léger, droit et sûr, qui semble représenter le trajet à travers la vie des âmes sans souillure. Sur cette terre musulmane, où toute action vivifiante est frappée de stérilité par la monstrueuse servilité de la femme, notre société et la religion catholique envoyaient ce qu'elles ont de plus délicat et de plus fort à la fois.

Avec ses effroyables ravages, le choléra était cependant une admirable préparation à la guerre qui allait s'ouvrir. Il prélevait sur l'armée la dîme des élus et la fortifiait. Les désastres du début étaient une source de succès pour l'avenir.

C'était une terrible épreuve pour des guerriers que de se voir exposés sans défense à des souffrances atroces et à une mort sans gloire. Eh bien ! ils la supportèrent, cette épreuve, avec une résignation toute chrétienne, et l'exemple de cette résignation fut donné par les chefs eux-mêmes.

Les sœurs se prêtèrent merveilleusement à l'office qu'on attendait d'elles. La règle de leur institut les avait déjà façonnées à la discipline militaire. Elles allaient à la guerre, n'ayant pour tout bagage que le petit sac bleu et uniforme qui les suit dans tous leurs voyages. Humbles femmes répandant autour d'elles ce recueillement ému qu'une croix solitaire suffit à verser sur un paysage ! Sous l'impression du choléra, la foi se ranime dans tous les cœurs ; officiers et soldats : tous mouraient avec une touchante résignation.

Pour comble d'infortune, un incendie terrible ravagea la ville de Varna, dans la nuit du 20 au 25 août 1854. En dévorant les abris en bois qui servaient tout à la fois de maisons et de bazars, les flammes jetaient une lueur brillante et claire comme celle dont se réjouissent les enfants autour d'un foyer patriarcal. Cet incendie, frappant tout d'un coup une ville déjà ravagée par le choléra, avait le caractère d'un véritable fléau céleste. Canrobert organise les secours ; on voit sa silhouette se détacher au centre d'une lumière rouge, sanglante, sinistre, et il ne quitte ces lieux empestés par une fumée âcre qui prend à la gorge que lorsque tout péril a disparu et que l'incendie combattu, traqué, enfermé par nos soldats dans un réduit où sa rage devenait impuissante, eut enfin expiré. Varna, au sortir de cette nuit, n'était plus qu'un chaos ; mais les villes d'Orient sont ainsi faites que les plus grandes catastrophes ne changent rien à leur aspect de molle paresse et d'apathique désordre. Après comme avant, le même esprit stérile et indolent se promenait sur ces ruines.

Quinze jours après cet incendie, notre armée d'Orient sortait de sa léthargie pour faire voile vers la Crimée. L'Autriche venait de signer avec la Turquie un traité en vertu duquel l'armée austro-hongroise allait occuper la Moldavie et la Valachie. L'armée russe se décidait à abandonner ces provinces et à se retirer derrière le Pruth. Notre présence dans ces parages devenait inutile ; Saint-Arnaud conçut alors le projet d'aller frapper la puissance du Tzar dans la forteresse de Sébastopol qui le rendait maître absolu de la mer Noire. On peut se figurer l'effet que produisit sur nos troupes, décimées par le choléra, la nouvelle de cette aventure éclatante, hardie. En attendant, vaisseaux, navires de toute provenance, chaloupes s'accumulèrent dans le port de Varna. Le moment était venu pour elles de s'embarquer pour courir à des périls inconnus, à des victoires certaines.

*
* *

Le 14 septembre 1854, sur cette mer Noire jadis si peu connue des navigateurs, deux cent quatre-vingts navires apparaissaient soudain, au sud de la presqu'île de Crimée, dans la baie de Kalamita. Jamais cette larme de l'Océan perdue au cœur du vieux monde n'avait porté une pareille flotte amenant une armée d'Occident pour attaquer le colosse russe.

En 1812, à pareil jour, l'armée française entrait à Moscou, le cœur du monstre. Aujourd'hui, la France le prend par l'oreille, si nous comparons la Crimée à une oreille ouverte sur l'Europe et sur l'Asie.

Ainsi, chose à peine croyable, trente-neuf ans après Waterloo, l'armée qui vient attaquer la Russie se compose d'Anglais et de Français.

Quels enseignements dans ces grands retours de la destinée ! cela prouve que chaque révolution engendre ses singularités.

C'est le général Canrobert qui, le premier, met le pied sur ces rives qu'embrassent tant d'espérances et tant de regards, qui plante à Old-Fort le drapeau français sur cette terre où la France apparaît avec son glorieux appareil. Le temps est admirable : une belle journée d'automne, où l'on se meut avec bonheur dans une atmosphère limpide, salubre, que n'altèrent ni le froid, ni la chaleur. Il y a d'ordinaire quelque chose d'inquiétant pour une armée que de s'avancer dans un pays inconnu qui ne lui est ni livré ni disputé.

Le 19 septembre, au matin, le camp d'Old-Fort est levé, et l'armée alliée se porte en avant, se déroulant dans une immense marche en bataille, dont la division Canrobert forme l'avant-garde, se dirigeant vers la rivière de l'Alma. On se met en mouvement dès l'aube, mais ce n'est que vers deux heures de l'après-midi que l'on arrive sur les lieux où l'on doit camper; l'armée russe nous attendait établie sur les hauteurs de l'Alma. Derrière ces baïonnettes ennemies, il y a comme un héritage perdu, depuis le noble et sanglant printemps de ce siècle, que nous allions reconquérir.

Notre extrême avant-garde couronne les mamelons de Zembrouck. Une plaine d'une demi-lieue s'étend entre Zembrouck et l'Alma. C'est le seul espace qui nous sépare de l'armée ennemie.

Vers trois heures, le maréchal Saint-Arnaud fait une reconnaissance et le canon se met à gronder. Cette reconnaissance n'amène aucun engagement sérieux, si ce n'est que de nous prouver que l'ennemi était prêt à combattre. Le fait est que dans la position où les Russes comptaient nous recevoir, leur sécurité devait être profonde.

Si la confiance régnait sur les hauteurs, on peut dire qu'elle régnait également dans la plaine, en compagnie de cette gaieté militaire, gauloise, que nos soldats ont tant de plaisir à répandre aux deux pôles de l'hémisphère terrestre.

La bataille attendue n'eut pourtant pas lieu ce jour-là. La cavalerie russe essaya vainement de nous faire sortir de notre immobilité. Les Anglais n'étaient pas prêts. Il fallut se résoudre à dresser les tentes.

Le lendemain, quand sonne le réveil, le jour n'a pas encore paru. Mais lorsque la troupe prend les armes, les premiers rayons du soleil trouvent l'armée alliée debout et prête à marcher. Le maréchal de Saint-Arnaud, voulant donner à ce premier combat un caractère d'entrain chevaleresque qui est le principal attrait de notre race, fait déployer tous les drapeaux et jouer toutes nos musiques qui font entendre ces joyeux accents aux puissantes ivresses qu'un héros de Shakespeare, le Maure de Venise, aux heures d'une douleur suprême, met parmi les enchantements de ce monde.

Depuis la première jusqu'à la dernière heure, cette bataille de l'Alma semblait faite pour le plaisir des yeux. La division Bosquet, qui formait notre droite, devait attaquer les Russes par un mouvement tournant dont l'audace devait infailliblement amener la victoire. Les divisions Canrobert et Napoléon devaient aborder les obstacles de front. Une réserve vigoureuse était sous les ordres du général Forey. Le ciel, ce jour-là, est éclatant. Le soleil éclaire le terrain vaste, découvert, que la mer limite à notre droite; on aperçoit distinctement les hauteurs que couronne l'ennemi.

Tout permet de bien voir et de bien comprendre l'action.

Tout à coup, à un signal donné, la division Bosquet rompt les faisceaux et se porte en avant. Nos soldats franchissent la rivière, grimpent comme des chèvres sur des roches qui, vues de loin, paraissent inaccessibles ; puis, soudain, un immense cri de joie sort de toutes les poitrines ; notre drapeau flotte sur les hauteurs. Dès que la division Bosquet a accompli son mouvement, le canon résonne sur les hauteurs. Des flocons d'une épaisse et blanche fumée, ressemblant à des nuages tombés du ciel, sortent de tous les plis de terrain, s'accrochent à toutes les aspérités du sol. De tous les côtés, le combat s'engage. Le général Canrobert fait ce jour-là, pour me servir d'une de ses expressions, ses *adieux à la vie de soldat*, puisque sous peu il doit prendre le commandement suprême de l'armée de Crimée ; il se jette avec ses tirailleurs sur les obstacles que sa division doit enlever de front. Le maréchal Saint-Arnaud semble triompher du mal qui le torture depuis tant de jours et tant de nuits. Il est agile, dispos, manie vigoureusement son cheval qui franchit l'Alma dont l'eau jaillit sous ses sabots. En face de lui, un village, battu pàr une de nos batteries qui y envoie des boulets à toute volée, dévoré tout entier par les flammes, répand cette belle nuance d'un rouge sanglant que le peintre Yvon a si souvent essayé de reproduire dans ses tableaux ; çà et là une poussière mêlée de fumée voltige sur la place où se tient le maréchal, en abordant l'autre rive. De tous côtés, l'air se peuple de projectiles ; quelques balles pénètrent dans le groupe formé autour de sa personne. L'une de ces balles déchire le fanion que porte un sous-officier de chasseurs d'Afrique, et Canrobert y reçoit un éclat d'obus qui en ricochant vient l'atteindre légèrement à la poitrine et à la main. Le commandant en chef paraît radieux ; il ne souffre plus et paraît jouir de cette faveur que les victorieux reçoivent directement du ciel.

Décrire dans tous ses détails la bataille de l'Alma, dépasserait les proportions de ce cadre ; disons seulement que le rapport du maréchal Saint-Armand attribue « en partie, au général Canrobert, le succès et l'honneur de la journée. »

Le soir, la défaite des Russes était complète. L'ennemi défilait en longues colonnes dans un lointain horizon, d'où ne sortait plus qu'à de rares intervalles la fumée d'un coup de canon ; quelques fusées décrivant leurs courbes gracieuses couronnaient seules les héroïques magnificences de cette journée.

A la nuit, lorsque le soleil eut disparu et le froid commencé à se faire sentir, l'expression de joyeuse énergie qui avait animé et illuminé le visage du maréchal disparut aussi avec le bruit de la fusillade ; la souffrance se peignit sur ses traits. Pendant douze heures, déjà en proie aux prodromes du choléra qui devait l'emporter, tourmenté sous son uniforme par deux furoncles qui lui mordaient la poitrine, il ne tenait plus debout. Il passa la nuit au milieu des morts et des mourants, couché sur une botte de foin, recouvert d'un manteau de spahis de son escorte. Ce vainqueur gisait sur le théâtre de son succès, engagé dans la mort presqu'aussi avant que les cadavres dont il était entouré.

L'armée française bivouaqua plusieurs jours sur le champ de bataille. Le lendemain, on célébra la messe sous une tente servant d'autel et laissant peu de place aux assistants en tête desquels figurait le victorieux de la veille, entouré de tous les généraux de l'armée expéditionnaire. Les jours suivants furent consacrés à évacuer les blessés, à renouveler les vivres et à s'occuper de ces mille détails qui font le désespoir des génies guerriers.

Le 23 septembre, au matin, on se remettait en marche, et vers neuf heures du matin on atteignait les bords de la Katcha qui forme, avec l'Alma et le Belbeck, trois lignes parallèles de défense entre Sébastopol et l'armée alliée. Le pays est ombragé, le climat en semble doux, et la mer Noire, si mélancolique d'ordinaire, paraît riante dans ces parages.

Du côté de la forteresse la voix du canon se fait entendre. Les Russes coulent leur flotte, orgueil de la nation moscovite, objet pour eux de si patients et de si généreux efforts ; ils transforment leurs vaisseaux en barricades sous-marines destinées à fermer leur port. Cet acte de farouche énergie décide de notre marche du lendemain.

Cette journée du 23 fut la dernière où l'on vit le maréchal continuer sa lutte héroïque contre la maladie. Pour aller sur Balaklava, il fallait s'engager dans la vallée de Belbeck, toute remplie d'arbres séculaires, et cependant d'un aspect plein de douceur. Malgré les ombres païennes qui ont hanté autrefois l'antique Chersonèse, surtout en arrivant près des lieux où fut immolée Iphigénie, ces forêts ont une poésie de fées, de châtelaines. Le soir, un visage pâle, au fond d'une voiture, une main affaiblie essayant encore un geste amical : voilà tout ce qu'on pouvait voir de l'homme vaillant, dont le nom s'unira toujours à la gloire de l'armée de Crimée.

Le lendemain, le maréchal ne pouvait plus monter à cheval ; il en avait fini avec cette vie d'action qui, depuis tant d'années, était son existence, et en arrivant au *bivouac de la soif* son état était tel qu'il dut en informer le ministre de la guerre.

Entouré de ses amis et de son état-major, il se disposait à envoyer l'ordre au général Forey, le plus ancien de ses divisionnaires, de prendre le commandement, lorsqu'un général légèrement blessé, six jours avant, à la bataille de l'Alma, s'avança vers lui et lui remit une lettre close qu'il portait avec lui, dès le début de l'expédition, et par laquelle l'empereur lui confiait le commandement en chef.

C'était le général Canrobert.

Et quand l'armée vit passer, couché dans sa voiture, enveloppé d'une pelisse et coiffé d'un képi, son chef qu'elle s'était accoutumée à ne voir qu'à cheval, et dans tout l'éclat de ses insignes militaires, une émotion profonde parcourut les rangs. Car Saint-Arnaud était un de ces hommes à l'esprit puissant, net, ferme, pratique, enthousiaste jusqu'à la poésie.

Mis à bord du *Bertholet*, des crises terribles suivies de prostration se succèdent. Après plusieurs tentatives d'abattements et de souffrances, il reçoit les derniers sacrements de l'église des mains du R. P. Parabère, et rend son âme à Dieu, le 29 septembre, à quatre heures du soir.

*
* *

Quelques jours après, Canrobert, devenu commandant en chef de l'armée de Crimée, faisait la reconnaissance du vaste plateau où l'armée expéditionnaire allait désormais prendre pied, et où allaient se livrer tant de combats, glorieux pour nos armes. Quelques dômes peints en vert éclatant donnent à Sébastopol un aspect étrange. Cette ville silencieuse allait devenir au fond de son gouffre un nid à bombes, derrière ses remparts qu'allaient sillonner dans quelques jours les éclairs du canon. Ce plateau est un site merveilleux du plus souriant aspect ; il est paré de verdure, couvert d'ombrages, parsemé de maisons à la physionomie patriarcale et opulente. Non loin de la plage, sur les rives de la mer Noire, est le *monastère de Saint-George*, à proximité de l'endroit consacré au souvenir d'Iphigénie. Ce monastère s'appuie à un bois inculte qui rappelle celui décrit par les récits d'Hoffmann, dans *le Majorat*, où le lecteur assiste à des chasses fantastiques, jouet des puissances invisibles, poursuivi par des rêves étranges et des idéales amours. Si ce bois a une poésie toute germanique, le bâtiment a une poésie tout italienne, bien qu'il soit habité par des moines grecs. Suspendu au bord de la mer, dans la dépression d'une falaise moins aride que ses sœurs, cette pieuse demeure a des jardins disposés en terrasses, où l'on arrive par d'élégants et spacieux escaliers, d'où le visiteur voit s'échelonner les uns au-dessus des autres des arbres aux chevelures épaisses se balançant dans des flots de verdure, et au bout de ces jardins, cette immense étendue d'eau, que l'on appelle la mer, sans cadre, sans limite, ressemblant à une moire antique variant d'aspect à tout instant, tellement sa surface est traversée de sillages agités qui se montrent entre des rochers antiques, faits pour être entourés par des océanides, ou servir de piédestal à Prométhée.

Le supérieur du couvent vint recevoir le général Canrobert qui lui promit de veiller sur son monastère, et un poste, sous le commandement d'un sergent, y fut immédiatement placé.

Cette reconnaissance sous Sébastopol fut suivie de l'installation du commandant en chef dans le bivouac où il devait rester dix-huit mois : une maison en ruines, dont le jardin était sillonné d'étroites allées bordées d'arbres fruitiers.

Rien de plus simple que le bivouac du quartier général derrière lequel étaient campés les spahis d'escorte. Le prédécesseur de Canrobert, Saint-Arnaud, lui avait laissé comme héritage une de ces grandes tentes à faîtière cintrée si recherchée de nos vieux Africains, en raison de leur espace intérieur. C'était la salle à manger du général. Quant à l'abri même où demeurait le commandant en chef de l'armée de Crimée, c'était une tente grossière qu'un étroit fossé et un petit mur de boue entouraient seuls, pendant les jours rigoureux de l'hiver 1854-1855 ; tente dont l'aspect avait quelque chose de glacé lorsque la toile était toute rigide de neige, mais qui certes a réchauffé plus d'un cœur de soldat, en faisant pénétrer dans les camps français la toute-puissante vertu de l'exemple du chef.

Sébastopol ne devait pas tarder à sortir de son silence.

Quand les assiégés virent tous les mouvements qui se faisaient autour d'eux, ils se mirent à nous envoyer les gros projectiles lancés à des portées démesurées par leurs pièces de canon au calibre gigantesque. Par instants, on entend dans l'air le long bruissement d'un boulet qui tombe lourdement sur le sol, fouillant les ravins en longeant quelque maison isolée. Parfois, au milieu des herbes froissées, s'élève un nuage de fumée accompagné de ce bruit métallique que fait l'obus ou la bombe en se brisant.

Le premier officier qu'ait atteint le canon de Sébastopol est un capitaine du génie, Schmitz, qui aujourd'hui repose dans un petit cimetière, à l'endroit même où il est tombé. Depuis, tous les jours et presque toutes les heures devaient être marqués par des trépas.

Dès que nos travaux d'attaque furent sérieusement commencés, le feu de la place devint régulier et plus soutenu. Les Russes ne nous envoyèrent plus autant d'obus voyageurs et de boulets vagabonds ; ils dirigèrent leurs feux sur nos travailleurs. Toutefois, pendant cette première période du siège, nombre de leurs projectiles trahis par la longue portée des pièces passaient au-dessus de nos tranchées pour bondir presqu'à l'entrée de nos camps, et ce fut une joie pour nos soldats quand le feu s'ouvrit de notre côté, pour répondre à celui des Russes.

Au bout de quelques jours, les bâtiments placés à l'entrée de la ville ou le long des remparts, troués par nos boulets, déchirés par nos obus, étaient devenus de véritables haillons de pierre ; mais les murs de la place résistaient, sans subir aucun dégât apparent. Soudain, le 17 octobre, un magasin à poudre sauta dans une de nos batteries. Cet accident montrait la puissance que pouvaient déployer les défenseurs de Sébastopol. Autour de cette ville, c'était une autre ville que notre armée allait être obligée de construire.

Les spectacles héroïques ne devaient pas longtemps se faire attendre. Le 24, au matin, le canon tonnait du côté du Balaklava. Nous étions à la fin de l'automne, il n'y avait plus dans l'air cette lumière et cette chaleur du ciel de l'Alma.

A notre droite s'élèvent les hauteurs de Balaklava ; au-dessous, s'étend une vallée profonde bornée par la Tchernaïa ; en face de nous, l'extrême horizon du paysage est formé par cette admirable chaîne de montagnes, aux cimes d'une blancheur éclatante, dont fait partie la Tchaderdagh. Toutes nos troupes ont pris les armes.

Au premier coup de canon, Canrobert monte à cheval ; mais ne sachant pas encore comment il va engager l'action, il s'arrête à l'extrémité de nos lignes, dans une redoute où vint le rejoindre lord Raglan peu après, pour y conférer ensemble sur le parti à prendre.

Le but de cette bataille de Balaklava est facile à saisir. Menschikoff tenait toujours la campagne et les Russes venaient de s'emparer de quatre redoutes turques, dans la vallée de la Tchernaïa, découvrant ainsi les lignes anglaises qu'ils attaquaient. Leur cavalerie s'élance contre les *Higlanders* qui les attendent de pied ferme ; mais deux régiments de cavalerie anglaise couvrent cette infanterie, et c'est un vrai combat de cavalerie qui s'engage. On voit se croiser les lames de sabre ; on entend le bruit des coups de pistolet mêlés de hourrahs retentissants. Ainsi, en plein dix-neuvième siècle, la chevaleresque Angleterre se rencontrait avec le colosse du Nord, hors de son territoire si souvent décrit par Shakespeare. Grand et éclatant tournoi prouvant qu'il ne faut désespérer d'aucune tradition, et que l'oriflamme des anciens âges peut trouver encore, à certains jours, des mains vaillantes pour le porter. Puis, la brigade de cavalerie légère de Lord Cardigan (hussards à pantalon amarante, portant la pelisse bleue, avec tresses jonquilles) charge à son tour contre des masses de baïonnettes et des retranchements garnis de canons ; il disparaît dans une fumée blonde sillonnée par des éclairs nombreux et pressés. Quelques débris reviennent seuls de cette lutte d'hommes contre de la mitraille et des boulets.

A ce moment-là, apparaissent nos vestes bleues si justement redoutées des Arabes ; on les voit briller au soleil. Ce sont deux escadrons du 4e chasseurs d'Afrique, lancés par le général d'Allonville, pour dégager le flanc des Anglais ; charge intelligente et heureuse.

Après celle-ci, les Russes se retirèrent, renonçant à leur attaque, et n'essayant même pas d'occuper les redoutes qu'ils avaient prises aux Turcs, le matin. Canrobert descendit alors dans la vallée, il y resta jusqu'à ce que les troupes ennemies, devenues immobiles ne lui apparussent plus que comme des taches noires, ou de sombres lignes qu'aucune clarté n'illuminait plus ; puis lorsque ces grandes ombres si chères aux poètes commencèrent à s'étendre dans la vallée, chacun reprit le chemin de son bivouac.

*
* *

Quinze jours après Balaklava, le 5 novembre, autre grande bataille, mais cette fois du côté d'Inkermann.

Le ciel, tout chargé de brouillard et de pluie, fait tomber sur la terre un vaste voile d'un gris uniforme. Le sol où l'on marche est glissant et détrempé. Les tentes se détachent à peine, aux plus lointains horizons, sur le fond de morne et pâle lumière qui les entoure. Pourtant le regard parcourt encore assez d'étendue pour apercevoir, çà et là, de longues rangées de baïonnettes, indiquant que toute l'armée alliée a pris les armes.

Canrobert, suivi de son escorte, court de toute la vitesse de son cheval du côté où se font entendre les détonations ; des bataillons ennemis groupés dans la vallée semblent simuler une attaque. Le général en chef ne s'y arrête même pas, continue sa course rapide, et d'un coup d'œil voit le point où doit se décider le sort de la journée.

En cet endroit, la fumée se mêlant au brouillard, forme une région de ténèbres ; l'air se remplit d'un concert aux notes aiguës et stridentes, bien connues de tous les combattants de Crimée ; c'est d'abord le sifflement des balles faisant songer au fouet des furies, le gémissement de l'obus, triste et pénétrant, comme la voix d'un instrument qui se brise ; le frémissement de la bombe ressemblant au bruit produit par les ailes de quelque gigantesque oiseau. Puis de grandes masses grises, sillonnées dans toute leur étendue par de rapides éclairs, essaient de foudroyer nos lignes. Ce sont les Russes dont nos pères disaient : « Il faut les tuer deux fois pour en venir à bout ». Ils sont là, sur ces hauteurs, dans ce coin de terre où nous avions planté notre drapeau, entre la mer et les bastions de la forteresse de Sébastopol, toujours grondants, toujours fumants.

Ce fut alors qu'eut lieu cet effort suprême qui couvrit de gloire nos tirailleurs algériens, et finit par jeter l'ennemi brisé au pied de nos positions.

A notre gauche se trouve le moulin d'Inkermann, espèce de tour délabrée d'un aspect mélancolique, mais d'un effet assez heureux, au milieu de ce paysage animé d'une si terrible vie. En face de nous se trouve le bassin du Carénage, qui nous envoie quelques projectiles de grosses dimensions. Tantôt le boulet exécute autour de Canrobert ses bonds désordonnés qui lui valent le surnom soldatesque de brutal ; tantôt l'obus tombant lourdement sur le sol, s'y brise en mille éclats. C'est là où Canrobert est blessé à l'épaule ; il porte le bras en écharpe, lorsqu'une colonne d'infanterie passe devant lui : « Il est encore blessé ! » disent plusieurs voix. L'entrain de

De tous les côtés le combat s'engage (Page 192.)

ces hommes, on peut le deviner, en quel l'admirer, on peut
le sentir. Aucune plume ne saurait le redire.

Canrobert se promène seul dans l'espace; il tranquille et se
ressaisir l'action. Bientôt on sent la présence de la victoire
dans cet air brumeux qu'on se prend à respirer tout à coup
avec joie, avec ivresse, avec fierté.

A cette heure, le ciel s'éclaircit un peu; sa teinte grise
s'éclaire d'un pâle soleil; la pluie cesse et le brouillard disparaît.

La même gloire environne Alma et Inkermann, mais ce
sont deux journées bien différentes: l'une généreuse et sereine,
l'autre sombre et violente. Dans toutes les deux, nos soldats
ont emporté d'assaut la victoire, puis, par un élan héroïque,
ont chassé l'ennemi de ses positions et y ont planté le drapeau
français. A partir d'Inkermann, nous allons les voir calmes,
résignés, opiniâtres, donnant au monde l'exemple de toutes
les vertus, prenant leur revanche des boulets et des baïon-
qui ont combattu leurs pères, et plus d'une fois la neige
tombra sous les gouttes de leur sang.

*
**

Neuf jours après la bataille d'Inkermann, l'hiver inaugurait
son règne sur le plateau de Sébastopol, par une de ces formidables épreuves que l'on peut placer parmi les plus rudes
épreuves de notre armée. Le 14 novembre, le ciel et la terre
également blancs ne semblaient former qu'un immense suaire.

Il y a cependant des gens qui s'affligent sous les plis de ce
linceul; c'est la population plaintive qui habite les tentes dés-
sées par nos soldats sur le sol inhospitalier de la presqu'île
d'Oubrisontas, sur des monticules de terre desséchés, et
là, sous abris de toile sont couverts d'une glace qui meurtrit
les doigts; nos hommes s'y blottent cependant, tordant

ces hommes, on peut le deviner, on peut l'admirer, on peut le sentir. Aucune plume ne saurait le rendre.

Canrobert se promène ainsi dans l'espace enflammé où se resserre l'action. Bientôt on sent la présence de la victoire, dans cet air brumeux qu'on se prend à respirer tout à coup avec joie, avec ivresse, avec fierté.

A cette heure, le ciel s'éclaircit un peu; sa teinte grise s'éclaire d'un pâle soleil, la pluie cesse et le brouillard disparaît.

La même gloire environne Alma et Inkermann, mais ce sont deux journées bien différentes : l'une gracieuse et sereine, l'autre sombre et violente. Dans toutes les deux, nos soldats ont emporté d'assaut la victoire, puis, par un élan héroïque, ont chassé l'ennemi de ses positions et y ont planté le drapeau français. A partir d'Inkermann, nous allons les voir calmes, résignés, opiniâtres, donnant au monde l'exemple de toutes les vertus, prenant leur revanche des boulets et des frimas qui ont combattu leurs pères, et plus d'une fois la neige fondra sous les gouttes de leur sang.

*
* *

Neuf jours après la bataille d'Inkermann, l'hiver inaugurait son règne, sur le plateau de Sébastopol, par une de ces tempêtes effroyables que l'on peut placer parmi les plus rudes épreuves de notre armée. Le 14 novembre, le ciel et la terre également blancs ne semblent former qu'un immense suaire. Il y a cependant des gens qui s'agitent sous les plis de ce linceul; c'est la population guerrière qui habite les tentes édifiées par nos soldats sur le sol inhospitalier de la presqu'île de Chersonèse, sur des monticules de terre disséminés çà et là. Leurs abris de toile sont couverts d'une glace qui meurtrit les doigts; nos hommes s'y étendent cependant, terrés comme des renards ; sur le front de bandière, quelques-uns d'entre eux montent la garde, en soufflant dans leurs doigts ; leurs silhouettes se profilent sous un ciel neigeux et souvent gris ; plus loin, de longues files de soldats portant la criméenne, les jambes serrées dans des guêtres jaunes montant jusqu'aux genoux, serpentent sur cette route blanchie par le givre, espèce de sillon creusé par les roues des voitures de l'artillerie, sur une surface luisante et dure et qui va de Kamiesch au campement de l'artillerie ; ce sont nos hommes de corvée, portant des boulets, pliant sous le fardeau et la fatigue, qui vont approvisionner les batteries sous Sébastopol. Sous ce ciel brumeux, dans ce pays lointain, cette forteresse entourée de fumée ne rappelait-elle pas le Kremlin ?

Que dire maintenant de Kamiesch, triste village, où s'était installée toute une colonie de marchands cosmopolites, et où s'entassaient, à l'entrée d'une baie providentielle, les vaisseaux chargés de nous apporter nos vivres et nos munitions. Tout autour, s'élevaient de grandes constructions en bois servant de magasins à l'intendance, espèces de baraques d'un aspect maussade, négligé, chétif, s'appuyant sur un sol détrempé, dessinant sous le ciel leurs toitures alourdies par un amas de boues.

On ne peut songer à ce misérable village, grelottant sous un ciel d'hiver, sans se rappeler quelques types de soldats que l'on y rencontrait à l'heure des distributions ou au jour d'arrivage des bateaux. On ne pouvait y faire un pas sans se heurter à nos soldats qui encombrent mille tavernes improvisées où se débitent les vins et les liqueurs les plus frelatés de l'Europe, apportant partout leur gaieté au milieu de ce caravansérail.

Nous connaissons le quartier général de Canrobert. Faisons-en le tour : Aux deux extrémités de ce plateau où le fer et le plomb remplacent avantageusement la verdure absente, deux bâtiments annexes y ont été établis, marquant pour ainsi dire les deux étapes de la vie du soldat : l'ambulance et l'église. Dans une armée, il y a, en effet, deux mondes dans lesquels on ne peut marcher qu'avec des flambeaux assez puissants pour ne pas s'éteindre sous les vents de la terre, quelle qu'en soit la force : l'enthousiasme et la foi. Ces deux mondes sont celui du champ de bataille et celui de l'église.

Dans l'un de ces bâtiments, c'est la souffrance acceptée ; dans l'autre, la souffrance bénie. Que ceux qui ont fait la guerre, ont vu la mort de près, savent ce qu'il faut avoir de force et de puissance dans l'âme, pour se soutenir dans les épreuves de la vie, pour faire son devoir, tout son devoir sur un champ de bataille, veuillent bien se souvenir et comprendre.

Qu'on se figure une vaste tranchée creusée dans un sol blanc, dur, et recouverte en toile ; dans cette galerie souterraine se pressent des lits allongés en longues files ; les deux extrémités de ce corridor lugubre sont seules éclairées par la pâle lumière du dehors ; les autres parties sont envahies par l'ombre, et c'est à peine si le visiteur peut distinguer çà et là les linges ensanglantés qui entourent la chair morbide de nos blessés. Cette tranchée, qui a l'aspect d'un tombeau, c'est l'ambulance.

Voyons maintenant la chapelle, baraque en planches aux cloisons minces, sillonnées par de larges fissures par lesquelles le froid pénètre ; ici, point de lumières adoucies comme dans nos églises, mais une morne clarté venant du ciel, dont l'aspect blanchâtre se montre au travers de vitres grossières ; point de cloches, mais la voix sourde du canon tonnant comme un glas funèbre, à intervalles réguliers, sur les tranchées où iront tout à l'heure ceux qui se recueillent ici-bas. C'est dans ce temple primitif que le P. Barabère vient chaque matin prier pour nos défunts. A l'extérieur, le vent est âpre et piquant ; au seuil de la porte commence une nappe de neige, dont quelques flocons ont envahi le sol sous le pied des arrivants, marquant le pas de chacun par une trace humide et glacée. Les vivants font d'autant mieux leur devoir qu'ils savent ne pas être oubliés après leur mort.

Après ce court exposé, que dire maintenant des campements occupés par nos troupes ? Au-dessus des tentes s'étend un vaste ciel grisâtre, chargé de neige, ressemblant à une immense voile déchirée par l'ouragan ; la neige dont le sol est recouvert a l'aspect de cette blanche écume qui se joue sur la cime des vagues, autour des navires en détresse.

Si les camps offrent un triste aspect, c'est encore bien pire dans les tranchées où nos soldats sont obligés de passer la nuit dans un fossé plein de boue et de neige, appuyés à une gabionnade et prêts à faire le coup de feu. Arrêtons-nous un instant dans ces tranchées.

Les premières construites rappelaient les rues désertes que l'on rencontre parfois autour des faubourgs d'une grande cité ; nulle troupe n'y résidait plus ; elles servaient simplement de passage à nos soldats pour se rendre dans celles sérieusement habitées. Au fur et à mesure que l'on se rapprochait des murs ennemis, le bruit que l'on entendait, le mouvement qui s'y faisait, annonçait le passage des faubourgs dans les quartiers vivants et tumultueux. L'air se remplissait d'un vague bourdonnement de balles sillonnant l'espace de leur bruit sinistre ; la bombe passait au-dessus des têtes dans la période ascendante de sa course, le boulet arrivait dans toute la force de son premier jet ; les rues étaient peuplées de soldats et offraient mille scènes vivantes.

Ici un officier lit quelque vieux journal ou une lettre reçue le matin, appuyé sur une gabionnade, tout en surveillant le tir de ses hommes. Là, le tirailleur embusqué derrière son créneau voit toujours la même ville au front morne, où la vie ne se trahit que par la vue de la fumée qui s'en échappe. Ailleurs une toile rigide de sang glacé, tendue entre deux brancards qui s'appuient sur le parapet, indique la civière ; de temps en temps elle emporte un mort ou un blessé, puis vient reprendre sa place parmi des gens qui, tout en marchant dans la neige, se rougissent les pieds et continuent paisiblement leurs occupations en surveillant l'ennemi. Souvent les balles écrêtent la cime des parapets, un boulet renverse un gabion, un obus éclate dans la tranchée ; ces accidents sont de chaque jour. Il faut du cœur pour résister à un pareil service ; il faut une âme bien trempée pour ne pas se laisser envahir par la tristesse et la nostalgie du pays ; c'est au cœur du soldat que s'adressait Canrobert, et tous ceux qui ont été ses collaborateurs dans l'œuvre gigantesque poursuivie avec lui, peuvent dire s'il a réussi.

Le général en chef visitait régulièrement les tranchées chaque jour. Raconter une de ces journées, c'est les raconter toutes. Il n'y avait point dans la vie quotidienne du soldat de détails qu'il ne craignait d'aborder. « Une nuit avait été particulièrement marquée par une abondante pluie de neige, raconte Paul de Molène dans ses souvenirs (1). Cet amas de neige tombée était devenu dur, rigide sur les tentes ; la lave glaciale s'y était figée. Les chevaux ne pouvaient marcher sur cette surface glissante que les hommes même ne pouvaient aborder sans une grande précaution. Canrobert sortit à pied, se dirigea vers le bivouac d'un régiment arrivé depuis peu. La mort semblait régner sous les tentes dressées de la veille. Sauf les sentinelles, aucun homme n'était debout. Les nouveaux venus manquaient de bois. Où en trouver sur ce plateau qui ne semblait produire que des boulets ? Le général se penche vers une tente, secoue quelques hommes qui, pressés

(1) *Commentaires d'un soldat.* — *Revue des Deux-Mondes.*

les uns contre les autres, cherchent l'oubli de leurs misères dans l'engourdissement, et les engage à faire du feu.

« — Nous n'avons pas de bois, répond un soldat d'un air étonné. »

« — Allons, mes enfants, répond Canrobert, debout! suivez-moi. »

Quelques soldats l'accompagnent. Au bout de quelques pas, le général s'arrête, et, de l'extrémité de sa canne, désigne, au milieu d'une surface blanche et unie, quelques pousses noires, minces, frêles, presque imperceptibles, semblables à de menus branchages que le moindre vent eût fait frissonner.

« —Voilà du bois, s'écrie-t-il. Qu'on m'apporte une pioche ! »

La pioche arrive, et, sous les yeux du chef qui dirige la fouille, nos soldats remuent la neige, puis la terre, et une énorme souche dessine, l'un après l'autre, ses contours rugueux, et finit par apparaître aux yeux des travailleurs ébahis.

« — Partout, leur dit alors Canrobert, où vous verrez ces pousses brunes, donnez un coup de pioche, et vous aurez une bûche de Noël. »

Voilà un régiment réveillé, des corps réchauffés et des esprits enrichis d'une de ces leçons pratiques chères à tous ceux que Dieu a créés pour être les pasteurs des guerriers.

Dans toutes ses visites aux tranchées, la nuit, comme le jour, Canrobert s'arrêtait sans cesse, adressant à chacun quelques paroles d'encouragement familier. Pas une plainte ne s'élevait sur son passage; sa venue, au contraire, était fêtée par un concert de paroles joyeuses, et tous les braves gens devant lesquels il passait le saluaient en souriant et d'un air de satisfaction simple et touchant, comme leur héroïsme. Les endroits qu'il préférait étaient ceux où il passait le plus de boulets et où sifflaient le plus de balles. Ce n'était pas chez lui une bravoure irréfléchie, mais simplement le calcul ins-

tinctif d'une intelligence hors ligne, connaissant le soldat et
sachant lui gagner le cœur. Ces entretiens familiers, au milieu
d'une pluie de projectiles, avaient une portée et une hauteur
que l'on donnerait en vain aux plus beaux discours, à ceux
pour lesquels on emploierait toutes les ressources de l'art ora-
toire.

*
* *

Ici se place la mort du général Bizot, pour lequel le général
Canrobert professait la plus haute estime, non seulement
comme compagnon d'armes, mais aussi comme chef du génie.

C'était une bravoure à part que celle de ce vaillant homme
de guerre ; une bravoure qui s'harmonisait parfaitement avec
l'arme savante dont il dirigeait les travaux. Sans cesse debout
sur les parapets, donnant ses ordres, poursuivant sa tâche
avec un calme et une ardeur infatigables, il semblait railler les
projectiles de toutes sortes qui pleuvaient autour de lui. Un
matin, le 12 avril 1855, cet homme qui, depuis plusieurs mois,
bravait impunément la mort, fut atteint, en visitant les tranchées anglaises, en compagnie du général Niel, d'une balle
qui lui brisa la mâchoire, tout en lui causant de graves
désordres à l'intérieur du corps.

Qui pouvait mieux comprendre que Canrobert le cœur droit
et honnête du général Bizot, qui personnifiait en lui l'amour
du devoir servi par le goût du travail ? Sitôt la nouvelle de sa
blessure arrivée au quartier général, le commandant en chef
voulut aller visiter son compagnon d'armes, ramené tout sanglant sous l'abri qui lui servait de baraque, à l'entrée du parc
du génie.

Le général Bizot, la tête enveloppée de bandages, reçut
son chef avec une déférence militaire singulièrement touchante ; il se souleva, prononça quelques paroles de reconnais-

14

sance, s'informant des travaux du siège, mais ne faisant aucune allusion à son enveloppe brisée, et prouvant qu'il ne tenait plus à ce monde que par son intérêt à l'œuvre pour laquelle il allait mourir.

Trois jours après, le 16 avril, on l'ensevelissait à peu de distance du moulin d'Inkermann, en face de ces tranchées qu'il avait si souvent visitées. Autour de la bière qu'allait enfouir cette terre déjà gorgée de tant de morts, se tenait la plus étrange réunion d'hommes qui ait assisté peut-être à une cérémonie funèbre. Tous les généraux français, anglais et turcs se trouvaient là. L'amiral Bruat s'y était rendu avec tout son état-major; Canrobert, lord Raglan, Omer-Pacha marchaient derrière le cercueil; venaient ensuite les généraux Bosquet, Pélissier, Niel, Magnan, Dulac, etc. Les soldats du génie entouraient silencieusement l'espace réservé au service funèbre. Au loin, le canon tonnait et les fusées sillonnaient le ciel : amis et ennemis saluaient des salves de leur artillerie l'intrépide soldat dont notre armée déplorait la perte. En avant de cette foule, au bord de cette fosse, dans un silence triste et grave, les chefs des trois armées, tous trois de religion différente, se tenaient debout.

Quand le corps eut été déposé dans la fosse; quand le prêtre, le P. Parabère, eut eu récité la sublime et touchante prière du *De Profundis* et prononcé ces dernières paroles : *Qu'il repose en paix!* le général Canrobert, avant le bruit de la première pelletée de terre, d'une si terrible éloquence et qui est comme un appel à l'éternité, prononça quelques paroles émues, d'une merveilleuse puissance : « Dieu, s'écria-t-il, devait à un pareil homme une récompense digne de lui et de son glorieux passé. C'est justement parce que Bizot était un noble caractère, donnant à tous, chaque jour, l'exemple du courage, le modèle du devoir accompli sans relâche, du dévouement, de l'abnégation; c'est parce que Bizot avait toutes les vertus et les mâles qualités, que Dieu, dans sa justice infinie, lui a accordé le suprême honneur de tomber en soldat, sur la brèche, en face de l'ennemi. »

Ce rapide discours produisit une impression profonde sur un auditoire déjà ému jusqu'aux larmes; car le général Bizot était aimé, tant à cause de sa simplicité, de sa bonté, qu'à cause de sa valeur prodigue et sans faste. Les sapeurs qui portaient sa bière, ceux qui creusaient sa fosse, avaient des larmes dans les yeux.

***

Le 26 et le 27 avril, le général Canrobert passa la revue des 1er et 2e corps. L'allocution prononcée par lui, à la suite de ces deux revues, dépeint le caractère de l'homme tout entier. La voici :

« Remerciez, messieurs, dit-il aux officiers, remerciez ces braves soldats, au nom de la France; dites-leur que lorsque la France et l'Angleterre réunies mordent quelque part, elles enlèvent le morceau. Dites-leur que dans douze ou quinze jours, trente-cinq mille de leurs compagnons, de leurs frères d'armes, seront ici et viendront prendre part à leur gloire, à leurs fatigues; alors, nous irons frapper à la porte ou à la fenêtre de Sébastopol, et il faudra bien que l'une ou l'autre s'ouvre. »

Deux jours après cette revue, une affaire sérieuse eut lieu en avant du bastion central. Des travaux considérables s'y exécutaient pour préparer l'emplacement de batteries dont le feu eût ruiné une de nos batteries récemment achevées, ainsi que les travaux qui l'entouraient, et aurait battu d'enfilade les attaques françaises sur le bastion du Mât. Il fallait donc à tout prix empêcher les Russes de s'établir dans cette place d'armes.

Cette attaque, cependant, offrait de grandes difficultés. Pendant deux jours, on tint des conférences chez le général Canrobert. Les avis furent partagés, non sur son opportunité, mais sur la possibilité d'un succès. Le général Pélissier voulait brusquer l'attaque, sans attendre l'arrivée des renforts qu'on annonçait; Canrobert, avare du sang de ses soldats, était d'un avis contraire. Les Russes tranchèrent la question. On les voyait travailler sans relâche, jour et nuit; encore quelque temps, et l'entreprise projetée eût été impossible, même avec les renforts attendus. Il fallait donc agir sans retard, et, le 1er mai, Pélissier reçut l'ordre d'enlever ces positions. L'affaire eut lieu pendant la nuit, au moment où la lune, éclairant très vivement le terrain, permettait d'opérer avec ordre.

Il fallut combattre toute la nuit et toute la journée du lendemain. Mais nous avions conquis définitivement le bastion central, et le succès de cette affaire exerça une grande influence sur le moral des deux armées.

A la suite de ce double combat, Canrobert, dont la santé était gravement compromise, et qui souffrait d'une ophtalmie, se résigna à quitter le commandement de l'armée d'Orient, qu'il remit au général Pélissier, après avoir reçu l'agrément de l'empereur, demandant à rentrer comme simple divisionnaire dans les rangs de cette même armée, sous les ordres de celui qui était son subordonné depuis plusieurs mois.

Pour bien juger Canrobert, il faut le voir dans ses actes et non le juger d'après les apparences. Canrobert met l'amour de la patrie et la satisfaction du devoir accompli avant les jouissances personnelles de l'amour-propre. Nature sympathique par essence, énergique par instinct, ne pensant pas à jouer un rôle, mais bien à rester lui-même, il entre volontiers en conversation sur les événements qui se passent, parle franchement, sans réticences, de tout ce qu'il aime, de tout ce qui le choque. L'expression chez lui, souvent heureuse, se présente sous les traits d'une image facile à saisir ; et à Inkermann, ne disait-il pas à sa cavalerie pour l'entraîner : « Vous êtes des boulets vivants que je lance à ma volonté. »

Deux mois encore avant de se démettre de ses fonctions, c'est lui qui disait au baron de Bazancourt, l'historiographe de la guerre d'Orient : « L'opinion publique est *une indiscrète ;* la guerre ne se fait pas sur le papier et pour le bon plaisir des amateurs de nouvelles et des joueurs de bourse. Il est toujours facile de dire : « On aurait pu faire ceci, on aurait » pu faire cela. » Oui, *peut-être,* mais si on n'eût pas réussi, demandez à ces messieurs ce qu'on aurait dit... Il faut tout prévoir quand on a l'honneur de commander à d'intrépides soldats, et que l'on tient dans ses mains d'aussi graves intérêts. *La vie d'un seul de ces hommes-là,* quand on les connaît comme moi, *vaut un trésor...* Oui, je voudrais qu'on envoyât ici toutes les lumières dont s'honore la France. Croyez-le bien : pourvu que l'on ait pour *trois sous d'honneur dans le cœur, les individualités disparaissent devant des questions de cette nature ; l'amour-propre s'efface pour ne songer qu'au bien de tous, à la gloire, à l'intérêt du pays. Voilà ce que je comprends, voilà ce que je cherche.* Tenez, si ma sentinelle venait me dire : « Mon général, je suis sûr de prendre la ville dans une » heure »; je lui répondrais : *Va, mon garçon ; prends mon chapeau à plumes blanches et donne-moi ton fusil, je monterai la garde à ta place ;* et puis, voyez-vous, je crierais bien haut que c'est ce soldat qui a pris Sébastopol.. »

De telles paroles se passent de commentaires ; elles expliquent de la manière la plus honorable les raisons qui ont déterminé Canrobert à résigner le commandement suprême, le 19 mai 1855, entre les mains de son vieux compagnon d'armes, le général Pélissier.

Cette résolution, pleine d'une si incontestable grandeur,

produisit dans l'armée de Crimée une émotion dont il est impossible aujourd'hui de faire comprendre toute l'étendue et toute la puissance : « Notre armée est dans l'attendrissement, écrivait le colonel de la Tour du Pin à un de ses amis restés en France ; l'abdication du général Canrobert, c'est la mort de M. de Turenne. »

*
* *

Descendu du commandement suprême avec une modestie et une abnégation rares, Canrobert va reprendre le commandement de la division qu'il avait conduite à la bataille de l'Alma au début de la campagne. Elle se compose des brigades Vinoy et Espinasse (1), campées sur les lisières du plateau, du côté de Balaklava. Le bivouac occupé par les troupes qu'il va commander est moins désolé que la plupart de ceux qui l'entourent ; par endroits, la terre est recouverte de quelques touffes de verdure ; la vue se repose sur la vallée verdoyante qui, d'un côté, aboutit à Balaklava, et de l'autre à la Tchernaïa.

Espinasse ayant offert à Canrobert l'hospitalité du premier jour, c'est à la table d'un de ses brigadiers qu'il prend son repas du soir. On était triste de part et d'autre, car malgré tout, cet acte d'abdication amenait avec lui une secrète tristesse. La conversation ressemblait à ces foyers refroidis où l'on cherche vainement à rapprocher deux tisons renfrognés. Mais au dehors se font entendre les notes alertes et mordantes d'une mousqueterie très intense, et, par instants, le bruit lourd et violent de pièces tirant à toute volée. Canrobert se tourna alors vers son officier d'ordonnance, Paul de Molène, lieutenant au 3ᵉ régiment de spahis, assis à une des extrémités de la table.

(1) Tué à Magenta le 4 juin 1859.

— Montez à cheval, lui dit-il, et allez voir ce qui se passe ;
vous direz au major des tranchées que je n'ai plus le droit de
lui faire demander des renseignements, mais que je lui saurai
gré des nouvelles qu'il me donnera.

Ainsi, chez le général en chef de la veille, la sollicitude pour
l'œuvre qu'il avait dirigée survivait à son abdication.

Quelques jours après, le 26 mai, Canrobert reçut l'ordre
d'exécuter une reconnaissance dans la vallée de la Tchernaïa,
de nettoyer cette vallée, de s'y établir et de prendre cette rivière pour limite afin de déloger les Russes des petits postes
qu'ils occupaient encore depuis le combat de Balaklava. Il a
sous ses ordres deux divisions du second corps d'armée (les
1re et 5e), qui se massent en avant des redoutes de Balaklava. Il
a fait une admirable nuit de printemps ; nos colonnes s'ébranlent une heure avant le jour et descendent dans la vallée. La
cavalerie du général Morris a toutes les peines du monde à
chevaucher au travers de sentiers faits plutôt pour le pied des
chèvres que pour celui des chevaux. La vallée dans laquelle on
pénètre est plantée de hautes herbes répandant une puissante
odeur ; un ciel printanier constellé d'étoiles doucement trem-
blantes plane au-dessus de ces épaisses prairies.

Notre marche n'est pas inquiétée ; quelques coups de fusil
tirés par les vedettes russes nous indiquent seulement que
l'ennemi est sur ses gardes. Quand les étoiles se mirent à pâlir
et l'aube à se montrer, ce fut alors soudain un bruit de tambours et de clairons répercuté par les échos de la vallée. Nous
étions à quelques pas de la Tchernaïa. Ce n'est pas la diane
qui salue la clarté du jour ; c'est la charge. Notre infanterie
(zouaves et chasseurs à pied) franchit au pas de course la rivière
que la cavalerie a passée déjà au point où elle se bifurque en sortant de la gorge des montagnes Vernoutka, et s'élance sur une
redoute que l'ennemi abandonne. Les coups de fusil animent
cette scène matinale à laquelle prend part le canon, et quelques

boulets, tirés à une grande distance par les Russes, viennent écraser presque sous les pieds de Canrobert l'herbe encore humide de rosée.

Ce rapide engagement permet à nos troupes de s'établir au bivouac sur les bords de la Tchernaïa qui devient ainsi la limite de notre camp. Les tentes s'élèvent sur des collines couvertes de gazon, face aux avant-postes russes établis sur les hauteurs.

Cette reconnaissance, qui avait réussi en tous points, eut pour résultat d'éloigner l'ennemi de nos lignes de circonvallation et de constater que son armée, qui avait reculé sur tous les points en refusant le combat, n'était pas en mesure pour le moment de venir troubler nos travaux de siège.

A quelques jours de là, la division Canrobert, aidée de la division de cavalerie Morris, faisait encore la reconnaissance de la vallée de Baïdar. On était au mois de juin. La route suivie par nos colonnes passe entre deux hauteurs boisées qui sont pour l'œil une réunion d'enchantements pittoresques : des flots de verdure jaillissent entre des rochers, inclinant leurs cimes balancées par le vent et semblant nous saluer au passage. Baïdar, où la division Canrobert s'arrête, est un vaste village abandonné par les habitants qui avaient fui les maux de la guerre. Après un repas sommaire pris au milieu d'un champ, le général monte à cheval et se rend aux portes de Phoros, site enchanteur où sont amoncelées toutes les richesses que pourrait souhaiter la palette d'un peintre comme Claude Lorrain. Les arbres isolés, les rochers, les montagnes et la mer miroitent dans les yeux sous une splendide lumière, mêlant une immense grandeur à toutes ces merveilles.

En regagnant leurs bivouacs, le soir, nos soldats, dont la silhouette se profilait sur un ciel empourpré par le soleil couchant, subissaient l'influence de ce beau pays et chantaient à

Canrobert se promène ainsi dans l'espace enflammé où se resserre l'action. (Page 203.)

tue-tête. La vie militaire revêt parfois des formes bien attrayantes.

*
* *

Quelques jours après l'attaque infructueuse mais si meurtrière du 18 juin 1855, la division Canrobert reçut l'ordre de monter sur le plateau pour remplacer aux attaques de droite l'ancienne division Mayran, que le feu des Russes avait décimée. Ainsi s'accomplissait, dans toute sa rigueur, le plus grand acte d'abnégation dont notre histoire fasse mention ; celui qui, récemment encore, avait une armée entière sous ses ordres, venait dans un rang secondaire poursuivre au poste le plus périlleux l'œuvre qu'il avait renoncé à conduire comme commandant en chef.

La lettre suivante, écrite à un de ses parents, est la preuve irréfutable du véritable caractère du général Canrobert, modeste et désintéressé du début à la fin de sa carrière.

« Mon cher cousin,

» J'ai fait comme Sylla, je me suis sacrifié à l'intérêt ; mais plus heureux que lui, je n'ai pas encore trouvé un seul homme qui m'ait fait repentir d'une résolution prise dans l'intérêt de mon pays, auquel je saurai toujours me sacrifier. Je voulais attaquer les Russes d'une certaine manière ; nos alliés avaient d'autres plans. L'accord entre nous était indispensable ; ma présence pouvait et devait l'empêcher : je me suis retiré. Inutile de te dire que la confiance de mon immense armée m'a suivi jusqu'au bout ! N'étant plus *tête* j'ai voulu devenir *bras*. Ils me proposaient un corps d'armée, je l'ai naturellement refusé. Ne me plains pas trop, et surtout ne m'admire pas.

» Général Canrobert. »

« Sous la Tchernaïa, 8 juin 1855. »

En quittant la Tchernaïa, nos troupes disaient adieu à la fraîcheur, aux arbres, à la verdure, pour aborder une région nue, aride, dévastée, où depuis tant de mois une immense réunion d'hommes s'offrait à tous les coups de l'ennemi. On marchait sur un sol calciné ; le fer et le plomb y remplaçaient la verdure absente ; des boulets de toutes dimensions, disposés comme les buis d'un jardin, formaient çà et là de sombres bordures autour des tentes.

L'endroit que choisit Canrobert pour s'installer était un vaste carré dénudé au milieu duquel s'élevait une baraque en planches construite sur une terre dure, blanchâtre, où rien ne poussait. Cette baraque avait recélé l'agonie et la mort du général Mayran, tué le 18 juin. Non loin de cette baraque se trouvait le *théâtre des zouaves*, espèce de maison carrée ornée d'un fronton appuyé sur des pilastres et ayant pour devanture une toile où un pinceau primitif avait essayé de rendre les plis majestueux d'une draperie opulente ; un hémicycle en terre recevait les spectateurs qui prenaient place sur des banquettes ou buttes également en terre.

A peine établi dans son bivouac, Canrobert monta la garde de tranchées avec sa division. Cette dernière était de garde vingt-quatre heures, troupe de soutien le lendemain, et ne se reposait quelques instants que le troisième jour. Le poste assigné au général qui commandait la division de garde était une baraque appuyée à une gabionnade qu'elle ne dépassait pas, et construite sur le plateau occupé jadis par la batterie Lancastre. C'était de là qu'il partait pour accomplir sa tournée dans les tranchées. Ce lieu dominait nos attaques ; on les voyait se dessiner à droite, à gauche et en avant. Comme le poète sur la montagne, on avait à ses pieds une ville dont la respiration bruyante ne manquait pas de charme, avec sa ceinture d'éclairs et sa couronne de fumée.

Les jours de garde, Canrobert faisait dresser sa table au

grand air, à côté de sa baraque, derrière les gabions. Chacun des régiments qu'il commandait fournissait des musiciens à tour de rôle. Ces repas avaient l'entraînement et la saine gaieté donnés par la musique militaire, dont les accords devaient arriver parfois jusqu'aux oreilles des assiégés lorsque le vent s'y prêtait. Quelques boulets, en passant au-dessus de cette table improvisée, faisaient l'originalité et l'élégance du festin.

Au fur et à mesure que nos attaques serraient de plus près les défenses de l'ennemi, nos pertes journalières devenaient plus graves ; de là une sorte de résignation qui tarissait la gaieté, la verve française de nos soldats. Canrobert, dans ses visites aux tranchées, se raidissait contre une telle tendance et n'abordait les soldats qu'avec de joyeux propos. Nos lecteurs peuvent s'imaginer l'empire qu'il exerçait sur ses soldats avec son langage imagé, mis à la disposition d'un cœur vaillant doublé d'un esprit bien doué.

Un seul trait montre cet empire.

Un soir, en revenant de visiter nos travailleurs, le général cheminant dans un de ces ravins tourmentés si chers au pinceau hardi et violent de Salvator Rosa, aperçut au pied d'une montagne sombre, dont les plis commençaient à se remplir des ombres de la nuit, quelques soldats occupés à remuer la terre pour y creuser des fosses. En cet instant passaient d'autres soldats portant sur leurs épaules une civière sur laquelle reposait un cadavre que la mort rapide, foudroyante, avait changé en une statue qui était en quelque sorte une menace à la puissance divine. Un de ses bras était raidi le long de son corps, mais l'autre menaçait le ciel.

« — Eh bien ! mes enfants, dit Canrobert à ces fossoyeurs improvisés, —il y en a donc beaucoup qui ont fait aujourd'hui le grand voyage ?

» — Oui, mon général, répondent les soldats ; et demain, il y en aura bien d'autres encore.

» — Nous le ferons tous, reprit alors leur chef ; c'est bien certain. Mais de quel lieu partirons-nous, et quand nous mettrons-nous en route ? voilà ce que je ne puis vous dire (1). »

Appuyés sur leurs pioches, les hommes qui travaillaient dans le ravin se mirent à rire. L'humeur gauloise, réveillée, reprenait sa chanson au bord de ces tombes entr'ouvertes.

Dans le courant du mois de juillet, nos travaux avaient été poussés avec tant de vigueur sur certains points, que lorsqu'on mettait l'œil à un créneau, le regard semblait presque noyé dans l'ombre de la tour Malakoff, dont l'apparition irritante ne devait pas tarder à s'évanouir au contact de notre drapeau. Aussi Canrobert disait-il un jour à ses familiers :

« — Je suis comme Moïse ; si je n'ai pas pu entrer dans la terre promise, il m'est loisible, du moins, de la contempler.

Un après-midi, dans une de ses excursions aux extrêmes limites de nos attaques, le général est arrêté par quelques soldats qui lui disent : « On ne passe pas, mon général.

» — Et pourquoi cela ? répond ce dernier.

» — C'est le feu des tirailleurs russes qui empêche de passer par là. Ce chemin a été ouvert cette nuit ; on n'a pas pu le couvrir encore, et tout à l'heure, un officier s'est fait tuer en essayant de le traverser.

» — Ce n'est que cela ? répond Canrobert, nous verrons bien. »

Et le général entra dans le chemin.

Mais l'ancien commandant en chef de l'armée de Crimée devait bientôt quitter cette terre où le premier il avait planté notre drapeau qu'il avait arrosé de son sang par deux fois, et à laquelle il était attaché par tout ce qui peut unir un homme de guerre à une contrée où il laissait son cœur et tant de souvenirs glorieux.

____

(1) *Commentaires d'un soldat* : « Revue des Deux-Mondes. »

Rappelé en France, en juillet 1855, Canrobert passe la veille la revue de sa division. Contrairement à son habitude, il ne s'arrête devant aucun soldat. Un morne chagrin pèse sur son visage d'ordinaire si souriant à tous. On sent qu'il a hâte d'en finir avec une douloureuse épreuve.

Le jour même où il quitte le sol de la Crimée, tous les chefs de corps, tous les officiers que les travaux de siège laissent disponibles lui font escorte jusqu'à Kamiesch, port d'embarquement. Bien des yeux sont humides de larmes. Puis Canrobert, embrassant Pélissier, reprend à travers les mers la route de France, laissant derrière lui cette autre patrie sillonnée des boulets qu'il avait tant de fois bravés.

La bûche de Noël des soldats de Crimée. (Page 208.)

CHAPITRE XI

DE PARIS A SOLFÉRINO

(1856-1859)

A gloire de Canrobert, en Crimée, a été de conserver pour le jour de l'assaut une armée qui, sans lui, serait morte de misère.

« Couvert d'une peau de mouton, comme les pasteurs de la Bible, écrit le général Ambert, il va nuit et jour d'un bivouac à une tranchée, d'une tranchée à une ambulance, soutenant les courages abattus, consolant les misères, récompensant les cou-

rages, réveillant les plus nobles sentiments, répandant à
pleines mains, au nom de la patrie, cette grande vertu nommée
la résignation, vertu que Canrobert semble avoir empruntée à
la sœur de charité, pour la donner à ses soldats. »

Toutes les distinctions, tous les honneurs sont accordés au
général Canrobert, qui reçoit successivement, pendant la
guerre de Crimée, la croix de grand-officier de la Légion
d'honneur (21 octobre 1854), la médaille militaire (13 janvier 1855) et la grand-croix de la Légion d'honneur (23 mai
1855).

Son retour en France est une fête nationale, et l'écrivain
militaire ajoute : « Le peuple se précipitait autour de son
cheval pour toucher, comme une relique, le fourreau de son
épée ; les gens de lettres célébraient à l'envi sa grandeur
d'âme ; les mères laissaient couler leurs larmes, en voyant les
enfants que le général leur ramenait des lointains rivages.

» L'Angleterre et la Suède joignirent leurs hommages aux
hommages de la France, et, au nom de la patrie reconnais-
sante, le souverain remettait aux mains de Canrobert le bâton
qu'avait porté Turenne (18 mars 1856). »

Ici se place une anecdote toute caractéristique.

C'était quelques jours après l'élévation de Canrobert au
maréchalat. Il y avait soirée aux Tuileries, et le vestibule qui
précède le grand escalier du pavillon de l'Horloge regorgeait
de monde. C'était un véritable chaos d'épaules nues, d'habits
noirs ou d'uniformes plus ou moins chamarrés, de têtes
chauves, de coiffures, de diamants et de dentelles s'agitant
lentement. Le grand escalier ruisselait d'acier, de piques
étincelantes et de crinières farouches : un cent-garde, véritable panoplie vivante, éclair depuis l'éperon de la haute botte
vernie jusqu'à l'étincelle qui se dégageait de la latte immo-
bile, se tenait à l'extrémité de chaque marche. Canrobert, en-
cadré de ses deux aides de camp, passe entre cette double

haie de sphinx, impassibles, muets, sépulcraux, sur lesquels rien ne remue et ne vit, si ce n'est la prunelle qui luit sous la visière des casques.

Soudain, une jeune fille vêtue de rose, les cheveux ornés de pâquerettes, se détache du groupe qui l'entoure et va droit au maréchal Canrobert qui débouche à l'entrée du salon de la Paix.

— Monsieur le maréchal, — lui dit-elle, — daignez me regarder comme une Russe, et m'inviter pour la première contredanse.

— Impossible, mademoiselle, répond le vainqueur de Zaatcha ; je ne danse jamais. D'ailleurs, un armistice est signé avec la Russie.

— C'est alors une amnistie que je vous demande pour mon audace, monsieur le maréchal, — répond la jeune fille sans se déconcerter.

Et, sans plus de façon, elle prend le bras de Canrobert qui reçoit en pleine figure un regard étincelant et pénètre avec elle dans la salle des Maréchaux. Mais, avisant le sous-lieutenant de Diesbach, des voltigeurs de la garde, qu'il connaissait de longue date :

— Tenez, jeune homme, lui dit-il, en lui présentant la jeune personne à son bras, — prenez place avec mademoiselle dans le prochain quadrille, et souvenez-vous que cette nuit, un maréchal de France a envié le sort d'un sous-lieutenant.

Cette jeune personne était mademoiselle Lélia-Flora de Mac-Donald, d'une ancienne famille écossaise, que le maréchal devait épouser quelques mois plus tard, et dont le grand-père maternel était général en chef de l'armée des Indes.

*
* *

C'est la fatalité de la guerre d'engendrer la guerre ; celle d'Italie se révèle au sein même du congrès de Paris en mars 1856, alors que les plénipotentiaires venus pour faire la paix allaient se séparer, bien convaincus qu'ils avaient assuré la tranquillité de l'Europe pour une période de plusieurs années. Dès l'année 1858, le comte de Cavour, premier dictateur du royaume de Sardaigne, lançait le premier brandon de discorde entre les cours de Vienne et de Turin.

« L'Italie est mûre, — disait-il en substance à ses familiers du ministère de l'intérieur ; — l'expérience acquise en 1848 a porté ses fruits. Il n'y a plus en Italie ni Guelfes, ni Gibelins. Sauf quelques exceptions, il n'y a qu'un drapeau des Alpes à l'Adriatique : celui de Victor-Emmanuel. »

Nous n'entrerons pas ici dans la discussion des causes qui ont pu amener la guerre d'Italie. La France fait la guerre pour une idée, dans un but de civilisation ou d'équité, au nom d'un principe international et sans se soucier de son intérêt personnel, quelquefois même aux dépens de sa propre sécurité.

La nation française ne vit dans la guerre d'Italie que le devoir d'affranchir un peuple d'une domination qui lui pesait. L'avenir a prouvé qu'elle y avait plus à perdre qu'à gagner. Mais une nation qui a résisté aux déceptions cruelles de ces dernières années peut attendre sa revanche sans crainte.

*
* *

Voici donc la guerre déclarée entre le Piémont et l'Autriche le 26 avril 1859. La France, liée à l'Italie par les souvenirs de la guerre de Crimée et des intérêts communs, cherche vainement une solution pacifique. Fidèle à ses promesses de secours, elle improvise une armée et l'envoie en Italie.

Deux jours après la déclaration de guerre, l'empereur Napoléon III envoyait à Turin le capitaine Brady, avec la mission de voir le maréchal Canrobert qui y était déjà pour s'entendre avec le ministre de la guerre italien au sujet de l'arrivée prochaine de l'armée française dans le bassin du Pô. « Vous me ferez connaître, dit en substance l'empereur à cet officier, les premières dispositions qu'a dû prendre le maréchal, de concert avec le roi et le général de la Mormora, pour couvrir Turin dans le cas où l'armée autrichienne tenterait une attaque de vive force sur la ville avant la concentration de mon armée. »

Le capitaine Brady arrive à Turin le 1er mai suivant, vers neuf heures du matin, voit le maréchal Canrobert qu'il trouve en conférence avec le comte de Cavour très agité, très nerveux et fort inquiet de la situation menaçante de l'armée autrichienne qui a franchi le Tessin et paraît vouloir attaquer la capitale de la Lombardie.

Après le départ du ministre italien, le maréchal, tournant la tête du côté de son ancien officier d'ordonnance de l'armée de Crimée, lui dit en souriant avec ce léger accent gascon qu'il ne retrouve que quand il veut plaisanter avec sa finesse d'esprit toute méridionale :

« Il n'est pas rassuré, le grand ministre. Il est vrai que si le comte Giulay était un audacieux, il marcherait de l'avant pour prendre à Turin un maréchal de France et une division d'infanterie. Ce serait un joli coup de filet pour un début de campagne. Mais je viens de prendre une première précaution qui rendra le général autrichien circonspect. Au lieu de couvrir Turin et de chercher à défendre la Doria-Baltea, partout guéable et trop facilement abordable par les bois, je fais filer les divisions de mon corps d'armée sur Alexandrie. Là, enfermées dans le triangle formé par le Pô, la Bormida et le Tanaro, où elles peuvent se défendre longtemps, elles menacent la gauche de l'armée ennemie, dans le cas où elle prononcerait son mouvement offensif vers Turin. »

Commandant en chef des premières troupes françaises qui pénétraient en Italie, le maréchal Canrobert visite la vallée de la Doria-Baltea, en compagnie des généraux Niel et Frossard, et c'est cet examen qui décide immédiatement l'occupation de Casale et d'Alexandrie. L'auteur de ces lignes ne fait pas ici de stratégie ; il ne saurait cependant passer sous silence ce mouvement de concentration qui étonna si fort les Autrichiens et favorisa si puissamment les débuts heureux de notre campagne en Italie.

Une audacieuse inspiration du généralissisme autrichien pouvait nous créer de cruels embarras si son armée se décidait à franchir le Pô. Le 2ᵉ et le 4ᵉ corps français (Mac-Mahon et Niel) étaient loin d'être réunis à Gênes, et ne pouvaient s'ébranler avant d'être au complet et de posséder les moyens de tenir la campagne. C'est alors que Canrobert, sentant l'importance des heures, qu'il aurait voulu pouvoir pousser comme les hommes, se rend à Alexandrie où il arrive le 3 mai.

Cette ville, malgré le soleil printanier qui l'éclaire, a l'aspect des forteresses en état de siège. Le corps d'armée que commande Canrobert (le 3ᵉ) se compose de trois divisions commandées par les généraux Renault, Bourbaki et Trochu. Mais la division Bourbaki était seule établie dans Alexandrie ; les autres arrivaient seulement. Un coup de main heureux de l'ennemi contre le chemin de fer de Suze, qui nous amenait des renforts, pouvait compromettre nos premiers efforts. Dans cette situation, le premier soin du maréchal fut de visiter les fortifications d'Alexandrie, de maintenir ses communications avec Turin en s'occupant de la défense des voies ferrées, en faisant établir de nouvelles batteries sur les remparts de la place, et en dehors, sur des points où l'on pouvait créneler et retrancher les maisons.

Le 14 mai, l'empereur arrivait à Alexandrie. Une population immense inondait les rues, et semblait monter en s'élevant le long des maisons : fenêtres, balcons, corniches, tout espace où pouvait se blottir un curieux était envahi ; chaque muraille avait un revêtement humain. L'air retentissait d'acclamations obscurcies par des pluies odorantes de fleurs ; et au milieu de tout cela, l'empereur s'avançait lentement à cheval entre deux haies de soldats immobiles.

Que doit-on éprouver sur un champ de bataille, quand l'âme d'une nation tout entière vous salue au passage avec une reconnaissance exaltée? Chacun peut l'apprécier à sa manière ; l'aimer ou la haïr, l'accuser ou la défendre ; nul cependant ne saurait se soustraire à l'action vibrante de ses transports d'allégresse.

L'empereur, à peine arrivé, dessine le mouvement de son armée vers la droite, faisant croire à l'ennemi qu'il veut forcer le passage du Pô à Stradella. Le 1er corps (Baraguey-d'Hilliers) s'avance jusqu'à Voghera ; Canrobert va établir son quartier général à Tortone.

Le maréchal y habite une vaste maison, un peu sombre, mais dont le jardin est splendide, avec ses étroites allées, son parterre émaillé de quelques fleurs poussant çà et là au milieu d'une herbe capricieuse dans l'indépendance de tout jardinier. Un hangar, à la fois remise et vestibule, conduit à un escalier qui donne accès aux appartements du premier étage. Les repas de l'état-major se prennent au rez-de-chaussée, dans une salle basse donnant sur le jardin, et chaque soir, au moment du dîner, la musique d'un des régiments de ligne se fait entendre sous les fenêtres de cette salle à manger improvisée.

Le maréchal est depuis trois jours à Tortone, lorsque le canon se fait entendre, un après-midi, dans la direction du Voghera. Canrobert monte à cheval, se rend à Ponte-Curone, quartier général de Baraguey-d'Hilliers, et y apprend que cette canonnade est le résultat d'une rencontre entre les Autrichiens et le général Forey, en reconnaissance près de Casteggio, en avant de Voghera.

Ce combat est celui de Montebello (20 mai 1859).

Le lendemain, Canrobert recevait l'ordre de quitter Tortone et d'aller s'installer à Ponte-Curone, pour remplacer Baraguey-d'Hilliers qui, lui, allait établir son quartier général à Voghera. La nouvelle installation du maréchal ne manquait ni de grâce, ni de grandeur. Qu'on se figure une belle maison bien située ; le premier étage occupé par un immense vestibule, dans lequel réside l'état-major, était hanté tour à tour par des généraux, des soldats, des gens du pays ; tous gens les plus opposés, les plus divers, les plus séparés d'habitude en ce monde. On y accédait par un large escalier qu'éclairait une belle lumière. Le rez-de-chaussée de ce logis se composait de grandes pièces garnies de tableaux, pressés les uns contre les autres, formant une sorte de musée.

Le 23 mai, l'ordre arrivait de quitter Ponte-Curone dans la soirée. L'empereur avait décidé cet audacieux mouvement de flanc qu'on lui a tant reproché, mais qui cependant trompait l'ennemi, nous portait en quelques jours sur les rives du Tessin et nous ouvrait les portes de Milan.

Où le 3ᵉ corps allait-il ? Nul ne le savait, et à la grande surprise de nos généraux, les troupes prirent les voies ferrées. Jamais départ ne fut salué cependant avec plus de verve, de pétulance, de joie et d'entrain. Le convoi qui transportait l'état-major et les premières troupes du 3ᵉ corps s'arrêta la nuit, à hauteur de Casale ; le maréchal Canrobert gagna pédestrement l'endroit qui lui était assigné comme quartier général, une vaste maison dont la porte haute et massive donnait sur une rue sombre, espèce de bâtiment qui ressemblait plutôt à une caserne ou à un cloître qu'à un palais. C'était en quelque sorte un logis féodal, fait pour servir d'asile aux seigneurs

Le maréchal lance ses troupes vers un amas de maisons... (Page 240.)

du moyen âge ; la maison d'un Capulet ou d'un Montaigu.

Dix jours après, Canrobert quittait Casale à quatre heures du matin. Il s'agissait de franchir le Pô dont les rives portaient encore l'empreinte des bivouacs autrichiens. Les troupes avançaient avec précaution, écoutant tous les bruits, sondant les profondeurs du feuillage, et après une marche assez longue et assez pénible sous bois, arrivaient vers midi à un groupe de maisons d'apparence chétive, connu sous le nom de Prarolo, petit village noyé dans un sol humide, baigné dans le pâle ombrage des peupliers qui l'entourent. La Lombardie, resserrée dans cette région entre le Pô et la Sesia, ressemble aux vallées où s'épanouit, en France, la culture des maraîchers. Sous cette attrayante feuillée, entre cette riche végétation, on sent l'air oppresseur des lieux bas, humides et couverts.

La maison où s'établit le maréchal Canrobert à Prarolo est le presbytère de l'endroit, et c'est en déjeunant, le 30 mai, dans la salle basse qui lui sert de salle à manger, qu'il entend la fusillade de l'autre côté de la Sesia, et qu'il apprend la nouvelle du combat de Palestro.

Le même soir, commencèrent les travaux nécessaires au passage de la Sesia. De grandes prolonges, traînées par de vigoureux attelages, chargées de bateaux et de planches, traversèrent Prarolo. Ces prolonges portaient notre équipage de ponts, et l'un des hommes qui ont le plus contribué aux attaques de Sébastopol, le général Lebœuf, vint lui-même diriger les travaux de nos pontonniers ; c'est en présence de Canrobert et de son état-major que se dressent dans la soirée les assises flottantes de trois ponts qui doivent le lendemain servir au passage des troupes du 3ᵉ corps.

Il est deux heures du matin, lorsqu'un officier d'artillerie, préposé à la garde des ponts, vient prévenir le maréchal qu'une crue subite de la Sesia a emporté deux de nos ponts, et que le 3ᵉ corps n'en avait plus qu'un à sa disposition. Pour faire face à ce contre-temps, Canrobert prescrit de devancer l'heure de la mise en route de ses troupes, et fixe le départ au premier rayon du jour.

La Sesia, majestueuse et paisible la veille, était tout d'un coup devenue un torrent, roulant avec colère ses eaux jaunes, cascadant comme un fleuve puissant et capricieux. Pour diminuer les travaux de nos pontonniers, on avait utilisé une petite île, jetée au milieu de la Sesia ; de sorte que notre pont unique était coupé en deux par cette île, où pouvaient se masser plusieurs bataillons.

Nos régiments défilent sur ce pont pendant de longues heures, et lorsque le soleil s'est emparé du ciel, et commence à se faire lourd et offensant pour ceux qui le supportent depuis longtemps déjà, la plus grande partie de nos troupes a franchi la Sesia.

Les Autrichiens se sont aperçus de notre opération ; ils veulent la troubler, et un rapide éclair apparu à l'horizon dans le ciel bleu, au-dessus d'un bouquet de bois, et suivi d'une détonation, indique assez que nos colonnes servent de but aux canons de l'ennemi. Au même moment le commandant Duhamel, du 43ᵉ de ligne, a la tête emportée par un boulet, et quelques soldats gisent dans leur sang. Mais dès à présent, nous avons assez de monde sur la rive où tonne le canon ennemi, pour lui répondre avec succès. Canrobert fait mettre quelques-unes de ses pièces en batterie, et alors s'engage un rapide combat d'artillerie qui se traduit par de petits nuages rougeâtres que soulèvent les boulets quand ils tombent dans un champ, écrasant l'herbe, meurtrissant le sol.

Ce fut là toute l'action prise par le 3ᵉ corps au deuxième combat de Palestro, le 31 mai. Le maréchal Canrobert fit séjour à Palestro le 1ᵉʳ juin. Le lendemain, le jour paraissait à peine que déjà la fusillade se faisait entendre et donnait une aubade à nos troupes, en guise de réveil. Le 3ᵉ corps et l'armée piémontaise formaient le pivot du mouvement de conversion ordonné par l'empereur. La fusillade qui avait éclaté à nos avant-postes cessa bientôt. C'était l'ennemi qui, suivant son habitude, cachait sa retraite sur Bobbio, par une démonstration de tirailleurs.

A midi, le maréchal Canrobert et le roi Emmanuel se réunirent en conférence, pour décider une attaque sur ce point, s'il était possible, et y attendre une dépêche de l'empereur, à laquelle les résolutions prises dans cette conférence devaient être subordonnées. Cet entretien entre le commandant du 3e corps français et le chef de l'armée piémontaise eut lieu dans un petit jardin dominé par l'église de Palestro, devant les murs lézardés du presbytère, à l'ombre de sycomores chargés d'années. Le temps s'écoulait, et comme la dépêche impériale n'arrivait pas, le roi, après avoir fumé quelques cigares, se coucha sur la terre dure, la tête appuyée sur son bras droit, et s'endormit ; rien, pas même un manteau, ne le séparait du gazon. Peu d'instants après, le jardin était envahi par une bande de paysans venant de Bobbio, pour rendre compte à leur souverain, avec ce luxe de démonstrations qui n'appartient qu'à la race italienne, de la retraite de l'armée autrichienne. Voilà aussitôt le roi debout, assailli par vingt récits à la fois, remplis d'attendrissements et de bouffonneries.

Sur ces entrefaites, arrivait la dépêche de l'empereur qui donnait l'ordre au maréchal Canrobert de diriger son corps d'armée sur Novarre.

Ainsi se déroulait le plan qui devait aboutir à la bataille de Magenta.

* *

Le 3ᵉ corps quittait Palestro, le 3 juin, et entrait de bonne heure dans Novarre toute remplie d'une allégresse guerrière. Le maréchal descendit dans une grande maison située à l'extrémité de la ville. La grande rue par laquelle nos troupes avancent est pavoisée aux couleurs italiennes ; on a sous les yeux les enchantements de l'Arioste; mille visages souriants se montrent aux fenêtres des maisons illuminées par un soleil incandescent, et le patriotisme féminin continue ses démonstrations fleuries. Rien de joyeux comme Novarre, la veille de Magenta. Les feuilles de roses tombent sur les épaulettes et s'arrêtent sur la crinière des chevaux. Combien sont morts parmi ceux qui respiraient alors les parfums de cette matinée !

Le 4 juin, le 3ᵉ corps devait quitter Novarre, à onze heures du matin ; mais la route qui conduisait de Novarre à San-Martino, où devait s'opérer le passage du Tessin, était tellement encombrée de voitures que ce ne fut qu'à une heure que le corps Canrobert put se mettre en route, à l'exception cependant de la brigade Picard qui avait pu s'ébranler à neuf heures du matin. Cette brigade fut une des premières troupes qui rejoignirent l'empereur au pont de San-Martino, et porta un utile secours au corps de la garde si vigoureusement engagé sur le Naviglio-Grande (grand canal).

Le ciel, ce jour-là, est éclairé par un soleil ardent, dont les rayons maîtrisent les nuées orageuses qui se forment à l'horizon. La route suivie s'allonge entre des prairies d'un vert éclatant, bordées d'arbres élégants et sveltes. Tout, sur ce chemin, a un aspect joyeux, malgré la blanche poussière qui recouvre piétons et cavaliers. Nos soldats chantent leur joyeuse chanson de route ; les bagages offrent cet entassement bizarre d'objets qui est comme la partie fantastique à la suite de nos armées. Ici, dans cette charrette, s'entrechoquent bidons et gamelles ; là, cette petite voiture peinte de vives couleurs et conduite par une cantinière rappelle par sa forme les chars où les élixirs merveilleux se promènent dans les campagnes.

Arrivé aux deux tiers du chemin, une lourde détonation parvient aux oreilles de Canrobert, qui arrête sa colonne dans un champ et envoie aux renseignements. Quelques hommes juchés sur les voitures tournent leurs regards dans la direction de San-Martino, et aperçoivent un nuage de fumée à l'horizon. Ce nuage était-il de la poussière? Etait-ce de la fumée? Cette vibration était-elle le bruit du canon?

Sous l'influence du frémissement qui agite la troupe et des rumeurs qui parcourent la colonne, Canrobert prescrit au capitaine piémontais Vimercati, attaché à sa colonne, d'aller trouver l'empereur à San-Martino, de prendre ses ordres, et de revenir les lui apporter sans délai. Le capitaine Vimercati part au galop, accomplit sa mission avec une rapidité vertigineuse, et revient au bout de très peu de temps annoncer au maréchal que l'empereur soutient depuis plusieurs heures, avec sa garde, une lutte gigantesque, contre un ennemi très nombreux, acharné, résolu. On peut s'imaginer l'impression que produisit cette nouvelle sur l'âme du maréchal Canrobert.

La division Renault formait ce jour-là tête de colonne; il donne l'ordre à la brigade Jeannin de rejoindre au plus vite la brigade Picard qui a pris les devants, et cela, sans perdre une minute et en écartant tous les obstacles amoncelés sur sa route; lui-même, entouré de tout son état-major, vole au canon, de toute la vitesse de son cheval. Deux hussards de son escorte tracent le sillon qu'il doit suivre au milieu des voitures, des charrettes et des rangs pressés des soldats qui s'écartent d'eux-mêmes.

Arrivé au pont de San-Martino, le maréchal s'arrête devant l'empereur, salue, prend ses ordres, et recommence sa course effrénée dans les bas-fonds de la vallée du Tessin. Le ciel était alors bouleversé par un orage passager, qui jouait avec le soleil dont il brisait les rayons, avec les nuées qu'il assemblait, dispersait et irisait de mille couleurs.

La garde, depuis le matin, se cramponne au terrain dont chaque pouce est rougi de son sang qui coule depuis plusieurs heures déjà. L'ennemi ne peut plus rien contre son front ; tous ses efforts tendent pour le moment à attaquer son flanc droit, qui est peu gardé, par des efforts incessants et désespérés. C'est là qu'il dirige ses feux ; mais c'est là aussi qu'arrive Canrobert.

Jugeant la situation d'un coup d'œil, il voit tout de suite, avec son flair habituel, les forces ennemies qu'il doit combattre, les obstacles qu'il doit vaincre, avec les éléments dont il dispose. La brigade Picard, arrivée sur les lieux depuis quelque temps déjà, forme un mélange de tous les régiments et de toutes les compagnies : grenadiers, fusiliers, voltigeurs, chasseurs à pied, tournoient sous un feu meurtrier ; ses soldats y ont fait des pertes cruelles, et parmi les officiers il en est peu qui soient sans blessures.

La tranchée du chemin de fer, que suit le maréchal pour arriver sur les positions où combat la brigade Picard, est écrêtée par les balles et semée de cadavres en capotes grises ou noires. Le commandant du 3ᵉ corps gravit à cheval cet escarpement ensanglanté, ramasse quelques hommes autour de lui et les porte sur une butte en avant de lui, dominant le terrain couvert d'où il faut chasser l'ennemi. Cette butte est surmontée d'un kiosque entouré de pampres ; les arbres y sont enlacés par les festons de cette vigne grimpante d'un si riant aspect, dans la campagne italienne. Toutes les charmilles abritent des tirailleurs ennemis ; les balles sifflent à travers les arbres, emportant les feuilles, brisant les branches. Les cadavres étendus dans ces lieux, au pied de ces mûriers touffus, sous ces rameaux de vigne, tirent un effet puissant de tout ce

Le maréchal fit soulever le grossier linceul... (Page 245.)

13

qui les entoure. Ce combat de *Ponte-Vecchio di Magenta*, prélude de la bataille de Magenta, en cette saison, sous un ciel printanier, à travers ce beau paysage, sur cette terre toute remplie de la tiède et féconde existence de la nature, offre à l'âme du soldat un charme violent et attendri : odeurs des prés, senteurs de l'orage, parfum de la poudre : tout parlait à l'âme et lui donnait tout à la fois une jouissance suprême et douloureuse.

Le maréchal lance ses troupes vers un amas de maisons entouré de fumée et qui porte le nom de *Ponte-Vecchio di Magenta*. Le canal qui traverse ce village le sépare en deux parties absolument sans communication entre elles, car les Autrichiens ont fait sauter le pont qui les unissait. Il faut cependant que nos soldats combattent sur les deux rives du *Rio-Grande*. A ce moment, le village, qui a été pris et repris sept fois en quelques heures, subissait une huitième invasion autrichienne. Le vent brûlant de la mousqueterie sifflait à travers le village, brisant les tuiles et arrachant le plâtre dés maisons.

— « Allons, mes enfants, crie Canrobert ; encore un effort!... A la baïonnette !... »

— « A la baïonnette ! » répondent autour de lui un millier de voix fatiguées, mais ardentes d'énergie, et ces compagnies décimées conduites par des officiers intrépides, contusionnés ou blessés pour la plupart, marchent de nouveau à l'ennemi, se jettent sur la mort qu'elles forcent à reculer.

Les Autrichiens se replient à leur tour. Le général Lebœuf a mis là quelques pièces en batterie qui lancent des boulets au-dessus des villages où sont retranchés nos soldats et vont tomber dans les rangs autrichiens ; et lorsque le maréchal Canrobert revient dans la tranchée qu'il a suivie, à son arrivée, il y est accueilli avec enthousiasme par des troupes heureuses

du secours chaleureux qu'il leur apporte, et qui assure le succès de leurs longs efforts.

Cependant, les Autrichiens n'ont pas renoncé à l'attaque de
Ponte-Vecchio. Canrobert y retourne, parcourt de nouveau
les lignes de tirailleurs, se meut, calme et passionné, au
milieu du feu, se porte à tous les endroits où un exemple énergique est nécessaire, faisant entendre à l'oreille de chaque soldat cette parole amicale et impérieuse, héroïque et familière
qui le pousse où il faut courir, ou l'enchaîne là où il faut rester.
Dans ce paysage embrasé, la mort est en pleine moisson.
Mais Canrobert sent la victoire assurée. En préservant le flanc
droit de l'armée, il avait assuré les succès obtenus au début
par la garde.

Nos lecteurs connaissent le résultat de cette journée du
4 juin 1859 : trois actes éclatants amenaient le dénouement
triomphant du drame qui se jouait sur le *Naviglio-Grande* :
Mac-Mahon, par son mouvement de conversion sur Magenta,
Regnault de Saint-Jean d'Angely, par la ténacité de sa garde
entre *Buffalora et Ponte-Vecchio di Magenta* ; Canrobert par
ses heureuses inspirations à Ponte-Vecchio.

Le soir, le maréchal Canrobert allait camper de sa personne
en avant des positions que la garde avait si vaillamment enlevées le matin.

Le lendemain, à l'aube, aux premières clartés du jour, le
maréchal était à cheval pour visiter ses avant-postes et s'en-
quérir des soins à donner aux blessés et des pertes subies la
veille dans son corps d'armée. La division Trochu occupait
Ponte-Vecchio di Magenta. Canrobert traverse le village,
prend à travers champs et circule au milieu des sacs et des
armes réunies en faisceaux. Soudain, un bruit de mousqueterie
retentit dans le brouillard du matin, à quelques pas de son
escorte. Cet essaim turbulent de balles qui nous assaillait à
une heure matinale où la diane sonnait à peine, avait pour

but de masquer le mouvement de retraite de l'armée autrichienne qui se hâtait de regagner son campement de la veille, à Abbiategrasso. A cette explosion de coups de fusil, le général Trochu fait prendre les armes à toute sa division, repousse l'ennemi et le poursuit en lui faisant subir des pertes sensibles.

A l'entrée du village de *Ponte-Vecchio di Magenta*, dans un étroit sentier qui avait été la veille le sujet d'un assez vif engagement où le chef d'état-major de Canrobert avait perdu la vie, gisait le corps du colonel de Senneville, enveloppé dans une couverture de campement. Le maréchal fit soulever le grossier linceul qui lui dérobait le visage d'un vieil ami et d'un compagnon d'armes auquel l'attachaient de longues années déjà, le considéra un instant, puis fit creuser par quelques soldats du régiment, le plus près de lui, la fosse nécessaire pour y déposer le cadavre. Pour voir si la fosse avait la longueur et la profondeur voulues, il ordonna à un des fossoyeurs improvisés de s'y coucher. Et comme celui qui recevait cet ordre hésitait :

— « Allons, mon enfant, dit le maréchal ; cela vous portera bonheur. »

Puis quand la tombe eut les dimensions suffisantes, on y plaça le cadavre du colonel de Senneville, la face tournée du côté de la France ; on planta ensuite le drapeau de la patrie absente ; la croix s'éleva sur ce sol piétiné par les luttes de la veille ; l'abbé Brazier récita les dernières prières de l'Église, et les prières terminées, le maréchal, prêt à remonter à cheval, s'inclina une dernière fois sur la tombe où reposait son compagnon et lança au milieu de l'assistance émue ces paroles qui sont toute la poésie du champ de bataille : « Au revoir, Senneville, au revoir ! » Celui qui prononçait ces paroles et qui avait passé la nuit entre des cadavres, savait-il, en effet, quelle demeure il aurait demain ?

Hodie tibi, cras mihi.

Trois jours après la bataille de Magenta, le 3e corps était à Milan.

* *

Nous ne faisons pas ici le récit de la campagne d'Italie qui a déjà tenté un si grand nombre d'historiens ; il ne reste plus rien à glaner pour l'écrivain attardé ; nous racontons simplement le rôle joué par Canrobert pendant la campagne d'Italie. Nous passerons donc sous silence tous les événements accomplis à Milan, et tous ceux qui ont suivi en raison de la longue conversion de l'armée française du côté de Brescia, et arrivons de suite au 23 juin, veille de la bataille de Solférino.

Le 3e corps est campé autour d'un joli petit village qui porte le nom de Mezzane. Le soir, Canrobert réunit à sa table tous les généraux de son corps d'armée. On savait que l'ennemi n'était pas loin et que la troupe devait quitter ses bivouacs le lendemain, au petit jour, à quatre heures du matin.

Le repas fut gai, mais d'une gaieté calme, comme il convient à des convives qui, dans quelques heures, iront de nouveau affronter les périls de la bataille. On se sépara, vers huit heures du soir, et chacun alla vaguer à ses préparatifs de départ et donner ses derniers ordres.

Le commandant du 3e corps, sur pied à deux heures du matin, se met à la tête de son avant-garde (brigade Jamin de la division Renault), mais à peine a-t-elle franchi la Chièse, pour s'engager sur les chemins étroits et bordés d'arbres qui conduisent à Médole, que l'on entend le bruit du canon tonner par intervalles.

Peu à peu, les oreilles perçoivent distinctement les allures régulières du feu de deux rangs, puis le feu capricieux des tirailleurs et enfin le feu de peloton brusque, mordant, sec et rapide. Le combat est donc bien engagé.

Le hameau de Castel Goffredo est occupé par des uhlans autrichiens ; le maréchal les fait sabrer par les cavaliers de son escorte, mais si rapide qu'ait été cet engagement, il n'en retarde pas moins la marche de la brigade Jamin qui est obligée de s'arrêter, avant de s'avancer plus loin.

Pour arriver plus vite, là où le canon se fait entendre, Canrobert fait prendre des chemins de traverse à ses troupes, et il est vers neuf heures et demie du matin en vue de Médole où le 4ᵉ corps (Niel) soutient depuis de longues heures déjà une lutte inégale contre des forces ennemies supérieures.

A ce moment-là, le Maréchal reçoit de Napoléon III des ordres particuliers qui lui sont apportés par le capitaine Kleinenberg.

L'empereur le prévenait qu'une puissante diversion devait être tentée par l'ennemi sur notre aile droite, et qu'il y avait à se méfier du côté de Mantoue d'où un voiturier annonçait une sortie d'un corps d'armée autrichien. Ces ordres étaient précis, absolus. Le 3ᵉ corps avait la mission d'observer attentivement les routes de Mantoue à Marcaria et Guidizzolo-Rebeca. Ils ne laissaient pas à Canrobert la latitude de manœuvrer avec son aile droite, de façon à faire entrer ses trois divisions en ligne pour prendre part à l'action commune quand il le jugerait opportun... De là à paralyser l'initiative d'un des plus habiles tacticiens de notre armée, il n'y avait pas loin, et quelques écrivains qui discutent, commentent les faits de guerre, du fond de leur cabinet, sans avoir jamais pris part à aucune bataille, et n'en connaissent pas les plus petits détails, n'ont pas craint d'affirmer que le maréchal avait laissé écraser le corps Niel à Solférino, n'ayant pas voulu intervenir utilement pour offrir son concours à un collègue débordé par une armée ennemie nombreuse. Bien des critiques se sont élevées à ce sujet ; les unes sont injustes, les autres témoignent d'une mauvaise foi certaine. Il suffit de lire attentivement le rapport du maréchal Niel, adressé à l'empereur, après l'affaire de Solférino, pour voir que ces critiques ne tiennent pas debout. Le maréchal Canrobert a opéré, pendant la journée du 24 juin 1859, avec une irréprochable correction, une généreuse abnégation et un sentiment inébranlable de soumission et de discipline qui sont, en quelque sorte, la vertu dominante du héros de Zaatcha.

La vérité, la voici :

Arrivé en face de Médole, vers neuf heures et demie du matin, le commandant du 3e corps n'a avec lui que sa tête de colonne (brigade Jamin); la seconde brigade de la division Renault a été prêtée au général Luzy de Palissac qui ne peut vaincre la résistance de l'ennemi à Rebecco. La division Bourbaki est chargée d'une mission spéciale. La division Trochu est encore loin derrière, il l'envoie chercher; mais elle ne peut arriver que tard sur le lieu du combat. Néanmoins, Canrobert n'hésite pas à lancer la brigade Jamin contre Médole, puis il se porte de toute la vitesse de son cheval à l'endroit où l'action lui paraît la plus dangereuse.

A notre droite, toutes les attaques *partielles* du général Niel étaient dirigées sur Guidizzolo, sur les hameaux qui l'environnent et sur la ferme de Cassa-Nova, si longtemps disputée. Tous ces points occupés par l'ennemi furent repris, perdus, et repris bien des fois, pendant la journée, et ne nous appartinrent qu'à la suite d'une attaque irrésistible, bien préparée, brillamment dirigée par le général Trochu qui se mit à la tête d'une brigade de sa division. Preuve évidente que le général Niel n'envoyait contre l'ennemi que des troupes agglomérées *en trop petits paquets*; ce qui rendait toutes ces attaques insuffisantes.

Si Canrobert ne joua pas un rôle décisif à Solférino, et si le 3e corps qu'il commandait n'entra pas en ligne assez tôt pour soutenir le 4e qui supportait le principal effort sur notre droite, ce ne fut point sa faute, mais la conséquence des ordres reçus pour surveiller les 30,000 Autrichiens attendus de Mantoue. La nouvelle donnée à Napoléon III était fausse, et le 3e corps attendit vainement l'ennemi sur son front.

On connaît la suite de cette brillante, mais funeste campagne d'Italie. L'armée française se préparait à de nouveaux combats lorsque la brusque conclusion de la paix vint la surprendre dans ses cantonnements, comme une violente injustice à la fortune.

_

Ainsi qu'à son retour de Crimée, l'armée d'Italie, fut l'objet d'ovations enthousiastes, lors de son entrée dans Paris, le 14 août 1859. La capitale de la France la reçut comme autrefois nos pères recevaient les troupes de Napoléon Ier, après leurs glorieuses campagnes. Partout sur son passage, comme autrefois aussi, elle attira les regards de la multitude par sa belle attitude militaire et sa brillante tenue. Les lauriers, les fleurs qui l'accueillirent, étaient une preuve qu'elle avait su mériter l'estime et l'affection de la population parisienne.

A l'entrée du Boulevard, du côté de la place de la Bastille, se dressait un arc de triomphe de vingt-cinq mètres de façade sur autant de largeur et imitant le portique de la cathédrale de Milan. A l'extrémité du boulevard, au point de rencontre du boulevard des Capucines s'élevait le monument de la paix, caractérisé par une statue colossale tenant d'une main l'épée de la France, dans son fourreau, et de l'autre le traité de Villafranca. Un lion se reposait majestueusement à ses pieds.

La place Vendôme avait été transformée, pour la circonstance, en un magnifique amphithéâtre pouvant contenir 14,000 spectateurs. Enfin, les deux avenues qui y aboutissent étaient marquées par un groupe de colonnes triomphales accouplées et surmontées de victoires distribuant des couronnes.

La génération actuelle se souvient-elle de l'accueil enthousiaste que la ville de Paris fit, au nom de la France, aux soldats de l'armée d'Italie?

Ces jours d'ivresse patriotique sont déjà bien loin de nous. L'Italie, depuis son entrée dans la triple alliance est devenue notre adversaire de demain. De ce fait, la distance s'en est pour ainsi dire accrue. C'est l'effet des infortunes excessives, de donner une certaine amertume aux souvenirs les plus chers.

Soldat autrichien.

CHAPITRE XII

A L'ARMÉE DU RHIN

(1870)

PRÈS la guerre d'Italie, le Second Empire était à l'apogée de sa puissance, et Napoléon III, dans un punch offert à l'armée, le soir du 15 août 1859, a pu dire à 300 officiers réunis autour de lui, dans ce langage ampoulé qu'on lui connaît :

« ... Vous allez reprendre, messieurs, vos occupations de la paix. N'oubliez pas cependant ce que nous avons fait ensemble. Que le souvenir des obstacles surmontés, des périls évités, des imperfections signalées, revienne souvent à votre mémoire !

car pour les hommes de guerre, le souvenir est la science même... »

Ces conseils étaient sages ; mais ce n'était là que de l'eau bénite de cour, et les onze années qui s'écoulent entre la guerre de 1859 et celle de 1870 nous font assister à la décadence militaire de notre armée.

En Italie, — tous nos lecteurs le savent, — on se sauve avec de l'entrain, en faisant appel au dévouement de nos soldats, en manœuvrant avec un remarquable entrain et une merveilleuse dextérité cette héroïque fourchette qu'on nomme la baïonnette ; mais partout, sautent à tous les yeux, — même les moins clairvoyants, — la faiblesse de notre préparation à la guerre, l'insuffisance de l'administration en ce qui concerne le service des convois et des ambulances ; la défectuosité des reconnaissances. Tous les engagements sont plus ou moins le résultat d'une surprise. Après le combat, on ne poursuit pas l'ennemi, on reste sur le terrain conquis, comme si on était embarrassé de la victoire. Et il est constant que si la France n'avait pas fait la paix, le 15 juillet 1859 tout était prêt en Allemagne pour assurer le transport par chemin de fer de l'armée prussienne depuis le 29 octobre 1857.

Toute cette période est particulièrement intéressante. Le maréchal Canrobert suit de très près les prétentions de l'Allemagne contre la France, d'abord, comme commandant du 4e corps d'armée, à Lyon (8e, 9e, 10e, 17e, 20e et 22e divisions militaires), de 1860 à 1866 ; puis à Nancy (5e, 6e et 7e divisions militaires), enfin du 1er corps d'armée, dont le quartier général est à Paris (1re et 2e divisions militaires), de 1867 à 1870.

*
* *

L'histoire des origines et des agrandissements successifs de la Prusse est vraiment curieuse à étudier. Qui se souvient maintenant de ce qu'était, il y a deux siècles, le petit royaume de Brandebourg, alors que le grand-électeur Frédéric-Guillaume ne laissait à son fils qu'un million et demi de sujets, et ne lui laissait que le titre non pas de roi de Prusse, mais de *roi en Prusse* (1701). Ceux de nos lecteurs qui voudront s'édifier sur la genèse prussienne n'ont qu'à lire le livre érudit de J. Reus, intitulé : *Pangermanisme et droit primordial allemand*, dont nous extrayons le passage suivant :

« Si le droit historique vrai, uni au droit chrétien, pouvait dominer en politique ; si les territoires que la rapine, la violence et les violations de traités ont fait acquérir à la Prusse pouvaient être restitués... il resterait peu de chose à la maison des Hohenzollern. La première acquisition est celle de *la marche de Brandebourg* faite à Frédéric-Zolern, riche propriétaire du Bourgrave de Nüremberg, par Sigismond, roi de Hongrie, puis empereur d'Allemagne. L'histoire eût dû l'appeler *le grand financier*, car, créancier de Sigismond, en 1410, pour cent mille ducats, il vend son marquisat de Brandebourg pour un prêt hypothécaire égal à la somme due, et en 1415, créancier de quatre cent mille autres ducats, il achète d'autres marches (pays frontières, d'où le mot *margrave*, marquisat), avec le titre d'électeur et celui de chambellan du susdit Sigismond qui ne peut rembourser. Un prêt hypothécaire fait par un usurier à un dissipateur : voilà l'origine de la fortune du premier marquis de Brandebourg. »

Il n'entre pas dans les habitudes modernes de demander compte de leurs antécédents aux parvenus de la gloire et de la fortune. Et cependant que d'enseignements à en tirer, et combien nos diplomates eussent eu raison de méditer les enseignements rétrospectifs de l'histoire, pour ne pas se laisser jouer et duper par une nation orgueilleuse qui cherche à s'émanciper du passé, comme si elle voulait échapper à toutes représailles de justice et de vérité.

L'agglomération prussienne s'est formée, — tout le monde le sait, — d'envahissements hypocrites, comme au temps du moyen âge, lors du régime féodal. Georges II d'Angleterre appelait le fondateur de la puissance militaire de la Prusse, Frédéric-Guillaume Ier, son *frère le sergent*. Ce fut ce sergent qui prépara l'armée conquérante de Frédéric II, le *roi-caporal*.

A partir de cette époque, la Prusse, à l'imitation de la Rome militaire des premiers consuls, devient un véritable camp sous les armes, prêt à déborder sur ses voisins à la première occasion, par besoin, par instinct, portant la guerre partout, comme une nécessité et une prédestination. C'est ainsi que Frédéric II s'empare de la Silésie, se taille sa part, peu après, dans le partage de la Pologne, et cela sans scrupules, sans autre excuse que *l'opportunité d'arrondir son petit état.*

C'est de 1789 que datent les premières aspirations unitaires de l'Allemagne.

La France, en proclamant les droits de l'homme, avait aussi proclamé les droits des peuples ; jeté au delà du Rhin les idées de fraternité et de solidarité des nations, élevé le culte de la patrie au-dessus de la monarchie. Les différents États de l'Allemagne sentirent alors le besoin de se grouper, de se rapprocher pour secouer leurs chaînes féodales. Lorsqu'ils virent que les armes victorieuses de Napoléon Ier ne leur apportaient qu'une libération factice, la haine de l'envahisseur créa le patriotisme allemand ; les intérêts particuliers, les discordes, les rivalités s'unirent avec le sentiment d'un danger commun, et l'unité leur apparut alors comme une nécessité de salut public.

Napoléon Ier vaincu, le danger passé, l'Allemagne retombe dans ses divisions intérieures, dans son asservissement ; mais deux germes lui étaient restés au fond du cœur : la haine de la France et le besoin d'une concentration fédérative, en

attendant son unification sous une suprématie militaire. A
qui doit appartenir désormais l'hégémonie de l'Allemagne? A
la maison des Hohenzollern ou à celle des Habsbourg ; à la
Prusse ou à l'Autriche?... Telle est la question qui va se vider
entre ces deux puissances, pendant la seconde moitié du dix-
neuvième siècle. Trois hommes ont été les créateurs de l'unité
allemande, afin de rejeter l'Autriche en dehors de la confédé-
ration germanique : Frédéric-Guillaume V, couronné roi de
Prusse à Kœnigsberg, le 16 octobre 1861, sous le nom de
Guillaume 1er ; le comte de Moltke et le prince de Bismarck.
En 1864, la Prusse, mise en mouvement par ce trio d'ambitieux, s'empare du Schleswig-Holstein ; en 1866, de la Bohême
autrichienne.

La victoire de Sadowa éclatait comme un coup de foudre
dans un ciel serein, affirmant l'existence d'une puissance
militaire de premier ordre. Cet événement était grave et ren-
fermait des enseignements bien propres à provoquer de
sérieuses méditations des officiers et des écrivains militaires
les plus autorisés dans la presse française. La rapidité de la
mobilisation de l'armée prussienne frappa tous les yeux ; la
régularité du fonctionnement de tous les rouages de cette dernière, les particularités relatives à la tactique des différentes
armes, la prépondérance du feu de l'infanterie, l'heureux
emploi des chemins de fer étaient, certes, de nature à attirer
l'attention des hommes compétents.

L'inquiétude en France fut la conséquence de l'abaissement
de l'Autriche. Les avertissements ne manquèrent pas à Napoléon III ; et voici la lettre qu'écrivait à Napoléon la reine de
Hollande, le 18 juillet 1866 :

« ... Vous vous faites d'étranges illusions, Sire. Votre
prestige a plus diminué durant cette dernière quinzaine que
pendant toute la durée du règne. Vous permettez qu'on
détruise les faibles ; vous laissez grandir outre mesure l'inso-

lence, la brutalité de votre plus proche voisin ; vous acceptez un cadeau et vous ne savez même pas adresser une bonne parole à celui qui vous le fait. Vous ne voyez donc pas le danger *d'une puissante Allemagne et d'une puissante Italie. C'est la dynastie qui est menacée et c'est elle qui en subira les conséquences... La Vénétie cédée, il fallait secourir l'Autriche, marcher sur le Rhin, imposer vos conditions. Laisser égorger l'Autriche, c'est plus qu'une faute, c'est un crime...* Peut-être est-ce ma dernière lettre ? Mais je croirais manquer à une sérieuse et ancienne amitié, si je ne vous disais pas une dernière fois toute la vérité. »

La guerre de 1866 a donc eu comme suite naturelle celle de 1870 ; après 1866, la logique inexorable voulait 1870. Or, si cette guerre éclatait, à quoi la France pouvait-elle s'attendre ? Le colonel Stoffel, notre attaché militaire à Berlin, s'est chargé de nous le dire quand il écrit :

« Gardons-nous, en France, de croire que si la guerre éclatait, nous aurions affaire à des troupes autrichiennes, comme celles de 1859. L'armée prussienne nous opposerait une vigueur, une audace, une science de la guerre que nous n'avons pas rencontrées en Italie. »

Quoi qu'on en ait dit, la conspiration prussienne contre la France a été une œuvre de longue haleine, poursuivie avec une étonnante sûreté de volonté, marchant seule, d'un pas certain, au milieu d'intrigues inavouables. La guerre amène la guerre, et il est rare qu'un conflit entre nations ne contienne pas en germe les préliminaires d'une lutte à venir. Les malheurs cessent d'être instructifs lorsqu'on ne les considère que comme des injustices du sort. Il faut les étudier dans leurs causes pour en déduire logiquement les fautes ou les erreurs commises. Un orage ne se déclare pas inopinément, — il faut apprendre à deviner l'éclair dans le nuage. C'est pour cette raison que nous faisons précéder la guerre

« Sire, répond Canrobert, la situation est grave... (Page 261.)

de 1870 des considérations que nous venons d'esquisser.

En combattant l'Autriche, pour affranchir la Lombardie d'une domination intolérable, la France s'était condamnée d'avance à assister, impassible, à l'édification de l'unité allemande. Car du moment qu'on avait admis en Europe le droit des peuples de se grouper, sous le prétexte d'une communauté quelconque de mœurs, de langue et d'origine, on ouvrait un vaste champ à une puissance dévorée d'ambition comme la Prusse, que les scrupules n'ont jamais gênée.

Il y a cependant une nuance entre les deux diplomates italien et allemand. Le comte de Cavour sanctionne ses *annexions* par une sorte de plébiscite ; le prince de Bismarck s'affranchit de ces formalités : un simple décret lui suffit. La Prusse met ainsi en pratique ces principes qui sont ceux du plus grand de ses rois, Frédéric II, quand il écrit dans ses *Mémoires :* « Les peuples sont des masses imbéciles faites pour être menées par ceux qui se donnent la peine de les tromper. »

*
* *

Il résulte de ce qui précède que la guerre de 1870 nous était moralement déclarée par la Prusse, le lendemain de Sadowa, et au moment où, le 30 juin 1870, le général Trochu soutenait devant le Corps législatif la réduction de notre contingent, la France apprenait que l'aventurier Prim, à bout d'arguments, avait enfin trouvé un roi d'importation étrangère pour l'Espagne, et que ce roi n'était autre que le prince Charles de Hohenzollern, neveu de Guillaume Ier. Le prétexte d'une guerre était trouvé ; la Prusse était prête ; elle se faisait déclarer la guerre par la France.

Ce n'est pas le lieu de rappeler ici la série des fautes commises par le gouvernement impérial qui se laissa entraîner de gaieté de cœur dans un piège grossier. Malgré les années, ces douloureux souvenirs sont encore trop près de nous ; la vérité ne nous apparaît que dans le lointain. Disons cependant, en passant, que cette guerre néfaste est due en partie au manque de clairvoyance des partis qui accentuaient leurs divisions intérieures au lieu de se grouper dans un même sentiment de solidarité patriotique. Les républicains s'efforçaient de mettre en lumière les affronts accumulés dans la candidature du prince de Hohenzollern, parce qu'ils voyaient le triomphe de leur parti dans l'anéantissement de l'empire reconnu trop faible pour relever le gant. Les familiers des Tuileries compromettaient le souverain par leur prosélytisme belliqueux, et l'Empire accepta le défi de la Prusse, parce que l'heure était venue de relever ses destinées par la fortune des armes.

L'histoire n'est-elle pas là pour nous rappeler ces paroles échappées à Napoléon III : « Il n'y a jamais chez les peuples libres de gouvernement assez fort pour réprimer la liberté à l'intérieur, sans donner la gloire au dehors. »

Quos vult perdere Deus dementat (1), — ainsi que l'a écrit un publiciste éminent, et la France allait opposer cent mille hommes seulement aux quatre cent cinquante mille Allemands qui s'apprêtaient à franchir ses frontières.

L'armée française d'opérations comprenait huit corps d'armée : le maréchal Canrobert a le commandement du 6ᵉ corps qui s'organise au camp de Châlons, et est composé de quatre divisions d'infanterie commandées par les généraux Tixier, Bisson, Lafont de Villiers et Levassor-Serval, plus une division de cavalerie de six régiments, sous les ordres du général de Salignac-Fénelon.

Jusqu'à la fin de juillet, les hostilités se bornent à quelques escarmouches entre reconnaissances d'infanterie et de cava-

____

(1) Dieu rend fous ceux qu'il veut perdre.

lerie. Mais un mois après la déclaration de guerre, les troupes allemandes sont sur la Moselle; en huit jours, nous avions perdu l'Alsace et la Lorraine! Toutes les illusions s'évanouirent alors pour faire place aux folles terreurs et à un immense découragement. Où étaient donc alors ces brillants capitaines illustrés par Malakoff et Magenta?

C'est le 12 août que Bazaine reçoit le commandement de l'armée du Rhin, avec son quartier général à Metz. Le maréchal Canrobert y était arrivé la veille pour procéder à l'installation de son corps d'armée. Il avait eu autrefois Bazaine sous ses ordres, comme colonel de la légion étrangère; il était maréchal de France depuis quatorze ans, et il pouvait paraître étrange de lui proposer de servir sous un de ses anciens colonels. L'empereur le sentit.

« — Je compte vous laisser indépendant, lui dit l'empereur, en recevant sa visite à la préfecture de Metz.

» — Sire, répond Canrobert avec une bonhomie modeste et fière, la situation est grave, ne faites pas attention à moi ; dans les circonstances que nous traversons, il faut que chacun fasse son devoir et sache obéir à un seul chef. Les individualités ne sont rien. Mettez-moi sous les ordres de Bazaine, je donnerai l'exemple de l'obéissance, je ferai ce que j'ai fait toute ma vie, mon métier d'humble et honnête soldat, et je serai le plus dévoué des subordonnés, tout en conservant ma dignité. » Réponse bien digne de ce brave soldat qui n'en était plus à faire ses preuves de dévouement et d'abnégation à la chose publique.

Vauban, sous Louis XIV, avait aussi fait de même. Mais c'était un ingénieur cédant la place à un maréchal habitué au maniement des troupes. Canrobert, à notre sens, fut plus grand que Vauban, car Bazaine n'avait pas un passé plus glorieux que le sien, et cependant Canrobert eût mieux commandé que Bazaine. Bien conseillé, il se serait tiré avec honneur d'une situation difficile et, nous pouvons l'affirmer, nos drapeaux n'auraient jamais été livrés à l'ennemi.

*
* *

Bazaine entre en fonctions comme chef de l'armée du Rhin dans la matinée du 13 août, et pendant toute cette malheureuse campagne, nous verrons le maréchal Canrobert, avec un désintéressement qui égale son ardent amour de la patrie, conduire son corps d'armée au combat, sous les ordres de son cadet en âge et en ancienneté de grade, avec la même soumission respectueuse que s'il eût été le plus jeune divisionnaire de l'armée.

Pendant toute cette période du 13 août au 28 octobre, date de la capitulation de Metz, l'armée du Rhin livre de nombreux combats.

Le 14 août, elle livre la bataille de Borny.

Le 16 août, Rezonville, ou Gravelotte, ou Vionville, ou Mars-la-Tour (car elle porte tous ces noms).

Le 18 août, Saint-Privat ou d'Amanvilliers.

Le 26 août, affaire de Rupigny ou de Malroy.

Le 31 août, bataille de Noisseville ou de Servigny.

Le 27 septembre, combat de Feltre.

Le 2 octobre, combat de Ladonchamps ou de Saint-Remy.

Le 7 octobre, combat des Tapes ou de Woipy.

Au moment où Bazaine prend le commandement de l'armée du Rhin, les troupes qu'il a sous ses ordres présentent un effectif de 170,000 hommes, avec 5,000 chevaux, dont il faut réduire la brigade Margueritte (chasseurs d'Afrique) et un bataillon de grenadiers de la garde qui, coupés de l'armée de Metz dès le début de la campagne, se rallient au camp de Châlons, où vient d'arriver le maréchal Mac-Mahon qui commande les 1er, 2e, 5e et 7e corps.

La veille, dans un conseil de guerre tenu à Metz avant le départ du souverain pour Châlons, il était décidé que les troupes de l'armée du Rhin se retireraient également sur le camp de Châlons et qu'on ne laisserait à Metz qu'une garnison suffisante pour défendre la place.

En conséquence, Bazaine avait l'ordre de franchir la Moselle, en prenant comme point de concentration le village de Borny, placé à l'embranchement des routes de Boulay, Saint-Avold et Forbach.

Le 14 août, Napoléon III et le prince impérial, après avoir entendu la messe à la cathédrale, prennent congé de l'évêque et du clergé messin ; puis, vers deux heures de l'après-midi, quittent la préfecture en voiture, escortés par le 3ᵉ escadron des guides de la garde, et sortent de la ville de Metz par la porte de Thionville, au milieu d'une haie de cent-gardes.

***

Le 6ᵉ corps se forme au camp de Châlons ; dans les premiers jours du mois d'août il est presque au complet, moins cependant la 4ᵉ division (général Levassor-Serval) qui est encore à Paris. Le 12, au matin, il est réuni sur différents points autour de Metz, bivouaquant par fractions séparées, au nord et au sud.

Le 6ᵉ corps, que commande Canrobert, a les moyens de résistance les moins efficaces. Ses divisions n'atteignent pas les effectifs des autres, et il lui manque toute sa cavalerie qui n'est pas encore arrivée et une partie de son artillerie.

Formé au camp de Châlons, puis envoyé le 5 août à Nancy, renvoyé à Châlons le 7, il a été appelé en toute hâte à Metz le 9. Trois de ses divisions et un régiment de ligne de la 4ᵉ (division Bisson) sont seuls arrivés avec leurs batteries, lorsque s'engage le combat de Borny ; l'interruption des lignes ferrées ayant fait rester en arrière trois régiments de cette dernière division avec son parc et son artillerie de réserve. Son artillerie est de moitié inférieure à celle des autres corps. Le 13, au soir, le maréchal Canrobert n'a encore que onze batteries, y compris deux de réserve (66 pièces), tandis que le 3ᵉ corps compte 120 pièces ; le 2ᵉ et le 4ᵉ, 90 pièces. De plus, le maréchal Canrobert n'a aucune mitrailleuse à sa disposition.

Trois routes conduisent de Metz à Verdun. La meilleure est sans contredit celle qui passe par Briey. Bazaine prend au contraire les deux routes passant par Gravelotte, de sorte qu'il prépare l'encombrement, ralentit la marche de son armée, alors surtout qu'il fallait gagner l'ennemi de vitesse, et éviter une rencontre inutile, dangereuse même.

Le 14 août au matin, l'armée du Rhin commence son mouvement et franchit la Moselle sur des ponts de bateaux, dont les abords dégradés par les pluies rendent le passage lent et difficile, et elle n'a pas encore entièrement franchi la rivière que ses têtes de colonnes se trouvent en face des 1ᵉʳ et 7ᵉ corps prussiens, composés chacun de 25,000 hommes d'infanterie et 3,000 cavaliers avec 96 bouches à feu, sous la direction du prince Frédéric-Charles et du général Steinmetz.

Le 13 août au soir, le 6ᵉ corps a reçu l'ordre de passer sur la rive gauche de la Moselle, à la suite du 2ᵉ corps, et de se concentrer le 15, au point du jour, à la gare de Devant-les-Ponts, un mouvement général étant annoncé sur Verdun.

Mais à peine le mouvement a-t-il commencé, que le 14, vers quatre heures de l'après-midi, le canon se fait entendre au sud-est de Metz, dans la direction du fort de Queuleu. C'est l'armée de Steinmetz qui veut retarder le passage de la Moselle par notre armée, et dès le début un combat très vif s'engage à Borny, entre la 2ᵉ armée allemande et deux de nos corps d'armée (3ᵉ et 4ᵉ), sur la route de Metz à Sarrebruck.

Le 6e corps continue sa marche et va camper, le 15 août au soir, *la division Tixier* à dix-sept kilomètres à l'ouest de Metz, sur les hauteurs face à Mars-la-Tour, la gauche appuyée à la route et la droite à Saint-Marcel. A gauche de cette division, et un peu en avant, se trouve séparé, par la route qui va de Gravelotte à Mars-la-Tour, le corps Frossard. Mais à droite, la division Tixier ne s'appuie à aucune troupe. Le 9e de ligne, qui représente à lui tout seul *la division Bisson*, s'établit vers cinq heures du soir à Rezonville, perpendiculairement à la route de Verdun, dans la direction de Villiers-aux-Bois, la gauche à trois cents mètres de Rezonville, la droite touchant presque l'ancienne voie romaine.

La *4e division Levassor-Serval* campe à sa gauche, entre Gravelotte et Rezonville, face au bois des Ognons, et en avant de lui, *la division Lafont de Villiers;* mais la droite du 9e de ligne n'est appuyée par aucune troupe.

*
* *

Gravelotte-Rezonville. — Le maréchal Canrobert, ainsi que nous le faisons connaître ci-dessus, n'a sous ses ordres que les trois divisions Tixier, Lafont de Villiers et Levassor-Serval, et un seul régiment de la division Bisson lorsqu'il est engagé le 16 août entre Rezonville et Saint-Marcel. Son front comprend les divisions Tixier et Lafont de Villiers; entre les deux, le 9e de ligne; la division Levassor-Serval, placée en arrière de Rezonville, parallèlement à la route, surveille les ravins et les massifs de bois qui s'étendent jusqu'à Ars-Novéant.

Dans la partie du champ de bataille qu'occupe le 6e corps, le pays est très découvert, les ondulations du terrain s'arrondissent en crêtes peu élevées et en ravines qui s'inclinent vers la rive gauche de la Moselle et aboutissent à des gorges abruptes débouchant d'un côté sur Ars et de l'autre sur Novéant.

Le maréchal Canrobert a son quartier général à Rezonville.

Au moment où l'action commence, il est deux heures de l'après-midi. Le vaillant chef du 6ᵉ corps parcourt au trot la ligne de ses bataillons de première ligne, portant à la main un bâton de commandement, ce petit bâton recouvert de velours de soie bleu-de-roi, parsemé d'aigles d'or disposés en quinconce et portant la devise :

Decus pacis, terror belli.

S'arrêtant en avant du 93ᵉ, il montre aux soldats les villages de Flavigny et de Rezonville, et leur dit d'une voix tonnante : « Là est le danger, mes enfants. Souvenez-vous que vous êtes toujours les soldats de Magenta et de Solférino. » Un long cri d'enthousiasme accueille ses paroles : « Vive la France ! Vive l'empereur ! Vive le maréchal ! » crie-t-on de toutes parts.

Cette tournée faite, Canrobert, suivi de son escorte, se porte au centre de sa ligne de bataille qui décrit un arc immense s'étendant d'Ars-sur-Moselle à Doncourt, en passant par Vionville-Gravelotte. L'aspect de ce panorama est grandiose, avec ces longues rangées de soldats qui y sont échelonnés, cette ligne de fumée s'étendant d'un bout à l'autre de l'horizon, ces lueurs vives auxquelles succèdent quelques nuages blancs, indiquant la place où un obus a éclaté, les grondements vibrants du canon, les crépitements secs et intermittents des mitrailleuses.

Quelques balles arrivent jusqu'à l'endroit où se tient le maréchal Canrobert ; des obus tombent en avant, en arrière, à droite et à gauche. Les cavaliers de l'escorte se couchent sur le col de leur monture, lorsque le sifflement des projectiles annonce leur approche, et ne se redressent qu'une fois le danger passé. « Allons! mes enfants, dit doucement Canrobert en se retournant, pourquoi saluer comme cela ? Ici nous ne sommes pas dans un salon. »

Et à partir de ce moment pas un front ne s'abaisse; aucun cavalier ne songe à saluer les obus.

Vers deux heures de l'après-midi, le général ennemi von Buddenbrock pousse le gros de ses forces vers Vionville et traverse la grand'route pour gagner le terrain boisé qui se trouve près de la voie romaine afin de mieux appuyer son flanc gauche : ce sont dix-neuf mille Allemands qui vont se heurter contre seize mille Français.

Dès que l'ennemi paraît, Canrobert prend l'offensive du côté du bois Saint-Marcel, placé entre les villages de Saint-Marcel, Bruville et Vionville. C'est le point central du champ de bataille. Pendant toute la journée, il sera le théâtre d'une lutte acharnée.

La division Tixier est chargée de cette attaque qui est très meurtrière pour le 4e de ligne (colonel Vincendon) ; les tirailleurs arrivent sur la lisière du bois, les mains ensanglantées, les habits déchirés, en se frayant un passage au travers des broussailles. Nos soldats grimpent littéralement sur le dos les uns des autres pour gagner le sommet des crêtes, accueillis par un feu très intense; les premiers roulent dans la poussière, mais d'autres leur succèdent, escaladant les talus sur lesquels des milliers de balles brisent les arbustes et les hommes. Six fois l'ennemi, massé de l'autre côté du bois, cède et reprend en partie le terrain où il s'est retranché. Chefs et soldats paient largement de leur personne.

Ce combat dans les bois dure jusqu'à huit heures du soir; la nuit seule y met fin ; le 4e de ligne perd deux officiers mortellement frappés, sept officiers blessés et deux cent vingt-huit soldats tués, blessés ou disparus.

Dans cette lutte acharnée du bois de Saint-Marcel, le 4e de

ligne a été très solidement appuyé par le 9ᵉ (lieutenant-colonel Pavet de Courteille), qui soutient tout l'effort du combat de midi à une heure, et a, dans ce court espace de temps, vingt-trois officiers hors de combat dont sept tués.

« L'ennemi ayant prononcé un mouvement offensif, dit Canrobert dans son rapport, le général Bisson se porte en avant avec le 9ᵉ de ligne, le seul régiment de sa division, et l'arrête. »

Ce dernier mot est le plus bel éloge que l'on puisse faire d'un régiment, et lorsque vers le soir la lutte se termine, ce dernier n'a plus d'officiers supérieurs; sur quarante-neuf officiers subalternes, vingt-trois ont été tués ou blessés, et sur un effectif de treize cent cinquante hommes au départ de Châlons, la troupe compte soixante-dix-neuf tués et cent trente-huit blessés.

Deux régiments français avaient ainsi pu soutenir la lutte contre six régiments allemands appuyés par le tir d'une puissante artillerie.

*
* *

En même temps que la division Tixier attaquait les bois de Saint-Marcel, la division Lafont de Villiers essayait de reprendre Vionville aux Allemands. Sur ce point, le 91ᵉ de ligne (colonel Daguerre) arrête à lui seul, pendant plus d'une heure, la marche des colonnes ennemies, les fait un instant rétrograder, dégage les abords du village de Vionville, et s'il recule, c'est que les munitions commencent à lui manquer.

A ce moment, le maréchal Canrobert lance sur la gauche de la route de Verdun le 94ᵉ (colonel de Geslin), qui venait de s'emparer du hameau de Flavigny.

Le 6ᵉ corps, comme on vient de le voir, a donc empêché l'ennemi de s'emparer de la route de Mars-la-Tour à Verdun, de déboucher sur nos derrières par le ravin de Gorze. Jusqu'à ce moment, rien ne fait soupçonner une attaque à fond sur le corps Canrobert; elle devait se produire plus tard.

Il est à peine deux heures, et la journée doit encore être longue.

Nos troupes forment à cette heure un angle aigu dont le village de Rezonville est le sommet, et dont les côtés s'écartent au nord vers Saint-Marcel, à l'ouest dans la direction de Mars-la-Tour : mais les Allemands n'ont plus en réserve ni un fantassin ni un canon. Le 3e corps allemand se maintient avec peine devant notre 6e corps français, jadis le corps du maréchal Ney, et aujourd'hui commandé par le plus intrépide soldat de notre armée, le plus vigoureux et le plus électrisant de tous les chefs. Pendant toute cette journée du 16 août, Canrobert est au milieu de ses troupes, s'exposant au feu de l'ennemi, dirigeant lui-même ses têtes de colonnes, chargeant avec les régiments. Avec de tels hommes on meurt, on ne recule pas.

Vers trois heures de l'après-midi, toutes les troupes du 6e corps ont gagné du terrain en avant de Rezonville ét couronnent les crêtes qui dominent Vionville. Le maréchal s'y transporte avec tout son état-major, mais à peine a-t-il atteint la crête du mouvement de terrain que les batteries prussiennes, qui s'étaient tues jusqu'alors, se mettent à tonner. La première salve ennemie tombe au milieu de l'état-major général du 6e corps, blesse les chevaux des capitaines Grosjean et Leps ; un obus éclate sous le cheval du commandant Boussenard qui saute à terre, et remonte sur le cheval d'un jeune sous-officier de l'escorte. En ce moment, une seconde salve arrête l'état-major du 6e corps, et cette fois brise le bras gauche du commandant Boussenard.

Couchés sur le sol, nos soldats ne peuvent plus avancer, se maintiennent et n'attaquent plus Vionville. Cela n'empêche pas Canrobert de se mettre à la tête d'un bataillon du 94ᵉ, qu'il entraîne avec le drapeau, pour s'emparer d'une batterie prussienne, dont son corps d'armée avait beaucoup à souffrir ; mais à peine a-t-on parcouru une centaine de mètres qu'une volée de mitraille s'abat sur la garde du drapeau, coupe les jambes au sous-lieutenant Legros, et jette à terre bon nombre de sous-officiers et soldats. On est obligé de s'arrêter.

Sur un autre point, un bataillon du 70ᵉ de ligne est littéralement couvert d'une pluie d'obus et de mitraille. Quelques hommes se pelotonnent, rompent les rangs, et reculent sur Rezonville, dans le plus complet désordre.

Canrobert apparaît au moment où les fuyards atteignent les premières maisons du village. Il s'avance seul au milieu d'eux, au petit pas, malgré la mitraille, portant sur sa poitrine la plaque de la Légion d'honneur et la médaille militaire, calme et tranquille, l'épée au fourreau ; le héros de Zaatcha ne prononce pas un mot de reproche, il se contente de regarder ces soldats. Ce coup d'œil du chef produit un effet irrésistible. Le bataillon s'arrête, fait face à l'ennemi ; le maréchal se place à sa tête, et c'est aux cris de : « Vive Canrobert ! A la baïonnette ! » que les hommes démoralisés de tout à l'heure reprennent leurs rangs et concourent jusqu'à la fin de la journée à la défense du village de Rezonville.

La nuit commençait à tomber. Tout à coup des cris de « Hourrah », mêlés à ceux de « Vive la France » se font entendre. Une lutte acharnée s'engage de nouveau. Des masses de cavalerie tourbillonnent autour des corps d'infanterie. C'est une épouvantable bagarre. Le prince Frédéric-Charles tentait un nouvel effort au sud-ouest de Flavigny, avec les 14ᵉ et 15ᵉ brigades de cavalerie. Ce fut là le dernier incident de cette journée.

Il était huit heures du soir. La nuit se refroidissait comme les cieux.

Les troupes du 6ᵉ corps, épuisées de fatigue, sont assoupies par terre, en avant de Rezonville. A ce moment, Canrobert apparaît seul et sans escorte devant le front du 93ᵉ de ligne. Des officiers et des soldats le reconnaissent, malgré les lueurs incertaines du crépuscule qui commence à venir, et se groupent autour de lui :

— Eh bien, mes pauvres enfants, leur dit le maréchal, avez-vous eu le temps seulement de manger la soupe ce matin ?

— Ah ! oui, je t'en fiche, — répondent les hommes, — nous n'avons rien dans le ventre.

Le maréchal tire d'une poche de sa tunique un morceau de pain noir, dur comme de la pierre, enveloppé dans le *Gaulois :*

— Moi non plus, ajoute-t-il ; voilà mon déjeuner, je n'ai pas encore eu le temps d'y toucher.

Et les cris de : *Vive le maréchal ! Vive Canrobert !* retentissent dans l'obscurité.

Une nuit froide succède à cette belle journée d'été ; et après des efforts surhumains, les combattants vont enfin pouvoir prendre quelques instants de repos. A l'horizon, ni illuminations de bivouacs prussiens, ni bruits de patrouilles. On n'aperçoit que le rayonnement des flammes qui dévorent les villages de Flavigny, de Saint-Marcel et de Vionville. Dans la plaine, les arbres gémissent et semblent pleurer nos morts.

⁎⁎

Saint-Privat. — L'aube du 17 août se lève à peine, blanchissant de ses pâles rayons les coteaux qui forment l'horizon, que les clairons français sonnent le réveil sur le plateau de Gravelotte. L'atmosphère est encore chargée des brumes de la nuit, et c'est dans le brouillard que se profilent les silhouettes des objets qui frappent la vue.

Bientôt le soleil se lève, et lorsqu'il éclaire le terrain assez

nettement de ses chauds rayons, notre armée s'ébranle, et
chaque corps prend la direction qui lui a été assignée pour la
journée. C'est sur Varneville que Bazaine dirige le 6e corps,
dépourvu de son artillerie de réserve, et déjà très éprouvé par
le combat du 16. Obligé de marcher toute la journée du 17, il
ne peut se ravitailler ni en vivres, ni en munitions, et sou-
tiendra le lendemain, 18 août, tout l'effort de la bataille de
Saint-Privat, avec des caissons à moitié vides. C'est ce qui fit
dire plus tard au maréchal Canrobert, dans son rapport à
Bazaine : « Les soldats de mon corps d'armée se sont battus
toute la journée, sans avoir ni mangé, ni bu .»

Il est neuf heures du matin lorsque le maréchal Canrobert
arrive à Varneville pour y reconnaître les positions sur lesquelles il doit établir le 6e corps. Celles-ci sont défectueuses et
presque impossibles à défendre, à cause des bois de la Cusse, des
Génivaux, de la Jurée et de Dosseillon, dont elles sont entou-
rées. Il demande donc à Bazaine l'autorisation de se placer
plus en arrière, à Saint-Privat-la-Montagne et Doncourt, formant ainsi l'extrême droite de la ligne française. Cette demande agréée, le maréchal Canrobert dirige ses troupes vers
les positions qu'il leur a assignées, mais les routes sont encom-
brées par le 4e corps, et ce n'est qu'à la nuit que le 6e corps
arrive à Saint-Privat, village important situé sur un plateau
élevé, à quinze kilomètres au nord-ouest de Metz, sur la route
qui mène de cette ville à Briey.

La division Tixier campe partie à cinq cents mètres à
l'est de Saint-Privat, partie vers le village de Roncourt.

La division Bisson, qui n'a qu'un seul régiment (le 9e de
ligne), s'établit en bataille sur une ligne partant de Roncourt
et passant à cinq cents mètres environ à droite de Sainte-
Marie-aux-Chênes, face au village de Montois, sa droite à environ trois cents mètres de Roncourt. Ce régiment n'a personne
à sa droite et forme l'extrémité de toute la ligne française.

Canrobert apparaît au moment où les fuyards atteignent les premières maisons du village... (Page 270.)

La division Lafont-de-Villiers prend position à gauche du 9ᵉ de ligne ; les deux brigades disposées à cent mètres de distance l'une de l'autre, parallèlement à la route de Metz à Briey qui passe entre les deux.

La division Levassor-Serval prend position en première ligne à cinq cents mètres, au sud de Saint-Privat-la-Montagne, reliant la gauche du 6ᵉ corps au 4ᵉ.

La cavalerie du 6ᵉ corps, 2ᵉ chasseurs d'Afrique (général du Barail) et 3ᵉ chasseurs de France (général de Bruchard), s'établit en arrière de Saint-Privat, près de la grande route de Metz à Verdun, par Briey.

Le 6ᵉ corps tout entier occupe donc la position qui s'étend jusqu'à Roncourt et Sainte-Marie-aux-Chênes ; il est le moins bien pourvu d'artillerie, — nous l'avons dit, — le plus mal placé comme position défensive ; et cependant c'est celui qui va soutenir le principal choc des Prussiens.

Saint-Privat-la-Montagne et Roncourt sont deux positions qui tiennent la dernière route de Verdun, par Briey. Pour parer à cette éventualité, il n'y avait qu'un moyen : celui de placer les réserves derrière le 6ᵉ corps. Bazaine, qui n'ignore pas ces principes, n'en fait rien et dispose ses réserves : la garde impériale, entre Plappeville et Saint-Quentin, en arrière des formidables positions des 2ᵉ et 3ᵉ corps qui n'en ont pas besoin, et à plus de dix kilomètres du 6ᵉ corps qui reste exposé à un mouvement tournant, très imparfaitement protégé.

Cette extrémité, notre aile droite, n'atteint que le village de Roncourt, au-delà duquel serpente la rivière de l'Orne, un affluent de la Moselle. On aurait dû en occuper les abords. Bazaine ne vient même pas inspecter les lieux, et le lendemain, 18, les Saxons profiteront de cette faute grossière pour tourner le 6ᵉ corps, vers la fin du jour, et le déloger de ses positions.

Le 18, au réveil, le corps Canrobert occupe les positions

suivantes : la division Tixier fait face à la forêt de Jaumont, ayant sa gauche à Roncourt et sa droite à Saint-Privat-la-Montagne, les divisions Bisson et Lafont de Villiers sur la même ligne que la dernière, surveillant le cours de l'Orne ; la division Levassor-Serval, faisant face aux villages d'Habouville et de Saint-Ali, se relie au 4ᵉ corps.

A cinq heures du matin, le réveil est sonné ; les officiers passent la revue de l'armement et des munitions ; mais faute d'approvisionnements, les cartouches consommées la veille ne peuvent être remplacées. Les tentes sont restées dressées.

Vers onze heures et demie, les troupes finissent à peine leur repas du matin que le canon se fait entendre entre Gravelotte et Amanvilliers, dans la direction de Verneville. C'est le début d'une série d'attaques qui, peu à peu, vont se développer sur toutes les crêtes des hauteurs qui dominent Verneville et Sainte-Marie-aux-Chênes. Bientôt le feu s'étend sur toute la ligne et, en moins d'une heure, l'action devient générale.

A ce moment, le maréchal Canrobert ne dispose que de vingt-cinq mille combattants soutenus seulement par soixante-six bouches à feu, sans aucune mitrailleuse ; il n'a qu'un seul bataillon d'infanterie légère (le 9ᵉ bataillon de chasseurs à pied) auquel il fait prendre position le long de la route de Metz à Briey, en vue de couvrir les côtés sud et sud-ouest de Saint-Privat.

« Chasseurs, — s'écria Canrobert de sa voix la plus vibrante, en passant devant le front de ce bataillon, — rappelez-vous que je compte sur vous autres pour tenir dans cette position coûte que coûte.

« — Oui, oui ! comptez sur nous, répondent un millier de voix ; — vive le maréchal ! vive Canrobert ? » Et les képis s'agitent au bout des chassepots. Nous verrons plus loin si nos braves petits *vitriers*, ainsi qu'on les appelle, ont tenu leur engagement.

Le soleil resplendissant dans un ciel sans nuages annonce une belle et chaude journée d'été.

Cette aile droite de la ligne française, confiée à la bravoure héroïque du maréchal Canrobert, a son centre à Saint-Privat, qui est le point le plus menacé, et où rien n'a été préparé pour suppléer à l'absence d'un appui naturel, puisque aucun coup de pioche n'a été donné. Elle est en outre resserrée entre les deux ravins de la Mance et de Châtel-Saint-Germain, et des bois qui couvrent ces derrières rendent les manœuvres difficiles. Quatre-vingt mille Allemands, appuyés par plus de deux cents pièces d'un calibre et d'une portée supérieurs aux nôtres, vont y assaillir nos troupes déjà bien éprouvées par le combat du 16, et le combat de Saint-Privat va former une bataille dans la bataille, et où nos soldats lutteront un contre quatre.

Il est midi lorsque le commandant du 6ᵉ corps s'aperçoit du mouvement d'extension de l'armée prussienne vers nôtre droite. Il a la précaution de faire occuper le village de Sainte-Marie-aux-Chênes, qui forme comme un bastion en saillie sur le champ de bataille; il y place le 94ᵉ (colonel de Geslin), avec la mission d'y tenir solidement, en vue d'empêcher l'ennemi d'opérer son mouvement tournant.

Vers une heure et demie, le prince Auguste de Wurtemberg attaque Sainte-Marie-aux-Chênes. Treize batteries allemandes (soixante-dix-huit pièces) tonnent contre ce village, éventrant les maisons et couvrant de cadavres les positions occupées par le colonel de Geslin.

Deux heures après, cent quatre-vingt mille Prussiens et Saxons attaqueront quatorze cents Français, et lutteront quatorze contre un. A cette lutte inégale, nos soldats vont apporter un courage héroïque et défendre pied à pied la position qui leur est confiée, et ce n'est pas à tort que les rapports officiels allemands, ont qualifié depuis de *champ de deuil de la garde royale prussienne*, ce sanglant prélude de la défense épique de Saint-Privat.

Mais cette lutte désespérée pourra-t-elle se soutenir long-temps? Le nombre des Allemands augmente sans cesse; le village de Sainte-Marie-aux-Chênes est en feu; deux batail-lons et demi du 94e luttent seuls contre trente-trois mille en-nemis et cent deux bouches à feu; ce sont vingt-trois Alle-mands contre un Français. Il arrive un moment où les efforts, même ceux du désespoir, ont une limite. Le colonel de Geslin fait sonner la retraite et évacuer le village avant qu'il ne soit entièrement en possession de l'ennemi, ce qui rendrait toute retraite impossible. Les munitions sont d'ailleurs épui-sées. Le 94e se rallie sur Roncourt.

**
* **

Le mouvement tournant des Saxons sur notre aile droite se prononce aussitôt la prise de possession de Sainte-Marie-aux Chênes, et à Saint-Privat, le général Canrobert va lutter contre plus de soixante-dix mille Allemands (garde royale et 12e corps), et chercher à paralyser un mouvement tournant des plus dangereux. Cette attaque ne se prononce que vers cinq heures du soir. Trois cents bouches à feu ennemies sont dirigées contre ce malheureux village qu'elles couvrent d'obus. Sous la pluie de fer qui couvre le plateau de Saint-Privat, nos régiments de ligne du 6e corps, les uns couchés à terre, les autres l'arme au bras, en réserve derrière les abris du terrain, attendent avec un calme et une résolution admirables que les Prussiens démasqués se montrent enfin face à face. Les coups de canon grondent partout; nos soldats sont décimés. Nous entrons dans une période sanglante, qui va prouver combien est grande l'influence d'un chef intrépide qui sait exalter l'é-nergie de ses soldats.

Le spectacle du champ de bataille est à cette heure d'un aspect grandiose et terrifiant : à l'horizon, les bois incendiés par nos obus ressemblent à un océan de feu ; le soleil, en descendant derrière les pentes boisées de l'Orne, embrase l'occident, aveuglant nos soldats qui ne peuvent distinguer les masses noires et profondes qui se détachent de ce fond de lumière et convergent vers Saint-Privat.

Jusqu'à quatre heures du soir, nos batteries ont riposté avec vigueur ; nos servants, ruisselants de sueur, manœuvrent, en bras de chemise, l'écouvillon et le refouloir, mais là aussi nos munitions s'épuisent, et un peu après quatre heures, notre artillerie est réduite au silence.

A partir de ce moment, l'infanterie du 6e corps est abandonnée à ses propres forces. Les chassepots et les baïonnettes : telles sont alors les seules ressources du maréchal Canrobert.

Il est cinq heures du soir. Le 6e corps n'a pas encore été entamé à Saint-Privat et montre une solidité à toute épreuve, sous un véritable ouragan de fer qui s'abat sur lui depuis midi.

Le soir approche. Impatienté de notre longue et inflexible résistance, le prince Auguste de Wurtemberg croit le moment venu de lancer à l'attaque la garde royale prussienne, si l'on veut arriver à un résultat pendant qu'il fait jour encore.

Et cependant cette garde prussienne qui s'avance en ligne sous la protection d'une formidable artillerie, qui compte trente-sept mille hommes contre moins de vingt-cinq mille Français épuisés, va perdre huit mille hommes dans son assaut et sera arrêtée dans sa marche impuissante, humiliée, vaincue, jusqu'à l'arrivée du 12e corps saxon.

Canrobert a rappelé à lui toutes ses forces disponibles et les concentre autour de Saint-Privat ; son intention est de *n'évacuer que progressivement toute la région située au nord de Saint-Privat, s'il y est forcé, en se couvrant d'une arrière-garde établie à Roncourt.*

Notre artillerie ne tonne plus depuis longtemps ; mais derrière chaque pierre, il y a un soldat. Tous les points susceptibles de défense sont occupés ; de nombreux défenseurs se blottissent derrière des clôtures et des barricades improvisées. Canrobert a ainsi pour lui l'avantage de la position et l'ingénieuse habileté de ses soldats, qui tirent du terrain un merveilleux parti. Haies, palissades, jardins, murs de clôtures, maisons, tout est garni et fourmille de képis rouges. Le maréchal Canrobert donne l'exemple, retient l'impatience de ses hommes et lui-même donnera le signal du combat, quand la fumée se sera dissipée et quand l'ennemi se sera rapproché.

Des feux de salves de plusieurs milliers de chassepots dont on voit l'extrémité du canon, à travers les embrasures pratiquées dans les murs de l'enceinte du village, s'abattent sur les colonnes ennemies, foudroient les royaux qui tombent par centaines, les uns sur les autres, en s'écrasant et sans savoir où fuir.

En quelques minutes la moitié de cette première ligne d'attaque est renversée ; la terre est jonchée de mourants et rouge de sang. Néanmoins les survivants de cette hécatombe humaine avancent toujours, marchant dans le sang de leurs camarades, enjambant les morts et les blessés.

Vains efforts ! Le carnage continue ; la garde royale foudroyée gagne à peine quelques mètres de terrain, et c'est couchée à terre, dans les vignes, qu'elle attend le résultat de la diversion produite par le 12ᵉ corps saxon, du côté de Roncourt.

La garde royale est donc arrêtée devant la position de Saint-Privat, que défend le héros de Zaatcha et d'Inkermann, avec des forces bien inférieures à celles qui lui sont opposées. Il donne à tous l'exemple de la ténacité et du courage ; il veut combattre jusqu'au bout, pour l'honneur et le salut de la France, ne céder le terrain que devant une force irrésistible ; il reste inébranlable, sans un canon, sans une mitrailleuse, et ne se retirera que lorsqu'il sera en butte à l'attaque de trois corps d'armée formant une masse compacte d'au moins cent mille hommes. Jamais, peut-être, il ne fut aussi héroïque que pendant cette défense de Saint-Privat.

Pour donner à ses soldats l'espoir d'un renfort ou d'un secours prochain, le maréchal Canrobert a eu l'heureuse idée de disposer des clairons, au débouché des bois, entre Amanvilliers et Saint-Privat, et de leur faire sonner la marche pendant plus d'une heure. *Voilà la garde!* se disent nos lignards. C'est une ruse. Le temps passe et rien ne vient. Mais pendant ce temps-là, nos soldats tiennent bon, sous l'avalanche de fer qui s'abat sur eux, broyant hommes et chevaux.

Rien de plus lugubre, en ce moment, que l'aspect de la droite de notre ligne de bataille. Les champs, les chemins, les fossés sont remplis de cadavres d'hommes et de chevaux, ou de blessés se traînant péniblement. En certains endroits, le sol disparaît sous les corps, les casques, les armes et les sacs abandonnés.

*
* *

Le 12ᵉ corps saxon a terminé son mouvement tournant vers Roncourt, un peu après six heures et demie du soir, et occupe alors le village abandonné par nos troupes qui se sont repliées sur la forêt de Jaumont et la route de Saulny. Une heure après, la lutte contre Saint-Privat devenait décisive; une lutte générale s'y engageait.

Trop faible en infanterie pour songer à refouler ce nouveau renfort de l'ennemi, écrasé par l'artillerie allemande dès qu'il prend l'offensive, le maréchal Canrobert attend...

Il attend la garde impériale depuis midi, et c'est le corps saxon qui se présente devant ses lignes.

A partir de ce moment, nos soldats n'ont plus qu'à mourir.

L'artillerie qui les protégeait au début est muette, et depuis
trois heures ils se défendent avec le chassepot seul sous une
grêle d'obus, de balles et de projectiles qui font un grand
nombre de victimes, surtout parmi les officiers. Mais Canrobert est là, au milieu d'eux, solide comme un roc, sur sa haute
jument bai foncé, que tout Paris connaît ; ses yeux clairs voient
tout et ses encouragements s'adressent à tout le monde.
Tourné, menacé de tous les côtés à la fois, jamais homme de
guerre ne fut plus sublime que lui ce jour-là sur les ruines
fumantes de Saint-Privat.

Les maisons s'écroulent successivement, et sur plusieurs
points d'épaisses colonnes de fumée s'élèvent au-dessus de ces
ruines. Le village est enveloppé d'une immense vague de
flammes, les toits s'effondrent avec un bruit sourd, sinistre,
tombent dans une fournaise incandescente. L'ambulance
elle-même prend feu. La plume est impuissante alors à tra-
duire les angoisses de nos blessés, dont les heures d'agonie
paraissent un siècle ; l'esprit s'en détourne avec une respectueuse horreur.

Il faut avoir vu cette sublime défense de Saint-Privat, pour
apprécier le courage et l'abnégation de nos soldats, qui, jeunes
et vieux, restent à leur poste, le fusil à l'épaule, le doigt sur
la détente, pendant que Canrobert visite chaque régiment,
donnant à chacun une parole d'encouragement et de remercie-
ment, au nom de la patrie.

« Enfin, à huit heures du soir, — dit la relation prussienne
du grand état-major, le vainqueur cruellement éprouvé se
trouve en possession incontestée de cette clef de la position si chèrement achetée et défendue avec tant d'acharnement. »

Quand les débris du 6ᵉ corps se retirent de Saint-Privat,
pour prendre la direction de Metz, par la forêt de Jaumont et
la route de Saulny, l'ennemi ne les poursuit qu'avec de la mi-

traille, et le maréchal Canrobert ne laisse derrière lui ni un canon, ni un drapeau.

En arrivant à Woipy, l'obscurité est complète, le tonnerre de la bataille n'est plus répercuté par les échos ; un calme profond succède au fracas terrible de la journée, qui a été une des plus meurtrières du siècle. La nuit n'est éclairée que par la clarté des hameaux qui brûlent de loin en loin à l'horizon.

On est à deux kilomètres au nord-ouest de Metz. Les hommes s'endorment sur la terre nue, épuisés de fatigue, mâchonnant quelques débris de biscuit trouvés dans leur havresac, les chevaux se mangeant les queues, ou léchant les roues des voitures. Le jour commençait à poindre, on avait mis douze heures pour faire quatre lieues, après avoir combattu dix heures, dans des conditions atroces.

*
* *

Le surlendemain, l'armée française bat en retraite sur Metz où elle se retrouve assiégée par les 1re et 2e armées allemandes (deux cent mille hommes, avec six cent trente pièces de canon). On resserre les lignes autour de Metz. Le mouvement ordonné pendant la nuit s'exécute sans être inquiété par l'ennemi, et Bazaine établit son quartier général au ban Saint-Martin.

Il n'y a plus dès lors que des sorties sans grande importance. La plus sérieuse s'exécute le 31 août. Nous devons en dire quelques mots. Dans un conseil de guerre tenu le 26 août, il a été convenu, pour contenir le moral des troupes, que l'on ferait une sortie le 31, dans la direction de Thionville.

Combat de Noisseville. — Le 6e corps tient la gauche de notre ligne de bataille. Les 3e et 4e corps se sont emparés de Sainte-Barbe dans la matinée ; c'est alors que les troupes, sous les ordres du maréchal Canrobert, s'élancent à leur tour à l'attaque des villages de Rupigny et de Charly. Son action malheureusement est des plus restreintes, grâce aux ordres reçus de Bazaine qui borne cette attaque à l'occupation des villages de Chieulles et de Vany, ainsi qu'à une démonstration sans importance sur le hameau de Failly, démonstration que l'obscurité ne devait par tarder à arrêter.

Il est quatre heures de l'après-midi lorsque les troupes du 6ᵉ corps, chargées de ces diverses opérations, se mettent en mouvement. La division Tixier prononce vigoureusement son offensive à droite de Charly, tandis que la division Levassor-Serval l'attaque à gauche et que la division Lafont de Villiers surveille les débouchés des bois de Malroy.

A la tombée de la nuit, les 3ᵉ et 4ᵉ corps s'étant repliés sur Metz, le maréchal Canrobert juge qu'il est imprudent de pousser le mouvement offensif au-delà de Charly et de Rupigny dont ses troupes se sont emparées ; et se borne à occuper Chieulles, se reliant ainsi, par échelons, à la gauche de sa ligne qui s'appuie à la ferme de Châtillon.

La nuit est devenue noire, les soldats du 6ᵉ corps sont dans la joie. Ils croient qu'on est maître de la position de Sainte-Barbe ; c'est une erreur : nos troupes se sont emparées de Servigny seulement.

Tel est le dernier épisode de cette journée.

La nuit est noire et glaciale. Le lendemain, un brouillard épais se dégage du lit de la Moselle et couvre la vallée d'un voile épais et blanchâtre. Le jour est long à venir, et à peine distingue-t-on à cent pas devant soi, que la fusillade retentit déjà aux avant-postes.

Il est trois heures et demie du matin. La division Tixier engage bientôt le feu avec une extrême vivacité, et le brouillard s'étant dissipé peu à peu, la canonnade se fait entendre à son tour vers huit heures et demie.

Partout sur notre ligne, l'ennemi est tenu en respect. Partout, il est repoussé avec perte ; une lutte meurtrière s'engage et se prolonge sous le feu de la plus vive canonnade jusque vers onze heures du matin. Les positions du 9ᵉ corps sont toujours vigoureusement tenues, lorsque Bazaine envoie l'ordre au maréchal Canrobert de reprendre ses emplacements de la veille, sa gauche à la ferme de Châtillon, son centre au bois de Grimont et sa droite en avant de Grimont. Nos troupes quittent successivement leurs emplacements et se portent en arrière.

Du haut de l'amphithéâtre de Grimont, les bataillons du 6ᵉ corps assistent, par un beau soleil d'automne, aux dernières phases de la journée du 1ᵉʳ septembre. Le temps est magnifique ; l'atmosphère, devenue transparente, découvre aux yeux tous les détails d'un riant paysage, et aucun coin de la scène qui se joue dans la plaine n'échappe au regard de nos soldats. Le maréchal Canrobert, dont le cheval paraît blessé, a mis pied à terre devant la ferme de Châtillon, s'entretient avec ses généraux, leur donne des ordres, exalte l'intrépidité des troupes sous leurs ordres.

A onze heures du matin, tout est terminé. Dès que notre mouvement de retraite s'accentue, le général de Manteuffel se contente de poursuivre nos fantassins avec quelques obus. Petit à petit, la canonnade se tait ; puis, la fusillade. Les vergers si brillamment enlevés par nos troupes le 31 août se garnissent de casques à pointes et de baïonnettes prussiennes qui étincellent au soleil ; les Allemands y rentrent musiques et fifres en tête, et nos soldats, les larmes aux yeux, poussent des cris de rage et de désespoir en voyant qu'il faut reculer, après avoir battu l'ennemi sur tous les points.

A la suite des engagements des 31 août et 1ᵉʳ septembre, les troupes reprennent autour de Metz leurs anciens bivouacs qu'elles ne doivent plus quitter que le jour de la capitulation.

A l'heure même où se livrait la seconde journée de cette inutile bataille de Servigny-Noisseville, la fatalité complétait l'œuvre de celui que l'on a appelé *l'homme du Mexique*, en livrant à l'ennemi notre belle armée de Châlons.

Cette bataille fut le dernier combat de l'armée du Rhin, qui reprit son cantonnement autour de Metz : les 2ᵉ et 3ᵉ corps sur la rive droite de la Moselle, les autres sur la rive gauche, pendant que la malheureuse armée de Mac-Mahon était internée dans la presqu'île d'Iges. Enserrée dans un cercle de fer, l'armée sous Metz n'aura plus dorénavant que les convulsions violentes d'un agonisant. Mais cette agonie doit durer encore cinquante-huit jours.

*
* *

A la suite de la bataille de Noisseville, l'armée de Bazaine devait renoncer pour quelque temps à l'espoir de se frayer sa route vers le nord.

Fourrage des Maxes, de Ladonchamps et de Sainte-Agathe. — Le 23 septembre, Bazaine fait prévenir vers huit heures et demie du matin le maréchal Canrobert de mettre en mouvement le 6ᵉ corps sur les Maxes et Ladonchamps, pour enlever les fourrages qui peuvent exister dans ces deux localités. Il s'agit d'attaquer les avant-postes ennemis, depuis le bois de Woipy jusqu'au village des Maxes, situé à plus d'un kilomètre de la Moselle, dans l'angle que forme cette rivière au-dessous de Malroy.

L'opération commence vers onze heures du matin. A cet effet, le général Péchot, commandant la 1ʳᵉ brigade de la division Tixier, reçoit l'ordre d'enlever le village des Maxes, de le dépasser, pendant que le fourrage s'exécutera, et de se porter assez en avant pour menacer les derrières du château de Ladonchamps. Le général Gibon (1ʳᵉ brigade de la division Levassor-Serval) doit entrer dans le bois de Woipy, chasser l'ennemi, dépasser la ferme Sainte-Agathe, et de là se précipiter sur le château de Ladonchamps qu'il doit occuper, mais sans s'y maintenir.

Nos braves soldats partent au pas de charge et, avec leur ardeur habituelle, refoulent les avant-postes allemands sur toute la ligne. L'ennemi lâche pied partout, sans opposer une sérieuse résistance, et, à midi, la ferme de Franclochamps est enlevée. L'ennemi bat en retraite et ne s'arrête qu'à la ferme des Grandes-Tapes, et derrière les tranchées-abris qui relient cette ferme au bac du moulin d'Olgy, sur la Moselle.

Au même moment, les Maxes sont enlevées au pas gymnastique, et en moins de deux heures, soixante voitures du train, venant de la ferme de Saint-Éloy, sont chargées de paille, de foin et de blé en gerbes.

A deux heures et demie, le fourrage est terminé aux Maxes. La retraite est ordonnée. Le retour de cette expédition offre vraiment un coup d'œil pittoresque ; chaque soldat porte une botte de paille sur son épaule, et les troupes rentrent au bivouac, d'où elles sont parties, vers quatre heures et demie de l'après-midi.

Sur la gauche, les mêmes succès sont obtenus par la brigade Gibon. Vers une heure quarante de l'après-midi, nous sommes maîtres du château de Ladonchamps, situé à droite du bois de Woipy. Il est trois heures et demie lorsque nos troupes rentrent au camp.

Cette journée est heureuse entre toutes, et le succès obtenu est considérable. Les ordres donnés par Canrobert n'y étaient pas étrangers.

Prix du château de Ladonchamps. — Le 2 octobre, dans la soirée, Bazaine prescrivait au maréchal Canrobert de faire occuper par ses troupes, pendant la nuit, le château de Ladonchamps, position la plus avancée des Prussiens autour de Metz et qui barrait la route de Thionville, entre Malroy et Sémé-court. Cette position n'avait aucune importance stratégique, en ce sens que bornée par les collines boisées de la rive gauche de la Moselle, et protégée par plusieurs batteries prussiennes, établies à mi-côte dans son voisinage, la possession du châ-teau et du parc devenait illusoire sans celle des hauteurs. Le maréchal Canrobert était hostile à cette attaque qui était inu-tile, allait faire couler beaucoup de sang et ne présageait rien de bon. Néanmoins, l'ordre était donné, il fallait obéir, et dans la nuit du 2 au 3 octobre, vers minuit, une petite colonne prise dans le 6ᵉ corps fut chargée de cette opération.

Le maréchal Canrobert qui sait, par expérience, combien sont délicates les affaires de nuit, est monté à cheval avant l'aube, et assiste aux préliminaires du combat qui s'engage à cette occasion, et qu'il suppose devoir prendre d'assez grandes proportions. A cet effet, il a fait avancer sa réserve et fait établir une ambulance à la Maison-Rouge, résidence habituelle des grand'gardes du 6ᵉ corps.

Le château de Ladonchamps est relié à la ferme Sainte-Agathe, située à environ six cents mètres à l'ouest, par des tranchées qui entourent les bâtiments et le petit parc y atte-nant.

S'emparer d'une position, c'est très bien. Mais s'y main-tenir, c'est encore mieux. Le maréchal Canrobert avait rai-son. On s'y maintint, mais le château de Ladonchamps et ses dépendances ne furent qu'un nid à bombes.

Combat de Ladonchamps. — Le 7 octobre au matin, le maréchal Canrobert a reçu l'ordre du quartier général du ban Saint-Martin de faire exécuter un fourrage sur les deux fermes des Grandes et Petites-Tapes, ainsi que sur les hameaux de Bellevue et de Saint-Remy. Cette opération ne peut réussir qu'à la condition d'y mettre une grande célérité, en raison des batteries ennemies qui sont élevées sur les deux rives

« Chasseurs, rappelez-vous que je compte sur vous autres... (Page 276.)

de la Moselle et croisent leurs feux dans la plaine de Woipy.

Cette attaque doit commencer à onze heures du matin, mais comme toujours un retard d'une heure se produit dans l'ordre de transmission qui ne parvient à l'état-major du 6ᵉ corps qu'à neuf heures et demie. Ce qui fait que les troupes ne peuvent quitter leurs campements qu'à onze heures, et ne franchir les lignes ennemies qu'à une heure de l'après-midi.

A cette heure, le soleil a fini par percer le brouillard qui couvrait la plaine dans la matinée ; et c'est gaiement que nos soldats vont prendre les positions qui leur ont été assignées. Toutes les troupes du 6ᵉ corps désignées pour l'opération s'ébranlent en même temps et prennent une vigoureuse offensive. Vers une heure et demie, la division Tixier arrive à huit cents mètres des Tapes, et à trois heures de l'après-midi, tout le terrain que l'on doit occuper est entre les mains de nos troupes.

Un soleil magnifique éclaire la campagne ; nous sommes maîtres des Grandes et des Petites-Tapes, de Saint-Remy et de Bellevue. Mais vers quatre heures du soir, ordre est donné de battre en retraite ; la division Tixier rentre dans ses cantonnements vers sept heures du soir, et à la nuit tombante les partisans de la division Lafont de Villiers se replient sur la ferme de Sainte-Agathe.

Pendant le combat du 7 octobre, le château de Ladonchamps a servi de base aux opérations des troupes du 6ᵉ corps. La veille, cette position avait été occupée par le 9ᵉ de ligne qui recevait l'ordre d'y rester quarante-huit heures, avec la perspective de servir d'arrière-garde à l'armée cherchant à s'ouvrir un passage dans la direction de Thionville, lorsqu'un contre-ordre survient et le fait relever le 7, à dix heures du soir, par le 28ᵉ de ligne (division Levassor-Serval). Pendant toute la journée, le château de Ladonchamps, placé au centre même de l'action, a été l'objet d'une canonnade intense.

La nuit est noire et pluvieuse. Tout à coup, des clameurs éclatent, et des masses sombres surgissent devant nos soldats surpris. En un instant le 28ᵉ est debout. Les officiers, derrière leurs troupes, font charger les armes et commandent des feux de salve. Les décharges se succèdent ininterrompues. Le sol se couvre de morts et de blessés. Les Allemands reculent en désordre. Ils se reforment et donnent l'assaut ; trois fois repoussés, ils reviennent avec le même acharnement. Un instant, ils atteignent le bord de la tranchée qui relie Ladonchamps à la ferme de Sainte-Agathe. Les feux nourris des défenseurs ont enfin raison de ces attaques, et à onze heures du soir, les Allemands disparaissent.

Pendant toute la durée de cette action, le maréchal Canrobert se tient dans les tranchées, se renseignant sur les mouvements exécutés par le 28ᵉ de ligne, et faisant parvenir ses ordres dès qu'on lui signale un côté défectueux dans la défense.

Ce combat était le dernier de l'héroïque armée de Metz. En voyant se coucher le soleil du 7 octobre, cette armée voyait se coucher son dernier soleil. A partir de ce moment jusqu'au jour de la capitulation, un brouillard malsain enveloppe la vallée de la Moselle, et s'il se dissipe par intervalles, ce n'est que pour laisser passer une pluie fine, serrée, qui pénètre jusqu'aux os.

*
* *

C'est ici qu'intervient la paternelle sollicitude du maréchal Canrobert, en ce qui concerne le bien-être de ses soldats.

Le 15 octobre, visitant les campements de la division Tixier, il s'arrête devant le 4ᵉ de ligne (colonel Vincendon), passe comme en Crimée devant les tentes-abris, interroge les soldats avec sa bonhomie habituelle.

— Avez-vous encore de la paille pour vous coucher? dit-il à l'un.

— Quelques brins, monsieur le maréchal ; nos fréquents changements font même que beaucoup n'en ont plus. Aux avant-postes on arrache l'herbe qu'on fait sécher en guise de paille.

— Comment employez-vous vos vingt-cinq centimes de supplément? demanda-t-il à un autre.

— En achats de denrées pour améliorer notre ordinaire, en achats de vêtements, tels que bas, grandes guêtres en toile, cravates de laine, tricots, caleçons, chemises, etc.

Puis s'adressant au colonel :

— Les cuisiniers ont-ils du bois suffisamment?

— Oui, mais peu de bois menu ; les avant-postes ne laissent passer que les corvées régulières ordonnées par l'administration, et celle-ci n'a encore fait aucune distribution de bois de chauffage.

— Les hommes ont-ils tous sur la peau leur ceinture de flanelle?

— Oui, monsieur le maréchal.

Et faisant venir à lui quelques hommes, Canrobert s'assure que ses soldats ont bien sur la peau la ceinture hygiénique qui doit les préserver des dysenteries et des maladies occasionnées par la fraîcheur des nuits.

— Et du sel, en avez-vous encore pour la cuisson des aliments? ajoute le maréchal s'adressant]à un cuisinier qui tisonne son feu sous sa marmite.

— L'eau salée de la source de Bellecroix et les quelques grains de sel distribués par l'administration ont suffi jusqu'à ce jour.

Et ainsi de suite.

Le maréchal Canrobert fait noter ces réponses par son chef d'état-major, le général Henry, visite quelques tentes, recommande aux chefs de corps de consacrer tous leurs loisirs à augmenter le bien-être de leurs soldats par tous les moyens dont ils peuvent disposer. Puis il rédige lui-même l'ordre du jour suivant qui est lu le même jour à midi et demi par les colonels du 6ᵉ corps, en présence de leurs troupes réunies en carré :

« Soldats !

» Après trois batailles sanglantes pendant lesquelles votre courage a lutté contre une armée très supérieure en nombre en lui infligeant des pertes énormes, vous avez dû vous concentrer sous Metz.

» Depuis lors, votre énergique attitude a imposé un tel respect à votre ennemi, que malgré sa force, il n'a jamais osé se porter vers vous ; il a au contraire subi vos attaques dans de fréquents combats.

» Lorsque la France envahie résiste avec acharnement, que tous vos frères, jeunes et vieux, se lèvent, les armes à la main, contre les envahisseurs, vous avez arrêté, pendant plus de deux mois, deux cents et quelques mille hommes, paralysé leur action et préservé la grande citadelle de Metz. La France vous en tient compte et applaudit en vous ses plus glorieux enfants qu'elle sait en prise au plus étroit blocus.

» Nous continuerons à nous montrer dignes de cette mère chérie et, quelles que soient les épreuves qui nous sont réservées pour elle, nous saurons les regarder en face et les surmonter au cri de : « Vive la France ! »

» Au grand quartier général sous Metz, le 16 octobre 1870.

» *Le maréchal commandant le 6ᵉ corps d'armée,*

» *Signé :* CANROBERT. »

Officiers et soldats applaudissent à ce mâle langage et crient comme leur chef : « *Vive la France !* »

*
* *

Avant de terminer ces tristes épisodes de la guerre de 1870, qu'il nous soit permis de donner ici une nouvelle preuve de l'honnêteté et du grand cœur du maréchal Canrobert.

Le 20 octobre, le commandant Leperche, premier aide de camp du général Bourbaki, parti, comme on sait, pour une mission auprès de l'impératrice Eugénie, va trouver le maréchal Canrobert pour lui faire connaître ses impressions en ce qui concerne l'absence prolongée du commandant en chef du corps de la garde. Il lui raconte sa conversation avec Bazaine et le général Boyer et lui fait connaître les points qu'il a demandé à préciser dans la réunion des généraux et chefs de service, qui a eu lieu la veille, sous la présidence du général Desvaux, savoir : 1° Assurance formelle que toutes facilités seraient données au général Bourbaki pour sortir de nos lignes comme pour y rentrer ; 2° Assurance qu'il pourrait en toutes circonstances partager le sort de la garde.

— Tout ce que vous avancez est parfaitement exact, répond le maréchal Canrobert au commandant Leperche, quand il eut terminé son plaidoyer. J'étais présent quand les conditions du départ de Bourbaki ont été réglées, et je me mets garant de l'exactitude des faits, tels que vous les présentez. Bourkaki n'a fait qu'exécuter les ordres du maréchal Bazaine, et ne doit rien avoir à démêler avec les autorités prussiennes.

— Maintenant, reprit le brave Leperche, vous comprenez, monsieur le maréchal, tout ce qu'il y a d'inquiétant dans ce fait que le général Bourbaki ait reçu l'autorisation de franchir les avant-postes prussiens et qu'il n'en soit pas revenu.

— Peut-être est-il malade ? objecte le maréchal. Il a été très éprouvé dans ces derniers temps, en raison de la qualité de son cœur (*sic*), par tous les événements qui se sont succédé, par les épreuves de la France, de son armée, et il faut le dire aussi, par toutes les fautes commises. L'affection de sa jambe aidant, il a pu se trouver arrêté dans une ville quelconque.

— J'ai songé à tout cela, monsieur le maréchal, mais il me semble impossible que le général, ayant reçu l'autorisation de rentrer, ne soit pas parti d'Angleterre pour en profiter, en même temps qu'il adressait une lettre de remerciements à M. de Bismarck, et que, dans le cas extraordinaire où il serait tombé subitement assez malade pour ne pas être transporté, il n'eût pas fait donner de ses nouvelles au commandant en chef qui l'avait envoyé en mission et aux officiers attachés à sa personne, de l'affection desquels il est assuré et dont il doit comprendre l'inquiétude.

— C'est précisément pour cela, objecte à son tour le maréchal Canrobert, que j'ai demandé à deux reprises différentes au maréchal Bazaine de réclamer près du prince Frédéric-Charles des nouvelles du général Bourbaki. Mais j'ignore s'il l'a fait.

— En agissant ainsi, monsieur le maréchal, vous avez eu la bonté de prévenir un de mes désirs ; je me propose de me présenter demain au maréchal Bazaine et de lui soumettre moi-même une demande semblable.

— Et vous ferez bien, mon cher commandant ; je vous engage à mettre cette idée à exécution sans délai.

Dans cet entretien, le brave Canrobert montrait qu'à toute occasion, il savait agir et parler en homme de cœur (1).

---

(1) *Français et Allemands*, Dick de Lonlay.

*
* *

Et maintenant qu'ajouterions-nous à ces paroles d'encouragement du maréchal Canrobert à Leperche, qui lui aussi était un brave et un blessé de cette vieille armée de Crimée ?

La pluie n'avait cessé de tomber depuis le 8 octobre.

Les camps étaient des cloaques dans lesquels il devenait

impossible de marcher. Parfois, à la suite de bourrasques épouvantables, les bataillons rentrant de grand'garde pendant la nuit, trouvaient leurs tentes-abris abattues, et étaient forcés de coucher sur un sol détrempé, sans feu pour se sécher et se réchauffer. Groupés autour de leurs officiers, de leur colonel, de leurs drapeaux, les soldats de l'armée du Rhin ne connurent jamais la défaillance, résistèrent à toute dégradation morale, conservèrent toujours le respect de cette hiérarchie sans laquelle il ne peut exister d'armée. Lorsque fut signée la capitulation de Metz (28 octobre), le maréchal Canrobert suivit le sort de ses soldats et se constitua prisonnier dans la forteresse d'Allemagne qui lui était assignée, en attendant le jour de la délivrance.

Une balle partie d'une fenêtre et destinée au maréchal... (Page 301.)

CHAPITRE XIII

PORTRAIT DU MARÉCHAL CANROBERT — LES TRAVAUX EN TEMPS DE PAIX

ONTAIGNE aimait à étudier les vertus privées des grands capitaines, et pour cela, remontait volontiers à la source de leur génie, pour découvrir le secret de leurs belles actions. C'est cette idée qu'il exprime sous une forme pittoresque quand il écrit : *Pour juger un homme bien à point, il faut le surprendre dans son tous les jours.*

Canrobert est un de ces hommes rares que l'on admire à mesure qu'on l'étudie de plus près ; sa vie n'est que la mise en pratique de cet aphorisme de Montaigne, et certes, il peut être surpris *impunément dans son tous les jours.* Les passions politiques n'y trouveront rien à redire. L'homme dont le héros est sorti est aussi grand que le héros.

Aujourd'hui, c'est par le côté humain que l'école moderne étudie la vie des grands guerriers ; c'est par l'analyse psychologique des événements qu'elle recherche le véritable génie des temps passés. Bien résolue à ne pas se contenter de la physionomie apparente des faits qu'on lui présente, elle laisse de côté les récits convenus, et remonte jusqu'aux sources mystérieuses qui se cachent dans le cœur des hommes, de façon à découvrir les drames secrets de l'âme ; elle poursuit dans l'histoire l'étude de l'humanité qui, somme toute, est le fond éternel de toute vraie philosophie. Depuis quelque temps, nous assistons à une véritable résurrection de faits historiques méconnus et ignorés. Des gloires ignorées se sont ainsi révélées ; des renommées travesties ou usurpées se sont évanouies ; des hommes sont les héros d'un fait, les artisans d'une œuvre, l'expression d'un événement qui fait époque dans la vie d'un peuple, mais leur gloire s'évanouit avec les circonstances qui l'ont fait naître.

Le héros de Zaatcha a, lui aussi, une journée de prestige exceptionnel ; mais cette journée n'a été qu'une occasion pour la gloire de se répandre sur une vie tout entière.

Sous tous les régimes, la France s'était parée volontiers de la fleur de ses braves, et avait adopté quelque renom, faute de pouvoir les citer tous. Sous Louis-Philippe, c'était le maréchal Bugeaud ; sous la République, nous avions Lamoricière, Cavaignac, Changarnier. Sous le second Empire, Canrobert, Bosquet. Napoléon III, comme Mazarin, comme Napoléon Ier, aimait d'ailleurs les gens heureux, et Canrobert, qui n'était après Zaatcha que général de brigade, passait depuis longtemps pour un homme auquel tout réussissait.

On s'étonne de la brillante carrière parcourue par le maréchal Canrobert, dont la modestie égale la bravoure, et dont l'abnégation de lui-même est telle, qu'il s'efforce toujours de s'effacer pour laisser passer devant lui un rival plus audacieux. A l'exception de son grade de général de division, tous les autres viennent couronner ses actions à son insu, et lui sont conférés à la suite de faits d'armes. Les événements se présentent d'eux-mêmes devant lui ; il ne les attend pas, ne les provoque pas, fait son devoir, et en recueille les heureuses surprises le long de son chemin. Etranger à toute ambition, Canrobert n'aspire pas à l'admiration des hommes. Sous ce rapport, on songe à Alexandre qui, selon Montaigne, était *illustre par tant de visages :* on songe aussi à cet hommage rendu par Montesquieu à Turenne, quand il écrit : « Turenne n'a pas de vices, sa vie est un hymne à la louange de l'humanité. »

*
* *

Tout Paris a pu voir le maréchal Canrobert dans trois circonstances qui ne sauraient s'effacer de la mémoire des contemporains.

La première fois, c'était le 4 décembre 1851. Le coup d'Etat était terminé ; un régiment de dragons passait sur le boulevard, étendard déployé, et ayant à sa tête un jeune général de brigade suivi d'un clairon du 5e chasseurs à pied.

Arrivé à hauteur du boulevard Poissonnière, une balle partie d'une fenêtre et destinée au général Canrobert, va frapper en pleine poitrine le malheureux clairon qui roule sous les chevaux de l'escorte.

Ce clairon était un chasseur du nom de Danot qui, dans la campagne du Dahra, en 1845, avait sauvé la vie au sergent Lajus, du 5e d'Orléans, blessé et tombé entre les mains des Arabes. Canrobert, voulant faire décorer ce brave soldat, l'avait pris avec lui pour lui faire sonner ses commandements. L'occasion était bonne, puisque son ancien bataillon de chasseurs faisait partie de sa brigade. Le clairon Danot, qui avait échappé aux dangers de la Kabylie, tombait frappé d'une balle française à côté de son chef, et à quelques pas de la maison où demeurait sa famille.

Canrobert prit à sa charge les funérailles de ce brave garçon, et envoya son officier d'ordonnance suivre le convoi le jour des obsèques. Et voilà ce que certains écrivains appellent la participation du héros de Zaatcha au coup d'Etat de 1851.

La seconde fois, c'était sur cette même ligne des boulevards, à la rentrée de l'armée d'Orient, dans Paris. Le général allait à la gare de Lyon se mettre à la tête des troupes. En reconnaissant leur ancien général, les soldats s'écriaient : « Le voilà !... voilà notre père ! »

N'est-ce pas là le plus bel éloge que l'on puisse faire d'un chef ? Celui qui aime le soldat est aimé de lui. Son action en Crimée se caractérise surtout par sa sollicitude pour le soldat. Tous les jours, il visitait nos soldats, par n'importe quel temps ; tantôt d'un côté, tantôt d'un autre ; dans la boue, dans la neige, en proie à la maladie, aux privations, sous une pluie de fer sans cesse grondante et battante.

Dès la plus petite alerte, il lançait ses aides de camp dans toutes les directions, paraissait lui-même sur le lieu du danger. Les soldats sortaient de leurs tentes pour voir leur commandant en chef, et d'un bout à l'autre des lignes françaises partait un long cri d'affection, plus encore que d'enthousiasme :

Vive Canrobert !

Ici encore une anecdote.

Le cabinet de Londres désirait savoir d'une manière certaine la vérité sur ce singulier théâtre de guerre, choisi par la diplomatie pour vider cette éternelle question d'Orient qui passionnait l'Europe à cette époque. Lord Redcliff y fut envoyé pour examiner les établissements de Balaklava et de Kamiesch, ainsi que les travaux de siège des Anglais.

Les devoirs de cette inspection conduisent l'ambassadeur anglais dans le voisinage de la tente du général en chef de l'armée française. Il y entre. La conversation est à peine entamée que soudain le canon tonne d'une façon inusitée. Plusieurs aides de camp se précipitent sous la tente de Canrobert qui est immédiatement renseigné sur ce qui se passe.

— Mille excuses, milord, de me séparer si vite de Votre Seigneurie, dit le général. Mais, vous l'entendez, le canon gronde ; ce sont les Russes qui font une sortie. Il faut que je monte à cheval. »

Avec autant de bon goût que de courtoisie, l'ambassadeur anglais accompagne Canrobert, exprimant le désir de continuer l'entretien jusque sous le feu des Russes. On fait seller des chevaux et on part. Quelques minutes après, les deux interlocuteurs se trouvaient en face d'une affaire sérieusement engagée.

On ne distinguait pas les combattants, l'artillerie russe ravageait les tranchées ; les rapides volées des boulets soulevaient, au fond des ravins, des nuages de poussière, et projetaient des éclats de pierre au loin.

— Mais, s'écrie tout à coup lord Redcliff, il n'est pas possible que ce soit dans ces bas-fonds que se battent vos soldats !

— C'est si possible, réplique vivement le général Canrobert, que ces bas-fonds sont précisément nos *champs de bataille de chaque jour*. Le hasard vous en fait le témoin. Je n'aurais pas insisté sur ces douloureux détails, milord ; mais, puisqu'un homme tel que vous est venu en Crimée pour se renseigner, il est de mon devoir d'attirer l'attention de Votre Seigneurie sur la nature même de ces milieux singuliers où les combinaisons des diplomates ont précipité les plus valeureux soldats du monde, de préférence à tant d'autres théâtres préparés pour leurs exploits.

Aujourd'hui, le siège de Sébastopol est comme une page déchirée d'un poème du temps passé.

La troisième fois que les Parisiens virent Canrobert à la tête de ses troupes, c'est au retour de l'armée d'Italie. Le blessé d'Inkermann est alors âgé de cinquante ans. Devenu maréchal de France, sa taille s'est épaissie ; ses épaules se sont élargies et sa poitrine porte allègrement la médaille militaire, les médailles commémoratives de Crimée et d'Italie, ainsi que celle de *la valeur militaire* créée par Victor-Emmanuel II.

Son portrait en est facile.

Le militaire, tout le monde le connaît ; sa taille est ordinaire, mais son corps est bâti à chaux et à sable, quoique un peu gros. De petits yeux gris étincelants éclairent son mâle visage ; le nez légèrement bourgeonné est un peu fort ; les moustaches sont grandes et soigneusement cirées ; le crâne fatigué par le képi est dénudé ; de longs cheveux plats d'un aspect peu militaire entourent le cou. Mais ne touchez pas à ces cheveux-là. Canrobert n'a-t-il pas dit un jour à l'empereur qui voulait les lui faire couper :

— Ma chevelure, Sire, appartient à l'histoire, et sera un jour légendaire.

« En bourgeois, — dit le baron de Bazancourt, — il a un faux air d'un bedeau de village. Personne ne se douterait, en le voyant, qu'on a devant les yeux l'un des plus brillants officiers généraux de l'armée française.

» Il n'aime pas le monde et encore moins la politique, préfère la tente à un salon, et monte plutôt à l'assaut d'une position qu'à la tribune du Sénat, où il siège de droit, en qualité de maréchal de France, de 1856 à 1870. »

« Canrobert n'est peut-être pas une capacité militaire hors ligne, écrit Hippolyte Castille ; mais sa bravoure touche à l'idéal. Il passe au milieu des balles et des boulets avec la

Le général Legrand, criblé de blessures, se fait apporter le drapeau. .
(Page 315.)

même aisance qu'un acteur du cirque dans une bataille fictive. Ceci est moins un éloge qu'un fait, car il n'y a pas plus à louer un militaire de sa bravoure qu'à féliciter un caissier sur sa probité.

» Ce n'est pas la tête qu'il faut porter haut, dit Chateaubriand ; c'est le cœur. »

Nul n'aime plus sincèrement le soldat que le maréchal Canrobert ; il a vécu longtemps de sa vie, en a partagé souvent les mystérieuses souffrances, en connaît les dévoüements ignorés, l'héroïsme humble et presque inconscient ; il sait combien l'étape est longue, combien pèsent le sac et le fusil, de quelles compensations sont les loisirs du bivouac ; pour lui ce sont des compagnons d'armes, de la vie desquels il ne peut disposer que parce que, comme eux, il a fait le sacrifice de son existence au devoir, à la patrie. C'est aux chefs qu'il appartient de rendre le soldat accessible à des émotions d'honneur et de gloire, à des entraînements de dévouement patriotique. Car, comme l'a dit un grand capitaine dont le nom nous échappe : « C'est surtout quand on commande aux hommes de braver la mort qu'on doit se rappeler qu'on parle à des égaux ». Sous ce rapport, le maréchal Canrobert n'a jamais oublié qu'il devait à ses troupes l'exemple du mépris de la mort. Sur tous les champs de bataille, en Afrique, en Crimée, en Italie, plus tard, en 1870, il affronte cette égalité devant le boulet qu'il doit enseigner à ses soldats, au risque de succomber dès le début de l'engagement, comme Turenne à Saltzback, ou, au moment décisif de l'action, comme Desaix à Marengo. Le premier au feu, trouvant le calme dans l'excès même du péril, il est « semblable, — suivant la belle image de Bossuet, — à ces hautes montagnes dont la cime plane sereine au-dessus des nuées et des tempêtes. »

La mort semble respecter les braves, et nous n'étonnerons aucun militaire en affirmant que le soldat français est peut-être celui qui subit avec le plus d'impressionnabilité la contagion du courage, avec le plus de fougue l'entraînement de l'exemple. Canrobert aborde avec ses troupes et sans hésiter, à Constantine, à Zaatcha, à Narah, dans le Djebel-Aurès, les obstacles les plus insurmontables, comme si, pour accomplir des miracles, il suffisait de les croire possibles.

*
*

Le maréchal Canrobert n'aimait à quitter la vie militaire et les devoirs de sa charge que pour rentrer dans la vie de famille, lorsque ses loisirs le lui permettaient. C'est là qu'il cherchait un repos pour ses fatigues et un refuge contre les importunités de la renommée. Il lui était doux, après les rudes besognes du devoir, et le glorieux accomplissement des grandes œuvres de la patrie, de pouvoir jouir modestement, simplement, mystérieusement du plaisir d'être au milieu des siens. « Qu'il est beau, — s'écrie Bossuet, dans l'oraison funèbre du prince de Condé, — qu'il est beau, après les combats et le tumulte des armes, de savoir goûter ces vertus paisibles qu'on n'a pas à partager avec le soldat, non plus qu'avec la fortune ; où tout charme ; où rien n'éblouit ; qu'on regarde sans être ébloui ni par le son des trompettes, ni par le bruit du canon, ni par les cris plaintifs des blessés ; où l'homme est aussi grand, aussi respecté que lorsqu'il donne des ordres et que tout obéit à sa parole. »

Le guerrier y goûte les charmes ineffables de la vie champêtre, vers laquelle l'attirent ses goûts qui sont d'une simplicité primitive et son admiration pour les choses de la nature : le spectacle des labours, des foins, des moissons, des vendanges ; des troupeaux rentrant le soir à l'étable, des poulains gambadant à l'abreuvoir, et des jeunes filles dansant le dimanche sur la pelouse, sont autant de scènes rustiques à la contemplation desquelles il ne s'arrachait jamais qu'à regret.

A son retour de la campagne de Crimée, Canrobert était venu passer quelques semaines dans son pays natal, à Saint-Céré et à Cahu (Lot). C'est même là où il apprit la prise de Sébastopol.

— Mon Dieu, oui, dit-il un jour à l'abbé Fonssagrives, — avec lequel il dînait au presbytère, — j'ai cueilli la poire que d'autres mangent. Il en est souvent ainsi dans le monde, et je m'en réjouis pour cette brave armée de Crimée qui a été un modèle de dévouement, d'abnégation et de patriotisme.

Devenu maréchal, Canrobert n'oublia pas le vénérable abbé Fonssagrives qui fut nommé curé de canton, c'est-à-dire inamovible, et reçut pour orner sa petite église des vases sacrés et des ornements sacerdotaux qui depuis longtemps faisaient défaut à ce modeste desservant d'une cure de campagne.

*
* *

Bien des révolutions ont bouleversé, depuis nombre d'années, la physionomie générale de notre société, dont le niveau semble s'être abaissé. On aime alors à s'arrêter au pied de la dernière pente descendue, et à se retourner en arrière pour voir sur les sommets qui s'étagent à l'horizon certaines grandes figures qui s'en détachent, comme des divinités d'un ancien temple.

Marié en 1852 à une jeune Écossaise, qui descend en droite ligne d'un ancien général, commandant en chef l'armée des Indes, le maréchal Canrobert entre dans une famille aussi honorable que distinguée, et s'il nous est permis d'emprunter les expressions de deux grands maîtres, nous dirons avec eux :

« S'il y a quelque chose de plus beau au monde qu'un grand homme, c'est un homme d'honneur ». « Mais ce qu'il y a de plus beau au monde, après un grand homme, c'est une femme digne d'avoir une place à côté de lui ».

Telle est madame la maréchale, née Lelia-Flora de Mac-Donald. Femme aimable, douée d'une haute intelligence, ses réceptions au quartier général de Nancy étaient splendides. Il est vrai que le palais de la place Carrière, dû à la munificence de Stanislas, l'ancien roi de Lorraine, s'y prête merveilleusement. Un péristyle formant vestibule soutient un beau balcon à balustre en pierre qui s'étend tout le long de la façade, et une galerie tenue avec pilastres et colonnes raccorde le palais aux autres hôtels qui entourent la place. Cet aspect de l'hôtel du maréchal commandant le 3e corps d'armée est tout simplement grandiose.

Au seuil de la famille, le narrateur doit s'arrêter. Il ne peut rien pour la gloire des âmes fortement trempées. Nous ne pénétrerons donc pas plus avant dans la vie privée du maréchal, si calme, si pure, si défendue par une sorte de respect religieux.

*
.

Nous avons recueilli au courant de la plume quelques épisodes de la vie militaire du maréchal ; nous voudrions maintenant rappeler certains actes de sa vie publique.

Canrobert déplorait les luttes entre les grands corps de l'État qui suscitaient sans cesse des entraves aux progrès de la nation ; tous ces conflits d'autorités si contraires à l'esprit de discipline qu'il regardait comme le principe fondamental du pouvoir. A ses yeux, une révolution était un des plus grands maux dont le ciel puisse affliger la terre. Il trouvait qu'elle est toujours un fléau pour la nation qui l'exécute, et que les avantages à en retirer ne compensent jamais le trouble dont elle remplit la vie de ses auteurs.

Ce n'est donc pas sans tristesse et sans inquiétude pour

l'avenir qu'il envisageait la situation politique de 1848. Celle-ci avait revêtu, en effet, un caractère de gravité inattendu. Des crimes fréquents, des agitations incessantes, des actes déplorables de corruption, une émotion sourde de l'opinion publique : tout faisait pressentir une crise prochaine. C'était le glas de la monarchie qui sonnait ! La France, qui n'avait pas songé à détruire celle-ci, venait d'exhumer la république, objet de terreur pour quelques-uns, souvenir de misères pour beaucoup.

Mais Canrobert, dévoué à son pays par-dessus tout, aimait à rendre hommage au dévouement et à l'intelligence de ses concitoyens ; dès qu'il eut vu clair dans cette triste période de notre histoire, où toutes les forces supérieures de la société s'étaient évanouies, où la peur prenait le nom de fraternité, l'hypocrisie de patriotisme, et où la faiblesse des uns, l'incertitude des autres, laissaient imposer à la nation un gouvernement qu'elle n'avait pas choisi, il accepta la tâche, non pas de prêter son concours au prince-président en 1851, pour tenter son coup d'État, mais simplement un rôle de comparse, pour rassurer les bons et faire trembler les fauteurs de désordre.

Appelé au Sénat, peu de temps après la guerre de Crimée, il montre, — ainsi que tous les hommes d'action, — peu de goût pour les luttes de la tribune, encore moins pour les intrigues parlementaires. Des champs de bataille ou des assemblées politiques, ces deux « champs de gloire » du vieil Homère, il préférait certainement les premiers, jugeant les grands tournois d'éloquence suivant le bien qui pouvait en résulter, mais sachant trouver l'occasion d'un devoir rigoureux à accomplir, dès qu'il se sentait, au Sénat, le poids d'une responsabilité quelconque.

Dans la séance du 9 février 1865, le marquis de Boissy, à propos du budget, avait fait allusion à la garde impériale, corps privilégié qui était vu d'un mauvais œil par l'armée.

« — Non, messieurs, réplique vivement Canrobert de sa place, — aucune rivalité n'existe entre les troupes de la garde et celles de la ligne. Les unes et les autres sont appelées à défendre le pays ; partout, vous les trouverez unies pour défendre les plus chers intérêts de la patrie quand ils seront menacés. L'entrée dans la garde est considérée comme une récompense offerte à l'armée. En cas d'avancement, on retourne de la garde dans la ligne, pour y revenir ensuite, sans autres conditions que les services rendus, non pas au souve-.rain, — mais au pays. »

Le rédacteur en chef du *Gaulois* fait, au sujet d'une notice consacrée à Canrobert, dans le dictionnaire de Larousse, la repartie spirituelle que voici :

Le rédacteur de cette notice tourne en ridicule le maréchal, parce qu'un jour, à l'ancien Sénat impérial, où il siégeait de droit, il fut amené, par un incident de séance, à affirmer la divinité de Jésus-Christ.

« Si M. le maréchal Canrobert, écrit le collaborateur du célèbre recueil, va entendre le Père Félix à son prochain sermon sur la Passion, il ne manquera pas, sans doute, à l'exemple de Clovis et du brave Crillon, de s'écrier, en portant la main sur son épée : « Morbleu ! Que n'étais-je là avec mes zouaves ! »

« Le trait est piquant et fait pardonner la licence historique qui accorde des zouaves à Clovis et à Crillon. Mais avec sa lourde plaisanterie, le dictionnaire Larousse décerne au maréchal un voisinage et des émules que ses plus ardents admirateurs oseraient à peine rêver pour lui. Il marque une fois de plus le caractère, en quelque sorte fraternel, de la Croix et de l'Épée, et cette association séculaire d'idées qui fait des grands soldats de grands croyants.

» Il est vrai que de nos jours Clovis s'écriant, en entendant raconter la Passion de Jésus-Christ : « Que n'étais-je là avec mes Francs ! » doit sembler horriblement vieillot.

» La formule a changé de fond en comble, et dans une circonstance analogue, le sénateur Floquet, qui dérivait sur les gens dévoués les fonds de Panama, sans y toucher lui-même, s'écrierait : « Que n'étais-je là avec mes trois cent mille francs ! »

L'incident de séance auquel fait allusion le *Gaulois* est le suivant :

Le 30 mars 1867, le sénateur de Sainte-Beuve avait cru devoir faire l'apologie des livres de Renan, à propos d'une question d'enseignement primaire développée par le comte de Ségur d'Aguesseau.

« Ce n'est pas dans cette assemblée, riposte Canrobert se levant, comme mû par un ressort, qu'on peut faire l'apologie de celui qui a nié la divinité du Christ, et qui s'est posé comme l'ennemi acharné de l'Église. Quant à moi, tout en laissant à chacun sa liberté d'action, je proteste formellement contre les doctrines qui sont émises, et je suis persuadé que ma voix aura ici beaucoup d'échos. »

Le soldat s'est révélé chrétien ; voilà plus qu'il n'en faut pour ameuter les sectaires, et ternir l'éclat de toute une vie consacrée au culte du drapeau et de la patrie.

L'idée de Dieu est inséparable du mot patrie ; c'est l'idée de Dieu qui fait aimer la patrie. Car, comme le dit le général Ambert, « tout homme de guerre exposé aux hasards, aux accidents, aux épreuves, aux misères, aux dangers de la vie, est forcément un homme religieux ; c'est le seul moyen, à la guerre, de ne jamais baisser le front.

Nous serons bien près du 16 août, lorsque l'auteur de ces lignes aura terminé ce livre. C'est la date à laquelle chaque année, dans la petite église de Rezonville, qu'entourent comme un immense cimetière les collines, les champs maintenant jalonnés de croix, de monuments, de pierres tombales, où jadis, des deux côtés, l'on se battit avec tant de vaillance, l'on consuma tant de jeunes forces, l'on se disputa la victoire jusqu'au milieu des ténèbres, — les officiers des garnisons voisines, les vieux de l'ancienne armée, les braves gens qui supportent le joug allemand avec tant d'amertume et de colère et aussi ceux et celles qui ont encore et auront toujours le deuil au cœur, qui pleurent quelque parent, quelque ami, quelque bien-aimé mort en combattant, — s'en viennent célébrer la messe noire des héros.

Un écrivain de talent, René Maizeroy, a publié à ce sujet dans *l'Écho de Paris* un résumé très patriotique de cette triste journée qui fait le plus grand honneur au maréchal Canrobert. Nous en citerons les points saillants.

« Ce fut une bataille d'épopée, une de ces rouges tueries qui éclaboussent certaines pages de l'histoire comme de larges taches de sang ; et lorsqu'ils en parlent, qu'ils se souviennent de leurs régiments décimés, fauchés, des monceaux de cadavres qui s'entassèrent pêle-mêle sur cette immense ligne de combat, nos ennemis ont aux lèvres l'exclamation sinistre du poète :

« *Horror, mors horror !* »

« D'autres l'ont racontée et j'en veux évoquer quelques poignants épisodes.

» Le matin de la bataille, trois jeunes officiers sortant du « vieux bahut » et ayant encore le pantalon rouge à bande bleue arrivaient à la deuxième division du deuxième corps d'armée. Un officier d'état-major fut chargé de les conduire à leurs régiments et de les présenter à leurs colonels.

» Le canon — le brutal, comme disent les troupiers — tonnait déjà de tous côtés. L'officier d'état-major, qui avait vu la Crimée et le Mexique, semblait soucieux et grave. Les sous-lieutenants, grisés de joie à la pensée d'arborer pour la première fois leur épaulette un jour de combat, disaient :

» — Que cela doit être beau !

» — Oui, leur répliqua le commandant, quand c'est fini !

» Le soir, lorsqu'on prit enfin du repos et qu'on eut fait l'appel dans les régiments, dénombré les morts, les blessés et les disparus, le général Bataille demanda au chef d'escadron :

» — Eh bien, et vos saint-cyriens ?

» — Tous trois à l'ambulance, mon général.

» — Blessures graves ?

» — Je crois que deux sur les trois ne s'en tireront pas !

» C'est la charge impétueuse et superbe des cuirassiers de la garde qui se font tuer par centaines aussi noblement que leurs camarades de Reischoffen, pour sauver la partie un instant compromise.

» C'est Canrobert, l'impeccable et loyal soldat, qui passe tranquille sous le feu meurtrier des batteries prussiennes, le chapeau campé crânement sur ses longs cheveux bouclés, le sourire aux lèvres, le torse droit avec, à la main, son bâton de commandement.

» Et cependant les obus éclatent, creusent des brèches dans les rangs, les balles sifflent, nombreuses, pressées comme des moucherons en un crépuscule d'été, les fantassins prennent le pas de charge, clament enthousiastes et enfiévrés :

» — Vive l'Empereur ! Vive Canrobert !

» Plus loin, le colonel du 18ᵉ d'artillerie à cheval apostrophe ses canonniers qui déroutés par le feu violent des canons allemands, courbent le front :

» — Dites donc, vous autres, depuis quand est-on aussi poli pour le roi de Prusse ?

» Et désormais pas un front ne s'abaisse, nul ne songe à saluer les obus.

» Ce sont les dragons de Murat qui culbutent les cuirassiers blancs de Magdebourg et les uhlans d'Altmark.

» C'est la mort héroïque du général Legrand qui, criblé de blessures, se fait apporter le drapeau du premier de ligne et rend le dernier soupir en regardant les trois couleurs comme les croyants qui, durant leur agonie, contemplent le crucifix, lui demandant la force de bien mourir, l'espoir de revivre en l'éternelle joie du ciel.

» C'est le heurt terrible de la division Cissey et de la brigade Wedell qui est entièrement détruite et jonche le ravin de Greyère d'un si grand nombre de cadavres que les lignards croient à une comédie, se disent entre eux :

» — Méfions-nous, ils font semblant d'être morts !

» C'est la charge mémorable du plateau d'Yron, une mêlée tragique de six mille cavaliers dans la poussière épaisse qui monte en tourbillons vers le ciel et l'obscurcit, un des plus grands chocs de cavalerie de ce siècle, dont les survivants ne parlent qu'avec un instinctif émoi.

» Quand s'allumèrent les feux de bivouac, l'on se battait depuis plus de douze heures. Les Allemands avaient perdu dix-sept mille hommes. Il manquait à l'appel dans nos rangs : six généraux, huit cent trente et un officiers, seize mille cent dix-sept hommes de troupe.

» Une aubergiste de Mars-la-Tour nous disait qu'au coucher du soleil les ravins étaient parsemés de grandes mares rouges — des lacs de sang. »

*
* *

» ... Certes, cela donnerait l'horreur de la guerre, des batailles détestées par les malheureuses mères, selon la rude expression du poète latin ; mais quand on a le cœur haut placé, l'on ne doit songer qu'à recommencer tôt ou tard la partie, qu'à avoir le culte pieux des aînés qui combattirent ainsi, sans peur et sans reproche, qui furent presque victorieux ; qu'à les imiter, qu'à reprendre un jour le sol sacré où dorment nos chers morts, où il dépend d'un gendarme prussien de nous refuser même le droit de nous agenouiller sur des tombes, de mettre des couronnes fraîches aux trois couleurs de France sur de pauvres croix dont les inscriptions sont à moitié effacées — déjà. »

On ne saurait évidemment mieux dire.

Le Sénat.

CHAPITRE XIV

EPUIS Attila, aucun peuple du monde n'a été châtié, comme la France, en 1870. Après d'aussi dures épreuves, un peuple s'il doit conserver son courage, doit regarder l'avenir en face, et ne pas tenir són âme penchée sur ses anciennes blessures.

Ce n'est pas du reste la première fois que la France vaincue, mais non abattue, a semblé toucher à sa perte. Sans remonter à Crécy, Poitiers, Azin-court et Paris, nous étions à la merci de l'Europe, après Malplaquet (1706). Peu de temps après, les vaincus de Malplaquet se vengeaient à Denain (1712). La gloire de nos armes semblait morte à Rosbach ; quelques années après, les armées improvisées de la République française terrifiaient l'Europe par leurs prodiges.

Plus tard l'épopée impériale succède à l'épopée républicaine, comme Leipsick et Waterloo succèdent à Iéna et Austerlitz.

Après Waterloo, la France ne peut plus respirer. L'Europe coalisée la tient expirante sous ses pieds ; quelques années s'écoulent et la France renaît de ses ruines, imposant de nouveau son influence, d'abord par le simple rayonnement de sa civilisation, puis ensuite par le respect de son influence reconquise.

La France, en 1870, a été vaincue à Metz, à Sedan, comme à Pavie, comme à Malplaquet, comme à Rosbach, comme à Leipsick. A peu de chose près, on peut dire que c'est le même ennemi qui a fait la même besogne, — l'*Erbfeind*, — comme on dit de l'autre côté du Rhin.

Notre résurrection a commencé depuis longtemps déjà ; nos vainqueurs d'hier assistent à notre relèvement avec une surprise mêlée d'inquiétude. Ils en sont maintenant à regretter l'insuffisance de leur œuvre.

Une comparaison est ici tout indiquée.

Au commencement de ce siècle, la Prusse était, elle aussi, à toute extrémité. En 1807, ce petit royaume, comme la France de 1870, vivait aveuglément sur sa gloire militaire que d'épouvantables défaites venaient d'anéantir. Vaincue deux fois le même jour, à Iéna et à Auerstadt, comme la France, le 6 août, à Forbach et à Wœrth, elle n'offrait plus qu'une proie résignée à son vainqueur. Dès le lendemain de ce double désastre, Frédéric-Guillaume III n'avait plus ni armée, ni peuple pendant que Napoléon Ier s'installait à Berlin. On eût pu croire alors que la Prusse allait être rayée de la carte de l'Europe,

Canrobert refuse le siège de député qui lui est offert... (Page 323.)

et cependant, dans le sein de cette nation anéantie, s'agitaient déjà les éléments de sa résurrection.

La Prusse d'aujourd'hui se souvient-elle qu'il n'est pas d'une bonne politique de pousser les nations à l'extrême ? Tôt ou tard, le salut, pour l'opprimé, vient des châtiments infligés ; tôt ou tard les catastrophes deviennent des exceptions qui sauvent, lorsqu'un peuple éprouvé comme le nôtre a conscience de ses fautes, et sent que son secours ne peut venir que de lui-même.

Ce secours, c'est le devoir patriotique, et nous ne l'apprendrons que par les glorieux exemples que nous en donnent certaines vies. « Les grands hommes sont un don de Dieu », a dit Bossuet.

*
* *

En mars 1871, Canrobert est de retour des prisons de l'ennemi. On lui offre un siège de député, dans la chambre de Bordeaux, pour le département de la Gironde. Il le refuse en disant qu'il avait « des convictions trop nettes sur les devoirs stricts du soldat, pour pouvoir prendre part à des travaux et à des discussions auxquels son caractère et les habitudes de sa vie ne l'avaient pas habitué. »

Pendant ce temps-là, la France a pu payer avec un loyal empressement sa rançon de cinq milliards, reconquérir son sol pas à pas, accepter le fardeau de formidables impôts, liquider le passif de sa lutte désordonnée, relever ses ruines, venir en aide aux plus malheureuses victimes de tant de destructions, reconstituer avec une tranquille confiance sa vie politique et sociale, rendre l'essor au travail et à la richesse, reprendre la tête du mouvement artistique et littéraire de l'Europe, et cela sans faire appel au concours d'une brutalité dictatoriale, ou d'une tyrannie extravagante, par le seul ressort du peuple lui-même. C'est là un bel exemple de ce que peut l'expansion naturelle de toutes les forces d'une nation qui veut vivre. Durant toute cette période le maréchal participe à la reconstitution de nos forces militaires, comme membre du conseil supérieur de la guerre ; comme président de la commission de classement des officiers d'infanterie proposés pour le grade supérieur, et comme président du comité de défense.

La création d'une école supérieure de guerre se rattache à la question de l'avancement aux grades supérieurs. Dorénavant, il faut sortir de cette école pour passer au choix du grade de capitaine à celui de chef de bataillon ou d'escadron, les services exceptionnels pouvant seuls remplacer les études faites dans cette école. Canrobert et ses collègues au conseil supérieur de la guerre dotent ainsi l'armée d'une pépinière d'officiers instruits sans cesse renouvelée, ayant l'habitude du commandement.

En 1873, le comité de défense, par l'organe de son président, déposait au ministère de la guerre son projet de loi relatif à la reconstitution de nos frontières de l'est. Ce travail embrassait les travaux à faire autour des places de Verdun, Toul et Epinal, dans la vallée de la haute Moselle ; autour de Belfort, de Langres, de Lyon, de Grenoble, dans la vallée de l'Isère ; à Albertville, à Chamousset et autour de Briançon.

L'année suivante, appelé à donner son avis sur différents projets de loi soumis au conseil supérieur de la guerre, Canrobert fait accepter par le ministère de la guerre le projet de loi *sur les réquisitions* qui est parfait, et doit plus tard servir de base à une administration générale, permettant de faire vivre les troupes en campagne sur le pays dans lequel elles opèrent ; le projet de loi *sur l'établissement des champs de tir*, afin de mettre le tir en honneur dans nos régiments et entretenir l'adresse de nos soldats.

Les travaux auxquels prit part le maréchal Canrobert de-

vaient nécessairement attirer l'attention du pays sur sa haute
compétence en matière d'organisation militaire, et en janvier 1875, le département du Lot lui offrait un siège vacant à la
Chambre des députés ; il le refusa également comme il avait refusé aux électeurs de la Gironde en 1871. « Dévoué à la France,
disait-il à ses compatriotes, jusqu'à l'abnégation de moi-même,
comme en témoignent plusieurs des actes de ma longue carrière, je dois me placer là où il m'est possible de la mieux
servir si elle faisait appel à mon dévouement. Ce ne serait
certes pas en entrant dans l'arène où s'agitent violemment les
rivalités et les passions ardentes de la politique.

» Etranger aux partis, mais conservant avec un profond respect pour le gouvernement déchu ma foi dans les institutions
titulaires de son origine et dans l'expression directe de la volonté nationale, je suis persuadé que dans les temps troublés
que nous traversons, lorsque l'armée est l'unique rempart du
calme, de la sécurité et de l'indépendance nationale, ses enfants ne doivent pas se mêler aux luttes dangereuses de la
parole.

» Mon devoir est donc de ne pas m'éloigner de cette armée à
laquelle m'unissent depuis si longtemps des champs de bataille, et de rester, quelle que soit d'ailleurs la situation res-
treinte que les circonstances m'ont faite, aux côtés de l'illustre
frère d'armes et ami, le maréchal de Mac-Mahon, comme le
représentant le plus élevé de la hiérarchie militaire. »

Néanmoins, aux élections partielles du mois de janvier 1876,
le maréchal Canrobert entre au Sénat le premier sur deux
candidats par 212 voix sur 385 votants, y représente le Lot, et
lorsque éclate la crise ministérielle du 16 Mai 1877, personne
ne doute en France que le général Bertaud, ministre de la
Guerre, ne soit mis hors de cause et maintenu dans ses fonctions. C'est, du moins, l'avis du maréchal Canrobert qui s'en
ouvre à plusieurs législateurs influents qui font accepter par

l'opinion publique ce vœu qui est celui de l'armée ; et le
général Bertaud est dégagé des nécessités d'ordre supérieur, des convenances qu'impose en temps normal aux membres du cabinet, la solidarité étroite qui les unit les uns aux
autres. « Il est indispensable, disait à ce sujet ce vétéran de
nos gloires nationales, que l'abstention de l'armée, en matière
de manifestations d'opinions publiques, soit absolue, et elle ne
peut l'être que si l'exemple lui est donné d'en haut ; il faut,
pour sa dignité et le respect qui lui est dû, qu'elle sache se
mettre au-dessus des insinuations dont une certaine presse
cherche à faire d'elle le sujet ou l'objet. Des hypothèses inju-
rieuses ou maladroites peuvent la mettre en cause : on ne saurait l'empêcher ; elle n'en a pas moins le devoir de répondre
par son attitude qu'elle est la force protectrice des lois et non
la force d'un parti quelconque. L'œuvre de notre reconstitution militaire y gagnera, et l'esprit de l'armée en sera plus fort
et plus attentif aux questions militaires dont les Chambres
sont saisies. »

C'est encore Canrobert qui fixe le choix du ministre de la
Guerre, en 1877, sur la nomination du général Lewal au commandement de l'École supérieure de guerre. Le successeur du
général Gandil unit à un caractère fortement trempé les lumières d'un esprit éclairé et l'ardeur d'un dialecticien qui a fait
école. Il est l'adversaire du « débrouillez-vous » que nos
guerres d'Afrique ont mis si fort en honneur dans l'armée
française, et l'un des fondateurs de l'école méthodiste. « Ce
sera, dit le maréchal, le directeur intellectuel le plus apte à
diriger les cours de l'École supérieure de guerre. »

*
* *

La démission du général Bertaud, ministre de la Guerre,
trouve le Sénat occupé à la discussion générale de la loi sur
l'état-major.

Le maréchal Canrobert prend part à ce grave débat. La discussion a été la plus complète et la plus intéressante de toutes celles ouvertes sur la discussion de nos lois militaires.

L'armée à cette époque était, en effet, largement représentée au Sénat ; autant d'officiers, membres de cette assemblée, autant d'hommes compétents sur la matière ; d'un côté, les officiers provenant de l'ancien corps d'état-major ; de l'autre, ceux qui sortent des corps de troupe. Entre les deux camps, et en qualité de conciliateurs, le maréchal Canrobert et le général Billot. Ce dernier, dans un langage figuré, comparait le projet de loi à la grande avenue de l'Opéra. « De même, disait-il, que cette avenue a fait pénétrer l'air, la lumière et le mouvement dans les vieilles rues de la butte des Moulins ; de même, la loi sur l'état-major apportera dans l'armée l'air, la lumière et le mouvement. » Et le maréchal Canrobert, prenant la *contre-partie* de ce discours, de répondre : « Il faut *qu'une porte soit ouverte ou fermée*. L'état-major est à une armée ce qu'un chef d'orchestre est à toutes les parties concertantes, c'est-à-dire qu'il *n'invente rien*, mais qu'il dirige l'exécution des ordres et la pensée du général en chef. »

Il y avait dans cette originale et juste définition tout un monde d'arguments contre le projet de loi, car si l'état-major, en effet, n'invente rien, s'il ne fait que diriger l'exécution des ordres et la pensée du général en chef, pourquoi lui donner une organisation, une existence, une pensée, une responsabilité séparées de celles du commandement ; pourquoi en faire, par rapport au commandement, un pouvoir latéral, ayant son origine à part, recevant ses inspirations, ses ordres même d'une autre source, d'une source supérieure. Les conséquences que nous tirons ici du projet de loi auraient eu un grand poids si elles avaient été émises par le maréchal Canrobert.

Le corps fermé et le service ouvert avaient chacun leurs partisans. Le premier servait au bon recrutement de l'état-major ; le second ne retenait pas les officiers assez longtemps dans l'état-major ; le roulement entre le service et les corps enlève à celui-là la possibilité de conserver la tradition et renvoie à ceux-ci des officiers qui ne viennent y faire qu'un stage, ne s'attachant pas suffisamment à la pratique du métier, et ne visent qu'à en sortir par un avancement pris sur la part de leurs collègues.

On n'était pas d'accord, la discussion menaçait de s'éterniser. Le maréchal Canrobert, les généraux de Ladmirault et Borel, ministre de la Guerre, concilièrent tous les intérêts en proposant à la commission une combinaison ingénieuse et très simple qui rallia tous les suffrages du Sénat : 1° En n'admettant à l'École de guerre que des officiers ayant déjà quatre années de séjour parmi les troupes ; 2° en obligeant les capitaines brevetés à rentrer dans l'armée après cinq années passées dans les états-majors et à attendre là que leurs services, dans un concours ouvert à tous, les désignent pour entrer avec le grade supérieur dans le corps d'état-major.

Cette combinaison donnait satisfaction à tous les intérêts mis en cause, et conciliait, dans une application sagement calculée, les deux principes absolus qui se sont fait la guerre pendant toute la durée de la discussion de la loi sur l'état-major de l'armée. Grâce aux efforts du maréchal Canrobert, dans la commission plutôt qu'à la tribune, le projet de loi auquel se rallia le Sénat était une œuvre de paix, de justice et de sage réflexion.

Il ne s'est pas moins trouvé un député, le chef d'une opposition systématique, pour interpeller le gouvernement sur la situation faite au maréchal Canrobert au sein de la commission de classement. Ce député, M. Brisson, taxait l'illustre guerrier, un grand dignitaire de l'État, de ne pouvoir continuer à exercer en 1878 les fonctions qu'il exerçait depuis huit ans. Se rappelle-t-on que le gouvernement répondit à cette sommation lancée du haut de la tribune française par un député de l'opposition : « La commission de classement se réunira au mois de janvier ; à cette date seulement, vous aurez le droit de demander au gouvernement quel président il a choisi. » Quelques mois après, le maréchal Canrobert, battu en brèche par les radicaux, succombait lors du renouvellement partiel du Sénat, en janvier 1879, et n'était pas réélu.

Ce n'est pas d'aujourd'hui que les chefs de l'armée sont en butte aux suspicions du parti avancé de la nation. Et cependant, n'est-ce pas Chateaubriand qui a dit sous la première République que « l'honneur français s'était réfugié sous les drapeaux » ?

L'histoire nous apprend qu'en ce temps-là, la nomination au grade de général était un brevet de guillotine. Hoche lui-même n'échappa que miraculeusement à l'échafaud. Les représentants Lebas et Saint-Just ordonnèrent un jour l'arrestation de Desaix, sans trop savoir pourquoi, et le lendemain Desaix remportait la victoire de Seifferstadt. Aujourd'hui, nous savons que Saint-Just a péri sur l'échafaud, que Lebas s'est suicidé et que Desaix est mort glorieusement sur le champ de bataille de Marengo.

Lequel de ces trois hommes a le mieux servi son pays ?

Celui qui commande une armée est l'expression la plus complète de l'autorité ; il ordonne et ne discute pas. Au nom de la discipline, il punit, et dans l'intérêt de la hiérarchie, maintient chacun à sa place. Or le gouvernement populaire est hostile à l'autorité, est l'ennemi de la discipline, et antipathique à toute hiérarchie quelle qu'elle soit.

Et le général Ambert de s'écrier dans son livre, *le Pays de l'Honneur* : « Le maréchal Canrobert sortant du Sénat, dont il était l'honneur, c'est Phocion buvant la ciguë. Nous le connaissons depuis la quatre-vingt-quatorzième olympiade ».

*
* *

C'est ici le moment de revenir un peu en arrière. Que reste-t-il, à cette heure, des grands unificateurs de l'Italie, pour laquelle les soldats de la France ont versé leur sang en 1859 ? Le comte de Cavour était frappé d'une fièvre cérébrale, le 30 mai 1861. En face de l'éternité, ce grand idéologue, voulant se réconcilier avec Dieu, fit venir le Père Farini : « Je veux que le peuple de Turin sache que je meurs en bon chrétien », lui dit-il. — On l'administra en grande pompe et on l'enterra de même le 6 juin suivant.

Le monde catholique crut voir dans cette mort rapide une intervention de la Providence, frappant l'adversaire de Pie IX avant l'achèvement complet de son œuvre. Dix-sept ans après, le 9 janvier 1878, le premier roi d'Italie, Victor-Emmanuel II, descendait à son tour dans la tombe.

L'histoire a parfois de ces coïncidences que la raison ne saurait expliquer. La mort visitait le Quirinal avant de s'abattre sur le Vatican, respectant Pie IX, dans lequel s'incarnaient le droit, la vérité et la souveraine justice. Victor Emmanuel qui avait essayé, en 1870, de briser la pierre angulaire sur laquelle Jésus-Christ avait bâti son Église, disparaissait à son tour, et la pierre était toujours là.

Ses funérailles furent splendides : « C'était, dit Leroy-Beaulieu, la dernière ovation de l'Italie à l'émancipateur national. Les fleurs pleuvaient sur le char funèbre, ainsi que jadis sur le cheval ou la voiture qui portait le souverain dans les villes annexées. »

Le défilé mit trois heures et demie à parcourir deux kilomètres, pour se rendre du Quirinal au Panthéon où avait lieu l'inhumation.

Les gouvernements y avaient tous envoyé des représentants, et par une délicatesse de souvenir que nos lecteurs comprendront, ce fut le maréchal Canrobert qui représenta la France.

Ce qui se passe de nos jours, en Italie, doit nous servir d'exemple. Ne nous inféodons à personne, soyons Français et tenons-nous-en à la politique de Louis XIV, répondant à un de ses ministres qui lui demandait de subordonner la politique royale à la politique autrichienne : « Ayons de la dignité ; ne soyons pas dupes et songeons surtout, avant d'être généreux, à notre propre grandeur et à notre sécurité ».

Cette digression faite, revenons au maréchal Canrobert que nous avons laissé à la porte du Sénat français. Le *Gaulois* s'exprime ainsi au sujet d'un article publié dans le *Journal des Débats*, article dans lequel M. Jules Dietz, un de ses rédacteurs, se déclarait absolument enchanté du mouvement électoral qui transformait en minorité infime l'ancienne majorité anti-républicaine du Sénat, et absolument attristé de l'abaissement du niveau intellectuel de cette Assemblée, « où, dit-il, les hommes de talent deviennent chaque jour plus rares et les simples politiciens de plus en plus nombreux. »

« Si cet écrivain distingué voulait aller jusqu'au bout de la sincérité, peut-être serait-il contraint d'avouer que sa joie et sa douleur procèdent du même événement. Car c'est précisément en bannissant les conservateurs du Sénat, par ce mouvement continu qui ravit M. Dietz, que le corps électoral en a banni en même temps le talent dont la disparition navre ce publiciste. Il est bien certain, par exemple, qu'une Assemblée politique qui, le même jour, perd un Canrobert et gagne un Floquet, subit en quelque sorte une double déchéance.

» Cette coïncidence, d'ailleurs, est entièrement logique. Elle satisfait le goût que nous avons hérité des Latins pour la symétrie. Et il nous paraît tout à fait rationnel que le héros de

Zaatcha sorte par une porte d'une enceinte où l'ancien président de la Chambre entre par une fenêtre.

» Canrobert et Floquet représentent deux races incompa-
tibles, deux espèces qui ne peuvent fréquenter le même milieu.
L'un porte encore sur sa belle figure de soldat le reflet des
rayons de nos vieilles gloires consolatrices. L'autre incruste
sur son visage toutes les désillusions de notre triste époque.

» L'un s'appelle la Modestie et l'autre la Vanité. L'un s'appelle le Devoir et l'Abnégation ; l'autre s'appelle la Révolte et
la Nullité ».

Quelques mois après, en novembre 1879, un siège devient
vacant au Sénat ; la candidature dans le département de la
Charente est offerte à Canrobert qui l'accepte et est élu par
313 voix. Réélu une seconde fois aux élections partielles du
25 janvier 1885, avec une majorité de 495 voix, il représente
de nouveau la Charente ; mais l'âge a usé ses forces. Il ne
peut plus prendre part aux travaux de ses collègues aussi
assidûment que précédemment.

Le maréchal Canrobert en informe ses électeurs par la
lettre suivante, pour leur faire connaître que son intention
n'est pas de solliciter le renouvellement de son mandat, aux
élections partielles du 7 janvier 1892 :

« Messieurs,

» L'état de santé de votre vieux sénateur, altéré par les
grandes épreuves de sa longue et laborieuse carrière, ainsi
que par les fatigues de ses très nombreuses campagnes de
guerre, dont les six premières remontent au delà d'un demi-
siècle, et son grand âge, le contraignent à vivre à l'écart,
loin des discussions parlementaires qu'il ne peut plus suivre.

» Dans ces conditions, il vient accomplir un devoir en vous
demandant de ne pas lui conserver, aux élections prochaines,
le mandat sénatorial qu'il est heureux d'avoir dû à vos spon-

tanés suffrages, et dont il vous remercie de nouveau très
vivement.

» Il croit inutile de vous dire, messieurs, que, de loin comme
de près, il ne cessera de faire des vœux pour la prospérité de
la Charente ainsi que pour le bonheur et la grandeur de notre
France.

» *Le maréchal de France,*
» *Sénateur de la Charente,*
» MARÉCHAL CANROBERT. »

Voilà quel a été le rôle politique du maréchal Canrobert
pendant une période de vingt-deux ans. Il n'entre dans les
assemblées parlementaires que pour faire profiter l'État de sa
vieille expérience en matière d'organisation militaire.

Si vis pacem, para bellum.

En vertu de cet axiome, toutes les études militaires du temps
de paix ont pour but la préparation à la guerre. La paix a ses
apôtres convaincus, tout comme la guerre a les siens, et si
celle-ci est regardée par les uns comme une conséquence
forcée des tendances actuelles de l'Europe, celle-là est considérée par beaucoup comme un bienfait dont il est nécessaire
de poursuivre le maintien, tout en restant fort pour n'avoir
rien à craindre de ses adversaires de demain.

*
* *

Nous arrivons ainsi aux obsèques du regretté maréchal de
Mac-Mahon. Canrobert a pris place au pied du maître-autel,
sur le prie-Dieu jadis réservé au maréchal, président de la
République, lorsqu'il venait entendre la sainte messe à Saint-
Louis des Invalides. Tous les assistants ont pu voir l'héroïque
vieillard tendre la main à l'abbé Auvray, curé de Montcresson,

qui avait assisté son illustre frère d'armes dans ses derniers moments, et le curé de Magenta, venu exprès de l'Italie pour assister aux obsèques de celui qui fut, — on peut bien l'avouer ici, — le héros de cette belle journée du 4 juin 1859, qui marque le prélude de l'indépendance italienne à son aurore.

Ce que le maréchal Canrobert leur dit à tous les deux appartient désormais à l'histoire.

— Je tenais à serrer votre main, — dit-il à l'abbé Auvray. Elle a reçu la dernière poignée de main du héros de Malakoff et de Magenta. Votre main porte une empreinte glorieuse qui ne s'effacera jamais. Soyez-en fier, monsieur le curé.

» On m'a dit que vous aviez fait un merveilleux discours sur mon frère d'armes qui dort ici son dernier sommeil avec les grands soldats de la France. Je serais heureux de le voir et de faire reverdir mes souvenirs qui, hélas ! vieillissent comme moi. »

Puis, se retournant et s'adressant au curé de Magenta, le maréchal ajouta ces belles paroles qui eurent certainement un grand retentissement de l'autre côté des Alpes :

— Vous avez fait une bonne action, monsieur le curé, en venant rendre le dernier hommage de l'Italie au maréchal de Mac-Mahon. Quand vous retournerez à Magenta, dites bien aux Italiens que vous avez vu le maréchal Canrobert qui, avant de fermer les yeux, voudrait voir l'Italie et la France marcher la main dans la main, comme autrefois à Palestro, Magenta et Solférino.

» Soignez les tombes de nos soldats, tombés sur vos champs de bataille. Ils sont morts pour vous, et, du fond de leur tombeau, ils vous parleront de leur amour pour l'Italie. Je ne demande pas de la reconnaissance, je vous dirai seulement d'aimer ceux qui vous ont aimé et sont morts pour vous.

— Vos vœux sont les miens, répond le curé de Magenta. La France et l'Italie ne peuvent être séparées l'une de l'autre.

Les beaux jours reviendront, monsieur le maréchal Canrobert, dont le nom est synonyme chez nous de vaillance et de gloire. »

On connait les ovations faites aux marins russes de passage à Paris en octobre 1893, en même temps qu'avait lieu la cérémonie de l'inhumation du maréchal de Mac-Mahon aux Invalides.

Profitant de cette circonstance qui unit dorénavant deux peuples faits pour s'entendre, le grand-duc Michel, aide de camp de l'empereur de Russie, président du conseil de l'empire, chef de la garde, envoyait le télégramme suivant au maréchal Canrobert :

« Quarante-deux défenseurs de Sébastopol et moi fraternisons aujourd'hui, comme annuellement, en mémoire de nos brillants exploits de défense.

» C'est avec un bien vif intérêt que nous avons suivi la réception solennelle récemment faite par les Français à nos marins. Profondément touchés par les discours pleins de cœur partis de toutes les classes de la population française, nous nous souviendrons aussi de vos paroles pleines de sympathie qui vantent la bravoure chevaleresque de nos troupes en Crimée.

» Il y a quarante ans, maréchal, que nous vous estimons, vous et nos braves et brillants adversaires, et admirons la ténacité inébranlable de l'armée et de la flotte françaises, et aujourd'hui, remémorant les 349 jours de défense qui n'ont jamais eu leurs pareils ; et, honorant avec des sentiments de profonde sympathie et d'estime la mémoire de nos héros et des vôtres tombés vaillamment sur le champ de bataille, et celle de feu le maréchal de Mac-Mahon, nous nous écrions la coupe à la main : « Vive la brave armée et la flotte françaises ! Vive le maréchal Canrobert ! Hurrah ! »

Le maréchal Canrobert, que cette manifestation spontanée

a dû profondément émouvoir, a répondu aussitôt à l'oncle du tsar par le télégramme suivant :

« Hautement honoré du télégramme que Votre Altesse Impériale veut bien m'adresser à l'occasion d'une réunion annuelle d'anciens et vaillants défenseurs de Sébastopol, et dans laquelle elle remémore le souvenir des très cordiales fêtes franco-russes, elle évoque la glorieuse mémoire de feu le maréchal de Mac-Mahon et forme des vœux pour l'armée et la flotte françaises : je m'empresse d'avoir l'honneur de l'informer que je fais parvenir sans retard les expressions de ces sentiments gracieux au chef de l'État ainsi qu'aux ministres de la guerre et de la marine.

» Mais, très profondément touché du souvenir fidèle et ému que Votre Altesse Impériale garde à nos héros communs de Crimée dont les exploits retentiront longtemps encore, je l'espère, dans le monde entier, et des sentiments personnels qu'elle daigne exprimer au vieux commandant en chef de l'armée d'Orient, j'ai hâte de la prier de vouloir bien en agréer ma plus respectueuse et vive gratitude, ainsi que mes vœux les plus sincères pour Sa Majesté le Tsar, Votre Altesse Impériale et les grandes et belles armée et flotte russes. »

Le télégramme du grand-duc Michel (il est peut-être bon de le faire remarquer) a été envoyé au lendemain de la conclusion du traité de commerce russo-allemand que l'on cherche en vain à opposer aux événements de Toulon et de Cronstadt.

Daté de Saint-Pétersbourg, il n'a pu être adressé qu'avec l'adhésion de l'empereur au maréchal, qui représente aux yeux du tsar l'armée tout entière avec ses anciennes victoires.

*
* *

Un souvenir rétrospectif maintenant. Depuis le 17 octobre 1854, date du premier bombardement des forts Constantin et

Catherine, quarante ans se sont écoulés. Le touriste qui visitera le champ de bataille d'*Inkermann* n'oubliera pas de s'arrêter sous les ombrages du délicieux jardin qui couronne actuellement le plateau de Malakoff, et où reposent les militaires français tombés glorieusement pendant l'assaut. Un monument de modeste apparence porte cette inscription :

8 SEPTEMBRE 1855

UNIS POUR LA VICTOIRE,

RÉUNIS PAR LA MORT;

DU SOLDAT, C'EST LA GLOIRE,

DES BRAVES, C'EST LE SORT.

Du plateau de Malakoff qui domine tout le terrain sur une assez grande étendue, le visiteur, s'il a du temps devant lui, peut faire un tour d'horizon, contempler cette vaste lande rocailleuse et inculte qui fut pendant près de deux ans le terrain des attaques françaises. Aucune végétation n'y prend racine, pas un arbre n'y pousse.

Au milieu de cette plaine déserte, un bouquet de bois attire cependant le regard du touriste ; c'est le cimetière français, au centre duquel s'élève une construction monumentale portant cette inscription :

1854   1855   1856

A LA MÉMOIRE DES SOLDATS FRANÇAIS QUI ONT SUCCOMBÉ
DEVANT SÉBASTOPOL

**

De grands chagrins de famille ont éprouvé le maréchal Canrobert pendant ces dernières années.

En 1890, il perd celle qui était depuis trente-deux ans la

lumière et le sourire de sa glorieuse vie. Aujourd'hui elle repose dans le petit cimetière de ce ravissant pays de Jouy-en-Josas, véritable enchantement des yeux et du cœur, où il possédait alors une propriété qui était son séjour de prédilection.

Ici repose... dit l'inscription gravée sur la pierre qui marque le tombeau ; et la formule consacrée n'est encore suivie que d'un seul nom. Mais, ce qui n'apparaît pas aux yeux, c'est que le praticien, sur l'ordre exprès du maréchal, avait écrit : *Ici reposent...* Les deux dernières lettres, en effet, ont été cachées par un peu de plâtre. Il suffira d'un léger grattage, d'un coup de burin donné par une main d'enfant, pour les rendre nettes et visibles, lorsque sera remplie la seconde place qui a été ménagée dans la couche funèbre...

La maréchale, qui était d'origine écossaise, appartenait à la confession protestante anglicane. Mais, voyant venir sa dernière heure, elle manifesta le désir, la volonté d'embrasser le catholicisme, afin de n'être pas, dans la mort, séparée du mari qu'elle allait quitter.

Depuis, le maréchal a conservé, pour la mémoire de la compagne de sa vie, un culte d'une ferveur profondément émue et immensément tendre. Il se recueille, avec une infinie douceur, dans sa pensée ; il s'agenouille pieusement, pourrait-on dire, devant ce cher souvenir qui rayonne sur ses vieux jours...

Il y a quelques mois, il perdait encore le plus jeune de ses fils, enlevé prématurément à son affection. Mais son aîné sert actuellement au 6e chasseurs d'Afrique, où il a été promu lieutenant, le 19 juillet 1892.

*
* *

Depuis son enfance, jusqu'aux extrêmes limites de la vie, le maréchal Canrobert aura donc été « l'homme du devoir » dans toute l'acception du mot. Ce sont les traditions et les exemples de la famille ; c'est l'action soutenue d'une éducation virile et chrétienne qui développent et fortifient chez le jeune homme cette rectitude de conscience qui fait de lui un parfait honnête homme.

Et Mgr Perraud, dans une magnifique péroraison au

L'amiral Avelane chez le maréchal Canrobert.

sujet de l'éloge du duc de Magenta, nous donne raison, quand il s'écrie : « Ne cherchons pas ailleurs le secret de former les âmes, de tremper les caractères, de préparer à la patrie des serviteurs intègres et dévoués ; nous ferions fausse route.

« Ce n'est pas en sevrant la jeunesse de toute idée et préoccupation religieuse, ce n'est pas en lui donnant une éducation purement humanitaire, que nous préparerons les générations droites, fortes, capables de porter le fardeau des grands devoirs et de s'élever jusqu'à l'héroïsme des grands sacrifices. »

Tacite exprime la même pensée dans un écrit consacré à louer les services et les vertus de son beau-père, Agricola, quand il exhorte les siens et s'exhorte lui-même à s'élever au-dessus des lamentations pusillanimes et des vains regrets ; puis il ajoute, dans une page d'une émotion contenue et pénétrante : « C'est en imitant les grands hommes, autant qu'il nous est possible, que nous leur paierons vraiment le tribut d'honneur et le pieux hommage auquel ils ont droit de notre part. »

Si natura suppeditet, similitudine decoremus : hic verus honor et pietas (1).

(1) Tacite, *Agricola*, ch. XLVI.

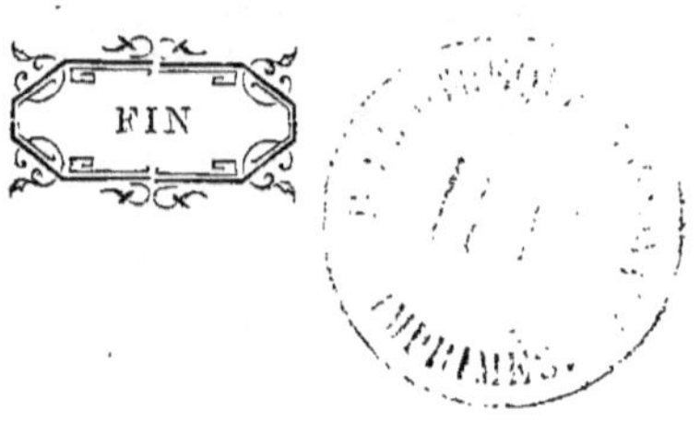

TABLE DES MATIÈRES

CHAPITRE V

LES CHASSEURS D'ORLÉANS — LA MIT'DJA

(1840-1842).

CHAPITRE VI

LE DAHRA

(1843-1845)

CHAPITRE VII

SIÈGE DE ZAATCHA

(26 novembre 1849)

CHAPITRE VIII

DANS LE DJEBEL-AURÈS

(25 décembre 1849 — 13 janvier 1850)

CHAPITRE IX

PARIS — LES TUILERIES

(1850-1853)

CHAPITRE X

EN CRIMÉE

(1854-1855)

CHAPITRE XI

DE PARIS A SOLFÉRINO

(1856-1859)

CHAPITRE XII

A L'ARMÉE DU RHIN

(1870)

CHAPITRE XIII

PORTRAIT DU MARÉCHAL CANROBERT — LES TRAVAUX EN TEMPS DE PAIX

CHAPITRE XIV

LA PÉRIODE DE RECUEILLEMENT APRÈS 1870